U0566031

辽金农业地理

韩茂莉 著

山西出版传媒集团
山西人民出版社

图书在版编目(CIP)数据

辽金农业地理 / 韩茂莉著. —太原:山西人民出版社,2024.11
ISBN 978-7-203-13337-7

Ⅰ.①辽… Ⅱ.①韩… Ⅲ.①农业地理—研究—中国—辽金时代 Ⅳ.①F329.9

中国国家版本馆CIP数据核字(2024)第071937号

辽金农业地理

著　　者：韩茂莉
责任编辑：崔人杰　张志杰
复　　审：刘小玲
终　　审：梁晋华
装帧设计：陈　婷

出 版 者：山西出版传媒集团·山西人民出版社
地　　址：太原市建设南路21号
邮　　编：030012
发行营销：0351-4922220　4955996　4956039　4922127（传真）
天猫官网：https://sxrmcbs.tmall.com　电话：0351-4922159
E-mail：sxskcb@163.com　发行部
　　　　　sxskcb@126.com　总编室
网　　址：www.sxskcb.com

经 销 者：山西出版传媒集团·山西人民出版社
承 印 厂：山西出版传媒集团·山西人民印刷有限责任公司

开　　本：720mm×1020mm　1/16
印　　张：18
字　　数：267千字
版　　次：2024年11月　第1版
印　　次：2024年11月　第1次印刷
书　　号：ISBN 978-7-203-13337-7
定　　价：96.00元

如有印装质量问题请与本社联系调换

目　录

第一章　绪　论 …………………………………………001

第二章　辽建国前东北民族的经济文化类型 ……………006
　　第一节　辽建国前东北各民族的分布 ………………007
　　第二节　辽建国前东北各民族的经济文化类型 ………008

第三章　农业生产萌生与农业人口迁入 …………………017
　　第一节　辽建国前契丹农业生产的萌生 ………………017
　　第二节　中原农业人口的迁入 …………………………021
　　第三节　渤海农业人口的迁移 …………………………026

第四章　辽本土农耕区的分布特点及形成过程 ……………036
　　第一节　西拉木伦河流域的农业人口分析 ……………039
　　第二节　西拉木伦河流域农业开垦区的分布特征 ………044
　　第三节　医巫闾山北端农耕区的形成 …………………062

　　　　第四节　中京及周围地区农业生产的发展 …………067
　　　　第五节　辽中京的建立与农业生产发展 ……………072

第五章　辽王朝新增境区内的农业生产 ……………………084
　　　　第一节　辽东地区的农业生产 ………………………084
　　　　第二节　燕云十六州地区的农业生产 ………………090
　　　　第三节　其他地区的农业生产 ………………………097

第六章　辽代农作物与农业耕作方式 ………………………103
　　　　第一节　粮食作物 ……………………………………103
　　　　第二节　经济作物 ……………………………………109
　　　　第三节　农业生产技术与种植制度 …………………112

第七章　辽代的畜牧业、狩猎业与非农业生产部门的地域结构 …117
　　　　第一节　辽代的畜牧业 ………………………………117
　　　　第二节　非农业生产部门的地域结构 ………………130

第八章　金本土女真人的经济生活与人口迁移 ……………138
　　　　第一节　女真人早期的经济生活 ……………………139
　　　　第二节　金建国后中原人口向金本土的移民 ………143
　　　　第三节　金本土内部的移民 …………………………146
　　　　第四节　金本土迁出人口与农业开发核心区的转移 ……150

第九章　金本土的农业开发 ……163
第一节　金上京以及毗邻地区农业生产特点及地域扩展 ……163
第二节　东京、咸平路的农业生产 ……173
第三节　北京路的农业生产以及西北边境地区的农业开发 ……175

第十章　金代中原地区的人口迁移与农业生产新格局的形成 ……181
第一节　金初的战争破坏与人口迁移 ……181
第二节　金中期猛安、谋克户迁入中原与人口分布特点 ……185
第三节　金后期蒙古大军南下与人口迁移 ……195

第十一章　金代中原地区农业生产的区域特征 ……199
第一节　猛安、谋克户在中原地区的经济行为与农业生产 ……199
第二节　河北、山东的农业生产地域特征 ……209
第三节　山、陕、河南等地的农业生产与地域开发 ……216

第十二章　金代主要农作物的地理分布与农业耕作方式 ……234
第一节　金本土主要农作物的地理分布与农业生产形式 ……235
第二节　中原地区主要农作物的地理分布 ……241
第三节　中原地区的农作物种植制度 ……253

　　　　第四节　中原地区的精耕农业与区种法的推广 ………261
　　　　第五节　中原地区经济作物的地理分布 ……………264

第十三章　金代畜牧业及其他非农业生产部门的地域分布 ………270
　　　　第一节　金本土的畜牧业及其他非农业生产部门 ……270
　　　　第二节　中原地区非农业生产部门的地域分布 ………272

主要参考书 ……………………………………………………276
后　记 …………………………………………………………278

第一章 绪 论

"农业"一词有狭义与广义两种内涵。狭义农业主要指种植业，这也是中国自古以来就有的传统观念，班固在《汉书·食货志》中就曾用"辟土植谷曰农"来表述它的含义。广义农业则包括种植业以及畜牧业、养殖业、林业、渔业等众多生产部门，现在也有人称其为"大农业"。《辽金农业地理》所研究的范围和内容，基本上是按照广义农业，即"大农业"确定和设置的。因此尽可能全面地复原辽金时期各种农业生产部门的空间分布格局，探讨这一历史时期辽金两朝疆界内大农业生产的地域差异，以及自然、社会等因素对农业生产的影响。为了行文方便，文中只要不加以说明，但凡提及"农业"，均指狭义农业，即耕作业。

农业生产由生物体、自然环境、人类生产劳动三方面共同构成，其中人类的生产劳动体现为对生物再生产的干预，这种干预的有效性一方面取决于人类对自然界的认识程度，另一方面也受到社会政治、经济条件的制约。辽金两朝都是由非农业民族（这里指狭义农业）吸收中原农业经济成分，将疆域扩展至中原地区而建立的王朝。在这样的社会政治、经济乃至军事背景之下，与两宋王朝相比，辽金时期社会剧烈变动而引起的人口迁移等社会因素，对农业生产的影响要更为强烈，也更为复杂。《辽金农业地理》将着重揭示在这些社会因素影响下，农业生产地域结构的变革。

从公元10世纪前叶至13世纪中叶，前后承递延续三百余年的辽金两个王朝，地域范围辽阔，北起黑龙江流域，南界则长期进抵秦岭—淮河一线，囊括中国北方大部分地区。在这一区域内，不仅有东北平原、内蒙古高原、华北平原、黄土高原等各具风貌的自然地理单元，同时还有几条具有重要意义的农业界线横贯全区。辽金时期通过农业生产对自然条件的顺应与突破，构成了这一时期北方人地关系系统的主要内容，因此回顾这一北方自然环境敏感地区，一切农业活动的区域特征及其历史过程，无论着眼于农业本身还是获得环境借鉴都具有意义。

至目前为止，学术界关于辽金史的研究成果中，以农业地理为主要内容的还基本属于空白。但由于农业问题是一个涉及面很广的研究领域，所以许多有关辽金政治、军事、社会经济的研究成果，都为本项研究提供了重要基础。其中以下著作使我获益尤深，即陈述《契丹政治史稿》《契丹社会经济史稿》，邹逸麟《辽代西辽河流域的农业开发》，金毓黻《东北通史》《渤海国志长编》，杨若薇《契丹王朝政治军事制度研究》，李锡厚《耶律阿保机传》，李涵《略论奚族在辽代的发展》，三上次男《金代女真研究》，外山军治《金朝史研究》，刘浦江《金代户口研究》，王曾瑜《金代军制》，以及冯永谦等在东北地区多年考古工作的研究成果。上述研究成果中的一些观点或启发了本项研究的思路，或直接构成了本书进一步研究的基础。

在农业地理研究基本范畴的前提下，针对辽金时期的特殊历史背景与区域特征，本文在全面复原辽金两朝农业地理面貌时，注意抓住这样几个基本环节：即草原农耕区形成前的环境特征；辽金王朝建立后，在新的政治、军事形势下，人口的流动特征；农业生产活动的地域特征；农作物种类与种植制度的地理格局。在对上述各项环节的研究过程中，我提出以下主要看法：

一、各非农业民族所具有的生产形式与环境状况有很强的对应性和极大的吻合性，在环境条件（包括自然环境与人文环境）没有发生根本改变时，生产形式保持相对稳定。

二、人是农业生产活动的参与者，也是农业生产技术的载体，因此人口的流动与分布形式直接影响或决定农耕区的形成与范围。辽金两朝的建立者契丹人和女真人均为非农业民族，国家建立前，在他们的经济生活中虽然存在着简单的农业活动，但是还不足以形成大规模的农业开垦区，大片农业开垦区出现在农业人口大量迁入之后。考虑到塞外的环境特征和农业民族移入的政治军事背景，可以认为，农业民族的聚居地也就是农耕区的分布地带。从这一角度出发，人口成分便成为分析辽金两朝农业地理问题的重要切入点。在缺乏对农田分布形式、开垦规模等问题直接记载的情况下，利用人口成分与农业生产的相关关系进行分析，乃是最为可行的方法。

（一）辽金两朝对塞外的农业开发，主要是由辽代奠定的基础。因此辽代的农田规模与土地开垦程度，对于研究辽金两朝农业地理具有同样重要的意义。研究辽代农业首先需要确定农田开垦规模，利用人口记载进行分析是研究这一问题的重要途径。关于辽代的人口问题有许多学者做过研究，其中赵文林、谢淑君的《中国人口史》、葛剑雄的《中国人口发展史》、王育民的《中国人口史》等著作均对辽代人口总额做过推算，并一致确认中原与渤海人的迁移是这里农业人口的基本来源。这些著作以及由吴松弟撰写的《中国移民史》第四卷（全书由葛剑雄主编），都对辽代中原以及渤海移民进行了研究。这些研究展现了辽代塞外农业人口的基本规模与移民过程，成为进一步进行有关研究的基础。在这些学者研究的基础上，对于辽代人口与移民问题，我提出如下观点：

1. 辽代移民的阶段性。移民的阶段性直接影响到农田开发的阶段性，但以往的研究多忽略了人口迁移的阶段性。辽代无论中原人口，还是渤海人口，他们的迁移基本上都是通过两个阶段完成的。从唐五代至燕云十六州归入辽土为第一阶段，这一阶段，中原人口的迁入地以西拉木伦河流域为主，渤海人在迁入辽东的同时，也有相当一部分被安置在西拉木伦河流域。燕云十六州并入辽土以后至"澶渊之盟"为第二阶段，这一阶段渤海人口已不再大规模迁移，中原人口的迁入地则以燕云十六州为主，直接进入塞外草原的只是其中的一部分。"澶渊之盟"以后，中原农业人口和其他农业民族的大规模迁移基本停止。由于这两个阶段移民的主要迁入地明显不同，农业开发的重点地区也随之产生差异。属于第一个阶段的移民构成了西拉木伦河流域农业人口的基础，燕云十六州并入辽土以后，基本上不再有大规模的农业人口迁往草原，这里的农业人口以自然增长为主，以农业人口为基础的农业开发，也在基本固定的规模上，稳步进行。"澶渊之盟"以后，外来的农业移民基本停止，整个辽土的农业不再因为人口的大幅度增长而出现新的发展。

2．"澶渊之盟"后，辽圣宗将大量居住在西拉木伦河流域的农业人口迁移到中京地区，加强了中京地区的经济实力，辽本土的经济重心呈现出由上京向中京地区转移的趋向。

3．辽代农业人口应包括《辽史·地理志》所记载的编户人口和提辖司户。杨若薇在《契丹王朝政治军事制度研究》中首次肯定了提辖司户的民族构成是汉人、渤海人，这些民族均为农业民族，因此在对农业人口进行统计时，必须考虑这部分人口。

（二）金王朝天会十一年前后，大量猛安、谋克户被朝廷从塞外迁入中原地区。对于这一问题先后有许多学者提出过看法，其中日本学者外山军治根据文献记载，整理了猛安、谋克户的冠称，为这一问题的进一步研究提供了基础。我在外山军治研究的基础上，利用文献中的有关记载及猛安、谋克在各路出现的概率，进一步确定了猛安、谋克户迁出人口总额近140万口，其中90%人口的迁出地集中在上京、东京和咸平府等路；迁入地主要集中在中都、河北东、河北西、大名府、山东西等路，占全部迁入人口的74%。大量猛安、谋克户的迁徙，对迁出地与迁入地农业生产都产生了很大影响。对于迁出地来说，大量人口的迁出，直接导致农业生产的衰落。迁入地虽然因人口的移入而增加了劳动力，但这些猛安、谋克户的农业生产水平与中原农民还存有一定差距，这些差距使中原地区的农业生产，不但没有因此而有所发展，反而出现衰退现象。

（三）辽金时期塞外农田的分布形式以插花式农田为主，陈述、邹逸麟先生曾先后在《契丹社会经济史稿》《辽代西辽河流域的农业开发》中指出这是辽代塞外农田的分布特征。我在他们的研究基础上，利用人口与州县城规模之间的相关关系，指出辽代州县城周围就是插花地的主要所在，大多数地区人口在州县城及其附近的集中程度是在30%～60%之间，人口在州县城附近地区的高度集中，使得当地的聚落分布形式，出现了与通常情况下聚落规模等级与数量之间所呈现的反比例关系有所不同的现象，造成这种现象的原因，除自然条件之外，与移民的战俘属性有直接关系。

（四）农作物种植制度是农业地理研究的重要问题。以往学术界对于这一问题做过的研究不多，本书复原了各种主要农作物的分布范围以及地域组合类型，确定了农作物两年三熟与一年一熟制的界线。

辽金两朝均为非农业民族建立的政权，因此两朝农业地理所涉及问题的复杂程度，远远超过中原地区。我最初涉猎辽金文献是在1988年，当时准备以《宋辽金农业地理》为题撰写博士论文。看过基本文献后，感到同时研究宋辽金三朝的农业地理问题不是博士研究生期间所能完成的工作，于是将博士论文改定为《宋代农业地理》。1991年博士毕业后，以辽金农业地理为主题，先后申请到国家哲学社会科学基金与国家自然科学基金的赞助，遂正式开始这一课题的研究。在研究期间曾多次赴内蒙古赤峰地区、通辽地区，辽宁阜新地区，黑龙江阿城一带以及呼和浩特周围地区进行考察，对辽金本土的自然环境以及农业开发基础有了进一步认识。通过与各地文物考古部门的接触，还了解到许多很有价值的资料。在进行辽金农业地理研究的过程中，除依据《辽史》《金史》等文献外，通过宋朝文献，亦了解到许多辽金文献本身未予记载的重要史实。与此同时，我还查阅了全部国家级的文物考古期刊，以及北方各省绝大部分有关刊物，获得大量历史文献中没有的材料。

最后需要说明的是，由于现存辽金两朝文献非常有限，使得本研究不得不借鉴历史学、地理学以外其他学科的研究手段与研究成果，同时也使得对于一些问题的看法，目前还仅能停留在推测阶段，无法得出完全肯定的结论。

第二章 辽建国前东北民族的经济文化类型

辽，是一个前后延续二百余年的北方王朝，在其极盛时期，辖境囊括今东北三省和内蒙古的全部，河北、山西两省及俄罗斯、蒙古国的一部分，疆域虽然广阔，但其统治核心与政治、经济中心始终位于东北地区。

辽建国前东北地区出现过许多民族，他们依族属不同分布在各地，成为东北地区的直接开发者与经营者。因此研究辽代农业地理自然要以东北

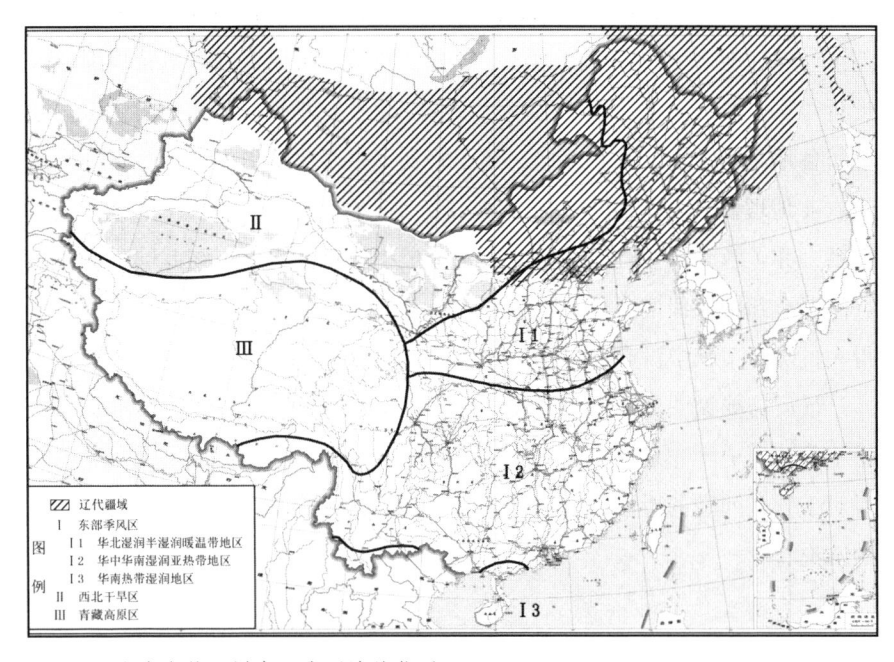

图2-1 现代自然区划中辽代疆域的位置

民族问题为出发点。为了对辽建国前东北地区各民族的生存方式有较贴切的理解，本节采用了经济文化类型这一民族学的概念。

经济文化类型的基本定义是：居住在相似的自然地理条件下，有近似社会发展水平的各民族，在历史上形成的经济、文化特征综合体。这种综合体的形成，首先取决于该类型所处地区地理条件规定的经济发展方向，同时也深受社会生产力发展水平的影响[①]。经济文化类型的提出是建立在生态环境与人类经济文化互动作用的基础上的，因此在社会经济中占主导作用的农业生产，以及通过农业生产而形成的生存方式，既是划分各类型区的重要依据，也是需要探讨的实质性内容。基于这样的原因，本章从经济文化类型入手，研究辽建国前东北地区的农业地理（图2-1）。

第一节　辽建国前东北各民族的分布

契丹人作为独立民族崛起于草原大约在北魏或者更早一些时候，即公元5世纪前后。这时与契丹人一同见称于史籍，活动在这一地区的还有库莫奚、豆莫娄、乌洛侯、地豆干、勿吉、室韦等民族。这些民族虽然具有大致相似的习俗，但各自所在地域自然条件的差异，又导致他们表现出不同的经济文化类型。确定各民族的分布状况，是复原这一时期经济文化类型的前提，关于契丹以及其他民族的分布，学术界已做了大量研究，其中日本学者白鸟库吉所著《东胡民族考》，以及中国学者干志耿、孙秀仁所著《黑龙江古代民族史纲》，张博泉所著《东北地方史稿》，孙进己等所著《东北历史地理》，张锡彤、王锺翰、贾敬颜等《〈中国历史地图集〉·释文汇编·东北卷》等著作贡献尤为突出，并在许多重大问题上形成了基本共识。

根据他们的研究，契丹人初兴时期的活动地域主要在今西拉木伦河与老哈河的交汇地带；这一地区的西南部，即西拉木伦河上源少郎河一带，

---

① 林耀华：《民族学通论》，中央民族学院出版社，1990年。

是库莫奚的活动地域；豆莫娄主要分布在松花江中下游的平原地带；乌洛侯的活动地域大体以今淖尔河流域及其以北地区为主；地豆干主要活动在今内蒙古东乌珠穆沁旗境内的乌拉根郭勒河流域[①]；勿吉分布很广，今长白山以北、松花江以南都属于其活动范围；在与契丹同时见载于史籍的各民族之中，室韦的分布范围最广，在今淖尔河以北，俄罗斯境内扎格德山以南，中国额尔古纳河以东，俄罗斯境内结雅河流域以西的广大地区之内，都可以找到这一民族的遗存。

以上是北魏时期东北各民族的基本分布状况。这些民族都属于非农业民族，其活动地域本来就具有很大移动性，各民族之间的武力争逐和文化交融，又促使这种变化不断加剧，甚至引起新老民族交互更替。经过数百年的征战与融合，到唐代，除契丹、奚、室韦等民族仍存在外，北魏时期的其他民族基本已不再见于记载，取而代之的是黑水靺鞨、渤海等民族。各民族分布状况也随之发生变化，原来以西拉木伦河流域为中心的契丹人，将活动范围逐渐拓展到辽河及大凌河流域；奚人的活动区域则从西拉木伦河上源扩展到北起大兴安岭南端，西及达来诺尔，南至大凌河上游的区域之内；室韦的分布范围在旧有的区域内不断向南发展，原来居住在嫩江西岸、淖尔河流域的乌洛侯，随着室韦的南下逐渐成为室韦的部族；地豆干这时已不见于文献记载，在地域上取代它的是被称为"霫"的新兴民族；勿吉人的旧地则被黑水靺鞨占据，唐后期逐渐融合于渤海人中。至10世纪初辽建国时，东北地区除契丹人外，还有奚、渤海、室韦，以及后来崛起于长白山一带的女真等民族。

第二节　辽建国前东北各民族的经济文化类型

虽然从总体上说东北地区一向不以农业民族为主，但单纯从事畜牧业

[①] 关于地豆干的地理位置学术界分歧较大，白鸟库吉、张博泉大致将其定在以今内蒙古巴林左旗为中心，北至扎鲁特旗，南迄克什克腾旗的范围内；丁谦、孙进己等学者则认为东乌旗为地豆干的活动地域，本文从后说。

的民族也不多见。受自然条件限制，许多民族往往兼营畜牧、渔猎、采集、农耕，形成复杂多样的经济文化类型，契丹及其同时代民族即体现了这样的特征。

从契丹见载于史籍至辽王朝建立，五百多年内，有十几个民族出现在东北历史上。从文献记载与考古成果来看，这些民族大多处于社会发展进程的较低阶段，生产形式与生产工具都很落后，对自然环境有极大的依赖性，因而其各自的经济文化类型也体现出与其所处自然地带基本吻合的地理特征。

一、室韦

北魏时期与契丹人同时存在的东北各民族之中，室韦的地域范围最广，如前所述，它据有今黑龙江省的北部及俄罗斯境内的一部分。在《中国综合自然区划》中这一区域基本属于东北湿润、半湿润森林及森林草原区[1]，区内大小兴安岭与嫩江平原分别构成了景观生态完全不同的两个地理单元，其中室韦所在的大小兴安岭北端已进入寒温带范围之内，除气温较低之外，以针叶林为主的植被构成这里主要的环境特征。与山地不同，嫩江平原主要是森林草原景观。由于自然条件差异较大，各地室韦人生产形式并不一致。文献记载室韦人"颇有粟、麦及穄，唯食猪、鱼，养牛、马，俗又无羊，夏则城居，冬逐水草，亦多貂皮"[2]；又云"丈夫索发，用角弓，其箭尤长……男女悉衣白鹿皮襦袴，有曲，酿酒"[3]。这些记载说明，室韦的生产形式至少包括狩猎、畜牧与农耕三种成分。

室韦人分布区域的环境特征表明，狩猎应当在它的生产结构中占有重要地位。据有关学者研究，"室韦"这一族称为蒙古语森林之意，室韦人则泛指林中之人[4]。室韦人分布区内森林面积广大，这些居民以森林为族

---

[1] 中国自然区划工作委员会：《中国综合自然区划》，科学出版社，1959年。
[2] 《魏书》卷一〇〇《失韦传》。
[3] 《北史》卷九四《室韦传》。
[4] 干志耿、孙秀仁：《黑龙江古代民族史纲》，黑龙江人民出版社，1986年。

称，是很自然的事情。林区"多草木，饶禽兽"①，为室韦人从事狩猎业提供了条件。此外以嫩江平原为核心的森林草原地带也是进行狩猎的极好场所。由于长期从事狩猎活动，室韦人"尤善射"，并以使用独特的长箭而著称。他们猎获动物后，用肉作食品，皮毛则制成衣裤。猎获物之中鹿、貂的数量最大。这些动物的皮毛除供本族男女穿用之外，还因数量大而被数千里之外的中原王朝闻知，并作为贡品送至京城。"食肉衣皮"解决了室韦人生活中的基本需求②，因而狩猎活动也就成为他们谋生的重要手段。

室韦人的生产结构中畜牧业也是一个重要组成部分。在室韦人的活动范围内，嫩江平原尤其是良好的牧场。如前所述室韦人畜牧业的特征是"养牛、马，俗又无羊，夏则城居，冬逐水草"，这样的畜牧业具有明显的游牧性质，只是规模不大。受森林草原环境所限，牲畜中无羊，以牛为主，马的数量也很少，故《北史》《隋书》《新唐书》都有"无羊少马"这样的记载。正因为如此，马显得十分珍贵，室韦人有"杀人者责马三百匹"作为惩罚的规定③。

室韦不是农业民族，但在自然条件适宜的地方也发展了少量的种植业。他们所种植的农作物主要有"粟、麦及穄"。收获物并不主要用作食物，而是大多用来酿酒。据文献记载农业垦殖仅是南部室韦的生产行为。

室韦人不但分布范围广大，而且内部族属构成也比较复杂。隋代室韦分为五大部分，即南室韦、北室韦、钵室韦、深末怛室韦、大室韦。南室韦位于契丹之北，主要活动区域在嫩江平原。自南室韦北行十一日路程，便到北室韦之地。再向北是钵室韦的居地，深末怛室韦在钵室韦的西南，他们的西北是大室韦的居地。隋代室韦诸部中，北室韦的生产活动以渔猎为主，钵室韦与北室韦相同，深末怛室韦为穴居的游猎民，大室韦的生存

---

① 《隋书》卷八四《北狄传》。
② 《隋书》卷八四《北狄传》。
③ 《魏书》卷一〇〇《失韦传》。

方式也基本类似，唯有南室韦在畜牧业中杂有少量的农业垦殖活动[①]。当时嫩江平原"土地卑湿"，湖沼密布，特别是春季土地解冻时，地面到处出现翻浆现象，很难从事生产活动，因此农业的普遍开发有很大困难。南室韦人中虽然出现了农耕业，但生产力水平还很低下，甚至直到唐代仍然处于"有牛不用"，"剡木为犁，人挽以耕"的状态，因而产量很低，"田获甚褊"[②]，显然农业生产在其生产结构中还处于非常次要的辅助地位，并没有成为人们赖以生存的主要手段。

狩猎、畜牧、农耕都与自然环境有着依存关系，由于自然条件的差异，在室韦人所生活的地域中，存在几种不同经济文化类型。如前所述，大小兴安岭北端已进入寒温带范围，"气候多寒"，冬季"牛畜多冻死"[③]，发展畜牧和农耕业都有困难，狩猎成为人们的基本谋生手段。所以其经济文化类型应属于狩猎区。额尔古纳河和黑龙江沿岸地带自然环境、景观风貌与山地林区有所不同，狩猎与捕捞对于生活在这里的人们同样重要，尤其冬季"凿冰没水中而网取鱼鳖"[④]，是室韦人获取生活物品的重要手段，因此沿江地带在经济文化类型上属于渔猎区。嫩江平原是室韦分布区域内发展狩猎、畜牧的极好场所，狩猎与畜牧并重，在个别适宜地带还出现了小片农耕区，这一地区的经济文化类型属于狩猎、畜牧、农耕混杂区。唐代室韦各部虽然又有了新的分化组合，但在原有的生态环境下建立的经济文化类型并没有变化。

二、乌洛侯

乌洛侯的分布区域大致位于今嫩江支流淖尔河一带，这里同时也是室韦人的活动区域，特别是隋唐以来，随着室韦人不断南下，不但在活动地域上与乌洛侯互有交叉，而且在族属上也逐渐趋于同化。根据《魏书》和

---

① 《北史》卷九四《室韦传》。
② 《新唐书》卷二一九《北狄传》。
③ 《北史》卷九四《室韦传》。
④ 《北史》卷九四《室韦传》。

《北史》的记载，乌洛侯所居之地"其土下湿，多雾气而寒"，这与历史文献对室韦，特别是南室韦活动区域的描述很相似，均表现出江河沿岸地带的自然环境特征。在生产形式上乌洛侯"夏则随原阜畜牧，多豕，有谷麦……皮服……好猎射"[①]。这一切都与南室韦相近，显示出融狩猎、畜牧、农耕三位为一体的经济文化类型。

三、豆莫娄

豆莫娄的活动区域主要是在松花江平原，大约唐代融入靺鞨，成为其中的一个部落。豆莫娄分布区域内地势平坦，历史文献描述说："于东夷之域最为平敞"，这对发展农业生产十分有利。豆莫娄所在之地"宜五谷"，其农业生产发展水平与室韦、乌洛侯相比要先进得多。豆莫娄人生活讲究，不但使用中原农业民族惯用的餐具，"饮食亦用俎豆"；并且以麻布为衣，幅阔身宽。而这一切都需要以较高水平的农耕业为前提。因此可以肯定，农耕业是豆莫娄人重要的生产形式。

松花江平原的自然景观也属于森林草原，除发展农耕业之外，也是从事畜牧业的良好场所，在《魏书》《北史》有关对豆莫娄人的有限记载当中，虽然没有明确提到畜牧业，但却记载其"君长皆以六畜名官"；另外其民间有杀妒妇之习，待其尸体腐后，女家须输牛马才能收尸[②]。这说明在豆莫娄的生产结构中，畜牧业也占有重要地位。尽管豆莫娄人的衣食主要来自农业，但畜牧业及畜牧产品似乎更受人尊重和重视。可见豆莫娄的经济文化类型应属农耕、畜牧混杂区。

四、地豆干

根据文献记载考证，地豆干分布地域大致在今内蒙古东乌珠穆沁旗境内乌拉根郭勒河流域。地理环境往往对一个民族的生产形式具有很强的制约性，特别是在生产力水平较低下的社会发展初级阶段，这种制约性会表

---

① 《魏书》卷一〇〇《乌洛侯传》。
② 《魏书》卷一〇〇《豆莫娄传》。

现得更为明显。东乌珠穆沁旗位于大兴安岭西侧,众所周知大兴安岭是一条重要的自然地理分界线,山脉东西两侧,自然地理特征大不相同,其中湿润度的变化尤为突出。大兴安岭以东地区降水量一般均在400毫米以上,属于半湿润地区,呈草原及森林草原景观。大兴安岭以西地区由于大兴安岭山脉的阻挡,降水量锐减,一般在400毫米以下,逐渐进入半干旱、干旱地区,呈明显的干草原景观。在干草原的环境中,生产结构应当以畜牧业为主要成分。历史文献中记载地豆干"多牛羊,出名马,皮为衣服,无五谷,唯食肉酪"[1],应属以畜牧业为主的经济文化类型区。

五、勿吉、靺鞨

勿吉兴盛于北魏时期,唐代改称靺鞨,主要分布在长白山区及松花江下游一带。这里是中国东北气候最湿润的地区,降水量一般在600毫米左右,个别地区可达800毫米,地面江河湖沼密布,史称"其地下湿"[2]。在这样的环境下,发展畜牧业显然十分不便。《魏书·勿吉传》记载:勿吉人"无牛,有车马……多猪无羊"。猪属于家畜,养猪是依附定居农业而存在的家庭饲养业中的一部分,牛、羊、马才是畜牧业的主要经营对象。勿吉无羊,无牛,虽有马,但数量有限,主要用于骑乘,《魏书·勿吉传》记载勿吉人车用人推,而不使用牛、马;《新唐书·北狄传》也记载靺鞨人善于步战,而不像游牧民族那样以骑射为长技。凡此种种都说明,在勿吉人的生产结构中畜牧业成分是十分微弱的。

勿吉人以狩猎和农耕为主。在勿吉人的活动区域内,长白山、老爷岭等山地都是著名的针阔叶混交林分布区,林中有虎、豹、熊、狼等禽兽;松花江平原的森林草原环境则主要是食草动物的栖息之地。勿吉人"善射猎",主要工具为弓箭,"弓长三尺,箭长尺二寸,以石为镞"。为了更有效地猎取动物,勿吉人常于"七八月造毒药傅箭镞,射禽兽",这种弓箭效力甚大,"中者便死"。为了捕获更多的动物当地还有一个奇异的习俗,

---

[1] 《北史》卷九四《地豆干传》。
[2] 《魏书》卷一〇〇《勿吉传》。

即父母若死于秋冬,后人就用其尸体为捕貂诱饵,"貂食其肉,多得之"。

勿吉人所种植的农作物与室韦基本相同,即"粟及麦穄","菜则有葵"。从文献记载勿吉人衣着"妇人则布裙,男子猪、犬皮裘"的情形来看,他们应种植有一小部分纤维类作物[①]。勿吉人的生产水平比室韦要稍高一些,耦耕已成为这里普遍使用的耕作方式,并一直延续到唐代[②]。总之勿吉、靺鞨人属于狩猎与农耕相混杂的经济文化类型。

六、奚

奚亦称库莫奚,主要活动在今西拉木伦河上源少郎河一带。这里属半干旱灌木草原景观。在这样的环境条件下,奚人的生产活动以游牧和射猎为主。既"善射猎",同时也"随逐水草"[③],发展畜牧业。奚人的畜牧业规模很大,北魏登国三年(388年),道武帝率军队亲自出征,一次就俘获奚人"马、牛、羊、豕十余万"[④]。在东北诸族中,奚人的居住区域与中原王朝相距最近,因此从北魏开始他们一直就与中原王朝有各种形式的往来,受中原文化影响较深。据《魏书》《北史》记载,北朝时奚人的生产结构中还没有农耕成分,畜牧与狩猎是占主导地位的生产活动。

进入唐代以后虽然历史文献中也称奚人"逐水草畜牧,居毡庐,环车为营,其君长常以五百人持兵卫牙中,余部散山谷间,无赋入,以射猎为资",但这时奚人的生产结构中,除畜牧与狩猎之外,已出现了农业生产,史称"稼多穄",由于收获量较多,收获后需窖入山下穴中贮藏起来。奚人食用粮食已很普遍了,有了"断木为臼,瓦鼎为餐,杂寒水而食"这样独具特色的饮食方式[⑤]。至辽建国前,奚人活动区以畜牧、狩猎为主,同时兼营农业,表现出牧、猎、农混杂的经济文化类型。

---

① 《魏书》卷一〇〇《勿吉传》。
② 《新唐书》卷二一九《北狄传》。
③ 《隋书》卷八四《北狄传》。
④ 《北史》卷九四《奚传》。
⑤ 《新唐书》卷二一九《北狄传》。

图2-2 赤峰市阿鲁科尔沁旗东沙布尔台乡宝山村辽墓壁画：侍从牧马图（《内蒙古辽代壁画》）

七、契丹

契丹人最初的活动地域主要在西拉木伦河和老哈河的交汇地带，隋唐以后随其势力逐渐强大，地域范围扩展到辽河及大凌河上游一带。契丹人所处的自然环境与奚人大致相同，与东北其他地区相比，这里降水量最低，一般在400毫米左右，呈现半干旱灌木草原景观。生活在这里的契丹人基本操畜牧、狩猎两业。据《北史·契丹传》记载，契丹人"逐寒暑，随水草畜牧"，在这样的生产形式下"逐猎往来，居无常处……猎则别部，战则同行"[1]。与畜牧并行的是狩猎，契丹人祝酒多以"射猎时，使我多得猪、鹿"为辞，说明狩猎是生产、生活中的重要内容[2]，显然这里的经济文化类型应属于畜牧、狩猎并存区（图2-2）。

以上分析展现了辽建国前，东北各民族的基本经济文化类型。总的来看，各民族分布区域的环境差别虽然很大，但各自的生产活动对环境的依存程度却大致相同。无论森林民族，还是草原民族，其生产结构与所处环境都具有极大的相关性。由于社会发展程度较低，以及生产技术和工具落后，人们只能顺应自然环境，开展自己的生产活动。因此民族之间和地域

---

[1] 《旧唐书》卷一九九《北狄传》。
[2] 《北史》卷九四《契丹传》。

之间，在生产结构与经济文化类型上的差异，基本就是环境特征的差异。总结起来，辽建国前东北各民族的经济文化类型区基本上是随自然景观带的变化呈带状分布：北室韦是以渔猎为主的沿江森林草甸区；室韦为以渔猎为主的森林区；南室韦、乌洛侯、豆莫娄所在地域是以狩猎、畜牧为主，兼营少量农业的森林草原区；勿吉、靺鞨活动地区是以农耕、狩猎为主，兼营少量畜牧业的森林及森林草原区；契丹、奚人则是以畜牧、狩猎为主的灌木草原区；地豆干处于以畜牧为主的干草原区。这些民族所建构的经济文化类型区在空间上形成了数条分界线，这些界线的存在既显示了各民族经济文化类型的地域差异，又展现了当地的基本环境特征（见图2-3）。

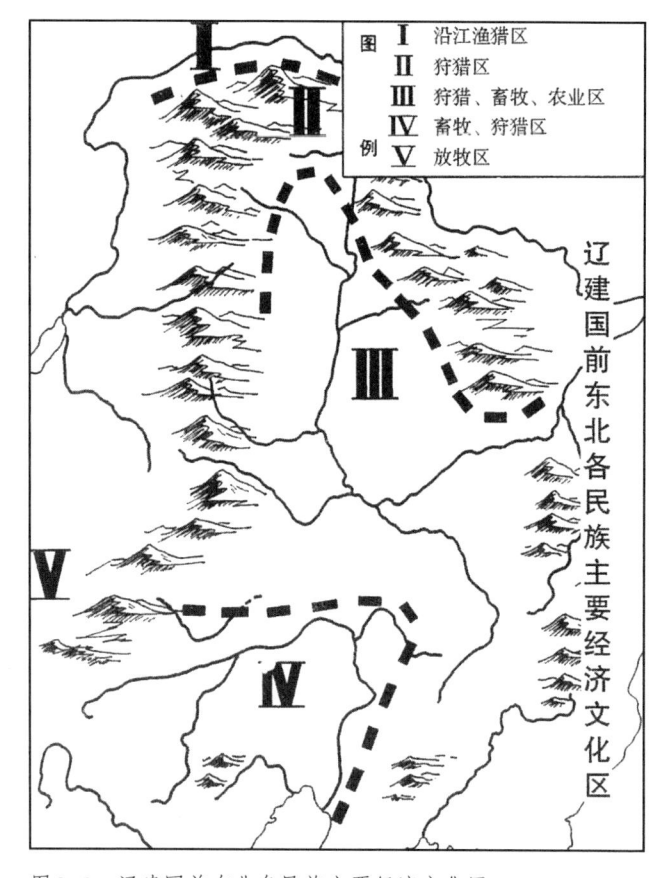

图2-3 辽建国前东北各民族主要经济文化区

第三章　农业生产萌生与农业人口迁入

农耕与游牧是植根于不同文化背景和自然条件下的两种生产形式，两者之间虽然在生产地域上没有截然分明的界线，但双方的相互渗透与扩散却往往需要借助外来因素推动，作为强有力的外来因素，民族间的争战及人口流移，在农牧生产形式转移的过程中，始终起着重要作用。

第一节　辽建国前契丹农业生产的萌生

畜牧与田猎是契丹人早期生活中的主要生产手段，对此《辽史·食货志》有清楚的记载："契丹旧俗，其富以马，其强以兵……马逐水草，人仰湩酪，挽强射生，以给日用，糗粮刍茭，道在是矣。"契丹社会中出现农耕业，大约是在唐中期以后。

耶律阿保机统率契丹各部之前，雅里、匀德实、述澜等迭剌部首领都为在契丹社会中推行农耕业做过积极努力。雅里也写作泥礼、涅里、涅礼，为阿保机的七世祖[①]，唐开元、天宝时期，即公元8世纪中叶，雅里任契丹遥辇氏迭剌部首领[②]。在此任上，"涅里教耕织"[③]，在契丹人中首开农耕之风气。匀德实为阿保机的祖父，也积极推行农耕业。《辽史·食货志》云："皇祖匀德实为大迭烈府夷离堇，喜稼穑，善畜牧，相地利以

[①]《辽史》卷二《太祖纪·赞》。
[②] 陈述：《契丹政治史稿》，人民出版社，1986年。
[③]《辽史》卷四八《百官志》。

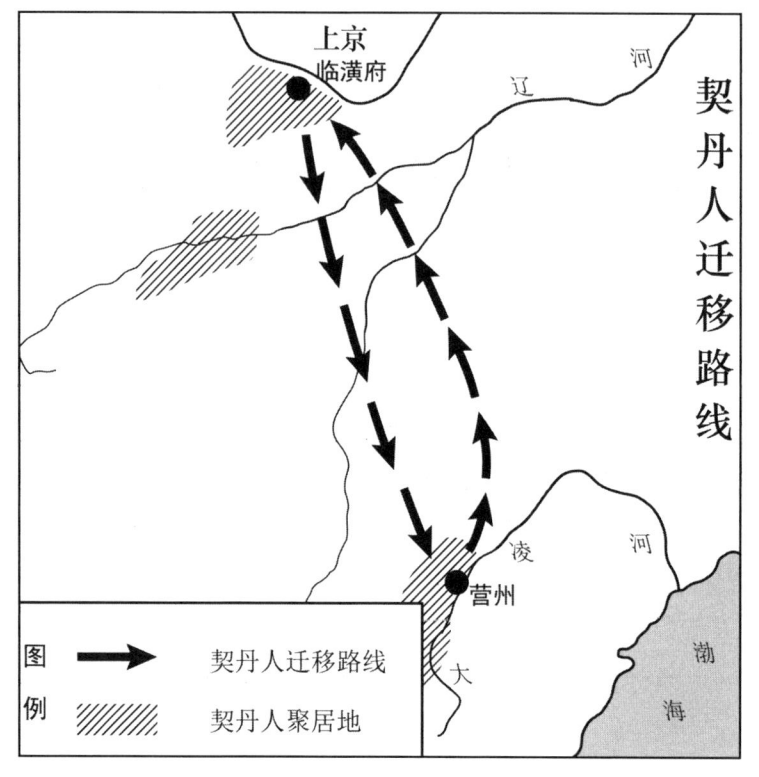

图 3-1 契丹人迁移路线图

教民耕。"继匀德实之后,阿保机的伯父述澜以遥辇氏于越之官,又继续"教民种桑麻,习织组"①,进一步提升了农耕业在契丹社会中的地位。

阿保机执掌契丹政权之前,部落首领从雅里至述澜数次推行农耕业,并不是偶然的举措。据史料记载,从北魏初期契丹与中原王朝就不断有互市等物品交换活动,对于农业文明已逐渐有所了解。太和三年(479年)高句丽与北方游牧民族蠕蠕合谋,欲瓜分地豆干。前已述及,地豆干主要活动在今乌尔根郭勒河流域,位于契丹居地的西侧。以往高句丽曾多次侵扰过契丹,这次的攻击对象虽然是地豆干,但大军行经之地正是契丹的境

---

① 《辽史》卷二《太祖纪·赞》。

土，不能不引起契丹人的警惕。为了躲避灾祸，契丹部落首领率车三千乘，众万余口，驱赶杂畜请求内附。朝廷将他们安置在今大凌河流域[①]，从此以后中原王朝不断将内附契丹人安置在这一带（图3-1）。

北齐天保四年（553年），文宣帝亲征犯塞契丹，所获人口均被安置在大凌河流域及沿边各州[②]。唐武德年间，契丹首领孙敖曹率部内附，也被安置在位于大凌河流域的营州城旁[③]。经过一百多年的繁衍，居住在大凌河流域的契丹人逐渐成为不可忽视的力量。贞观年间唐太宗率军讨伐高丽，还都之时，特地在营州召见了契丹首领窟哥，并封其为左武卫将军[④]。这说明契丹已经成为唐东北边防地带的重要势力。至唐中期，大凌河流域的契丹人已渐成声势，武则天万岁通天年间，契丹首领李尽忠、李万荣等不堪营州都督赵文翙的侵侮，据州境反叛，旬日内聚兵数万，破关而入，杀至檀州（今密云一带），直逼幽州。此次兵乱虽被唐军击败，但以后各朝之中，契丹人以营州为据点寇边侵扰之事却不绝于史[⑤]。可见大凌河流域一带既是契丹人南下与中原王朝交往的必经之路，同时也是这一民族的重要活动区域。大凌河谷地在秦汉时就已设置郡县，农业开发历史悠久，是中原农业文明向东北非农耕区辐射的前沿基地。契丹人入居大凌河流域，使其有机会直接接触具有较大规模的种植业，必然会对其产生影响。《魏书》《北史》等文献记载，北魏时期大凌河一带的内附契丹人曾一度向朝廷告饥，朝廷允许他们入关籴粮。虽然入关籴粮仅是契丹人遭遇饥荒时不得已的举措，但这也说明他们已能接受农业民族的饮食习俗，粮食生产对于他们已不再陌生。

自北魏以来，契丹人大多是在迫于外族侵扰的情况下，才选择依附中原王朝的道路。这些威胁过契丹安全的族属，主要有高句丽、突厥等。契丹人在内附中原王朝的同时，也有一部分曾依附于高句丽。如北齐时，就

---

① 《北史》卷九四《契丹传》。
② 《北史》卷九四《契丹传》。
③ 《新唐书》卷二一九《北狄传》。
④ 《新唐书》卷二一九《北狄传》。
⑤ 《新唐书》卷二一九《北狄传》。

有万余家契丹人因不堪突厥的侵扰，而寄居于高句丽[①]。正由于这样的原因，契丹人的内附具有被迫性，一旦外部压力减除，或者是自身力量强大起来之后，契丹人总要脱离官府的束缚，回归旧地。中原王朝与高句丽都是农业民族建立的政权，数百年内契丹人的时叛时附，虽然扰乱了边境地区的安宁，但同时也推进了农耕业的传播扩散。

契丹酋帅首领等上层对于农业文明的认识和了解自然要超过普通部众。他们在入朝朝贡和谒见时，可以深入到中原腹地，亲身感受农耕文明创造的物质文化。据《新唐书》记载，仅开元、天宝年间，契丹使者入朝人数就达二十多人次；至德以后，每岁选奚、契丹豪酋数十人入长安朝会，成为定制。这种切身的感受，也一定会刺激契丹上层人士产生发展农业生产的愿望。阿保机执掌契丹政权之前，从雅里、匀德实至述澜等首领多次教民耕织，就是在这样的背景之下出现的举措。

需要指出的是，辽建国前，契丹社会中虽然有过多次倡行农业的举措，但这并不意味着契丹境内已经存在较大规模的农业生产。这是因为契丹人由畜牧和狩猎所组成的生产结构，是在特定地理环境下已经延续很长时间的一种稳定形态。从北魏至辽建国前的数百年中，契丹人虽然多次迫于突厥、高句丽等民族的威胁，为了寻求庇护，而内附中原王朝，将活动地域从西拉木伦河流域迁至大凌河一带，直接接触到大凌河谷地的农业文明，但这样的接触，还不足以让契丹人广泛接受农业文明，因此从雅里到述澜，契丹首领在倡行农业时，一直教民耕织，而不是像中原农业区域的官吏那样督劝耕织，这说明耕田种地对于大多数契丹民众来说还是一件相当陌生的事情，非教习不可。所以这一时期契丹人的农业生产只处于萌生时期。

---

① 《北史》卷九四《契丹传》。

第二节 中原农业人口的迁入

中原人口大量迁居塞外，对于辽国境内大规模稳定农耕区的出现起了重要推动作用。农业生产技术的传播扩散有许多方式，辽建国前中原地区的农业生产技术以递进形式，通过边地向契丹社会进行渗透，这种传播方式进展十分缓慢，以致在从雅里到述澜的一百多年内，契丹境内还一直处于教民耕织的农业生产萌生阶段。自阿保机执掌契丹政权后，中原农耕人口开始大规模移居塞外，从文化传播学角度看，由移民形成的农业生产技术迁移式扩散，明显具有扩散速度快、传播内容准确的特点，与中原人口北迁相伴随，中原地区先进的农业生产技术也直接传入辽本土。在这些中原移民聚居的地方自然很快就形成了新的农耕区。

迁入辽本土的中原人口，主要有两种类型的移民。一种属强制性移民，即战争俘虏；另一种为自发性移民，这类移民是由于各种原因不愿意在中原地区继续生活下去而主动进入草原的。从移民数量和对塞外地区的影响程度两方面来看，前者的意义要远远大于后者。

中原人口以战俘形式被迁入辽本土，主要集中在辽太祖、太宗、世宗、穆宗、景宗、圣宗六朝，前后持续约一百年。这一百年既是契丹人从原始部族向封建化社会转化的重要阶段，也是辽与中原王朝军事冲突最激烈的时期。在这一百年内，随着战事的起落与军事对峙区域的变化，中原人口在辽国境内的迁入地也有所变动，而中原农耕人口迁入地的变化，又直接影响到塞外农耕区的分布与发展特征。

按照人口流动的特点，可以把中原移民过程分为前后两个阶段。

一、第一阶段——辽太祖至太宗会同元年

自阿保机执掌契丹迭剌部政权至太宗会同元年（938年），这三十多年相当于中原王朝的唐末五代时期。契丹人与中原王朝的军事对抗主要发生在代北、河朔一带。代北历来是草原民族出入河东的重要途径，契丹人将

这里视为军事进攻的重点，也就不稀奇了。河朔一带能够在军事上给契丹人可乘之机，则与这一时期特殊的历史背景有关。陈述先生曾经指出，自唐后期起，这里在政治上早已不听从朝廷的号令，世袭诸镇，不再向朝廷输纳贡赋，不受朝廷征发调遣，俨然独立王国。河朔不但成为长安失意文人的避难所，也融汇了相当数量的草原人口，如契丹、奚等都有一定数量人口居住在这里，政治、文化上都显现出明显的"胡风"，故朝廷对这里只能仅采取"因而抚之"的态度①。进入五代以后，军阀混战，政权迭变，寻找异族为援成为各种势力争权夺利的重要手段，这一切都给契丹人在中原地区的军事进取创造了条件。

唐天复二年（902年）秋阿保机"以兵四十万伐河东、代北，攻下九郡，获生口九万五千"②，由此拉开了进攻中原的序幕。继之在唐天复三年、五年和辽太祖神册元年（916年），又连续多次对河东、云州、朔州、蔚州等地发动大规模进攻，至神册元年时止，已"自代北至河曲，逾阴山，尽有其地"③，基本上控制了这一地区。在这一阶段中，辽主要进攻目标集中在代北。此后辽虽然也对云州、天德军等叛服不定的州军采取过军事行动④，但主攻方向已转入河朔一带。

神册二年（917年）二月，"晋新州裨将卢文进杀节度使李存矩来降"，三月，"攻幽州，节度使周德威以幽、并、镇、定、魏五州之兵拒于居庸关之西，合战于新州东，大破之，斩首三万余级"。以此役为转折，辽人兵锋明显东移。

神册六年，辽大军出古北口，围攻檀、顺、安远、满城、三河、良乡、望都、潞、遂城、长芦、涿州等十余城；天赞年间又继续以幽蓟为主要进攻对象，多次攻略蓟北、燕南一带⑤。经过这一系列的军事行动，代北、河朔名义上虽然仍属中原王朝所有，实际上大多数地区已被辽人控

---

① 陈述：《契丹政治史稿》，人民出版社，1986年10月。
② 《辽史》卷一《太祖纪上》。
③ 《辽史》卷一《太祖纪上》。
④ 《辽史》卷二《太祖纪下》，卷三《太宗纪上》。
⑤ 《辽史》卷二《太祖纪下》，卷三《太宗纪上》。

制。辽军不但经常出入于此,而且还将主要州城的百姓俘掠过半。至会同元年(938年)十一月,后晋石敬瑭"以幽、蓟、瀛、莫、涿、檀、顺、妫、儒、新、武、云、应、朔、寰、蔚十六州并图籍来献"[①],将燕云十六州割让于辽。这在很大程度上可以说只不过是对既成事实的一种认可而已。

辽军在对代北、河朔地区进行军事打击,攻城略地的同时,亦将大量人口迁往塞北。如唐天祐二年,击刘仁恭,"拔数州,尽徙其民以归";辽太祖神册六年(921年),攻略檀、顺等十余城,"俘其民徙内地";天赞三年(924年)"遣兵略地"燕南,亦"徙蓟州民实辽州地"等等[②]。在《辽史·地理志》中可以清楚地看到,因安置中原移民而设置的36个州县当中,就有24个是在太祖、太宗时期设置的,约占总数的67%,可见这一期间是辽内地获得中原人口的主要时期。

二、第二阶段——太宗会同二年至圣宗统和二十二年

这六十五年间先有后晋、后汉、后周,后有北宋与辽对峙。太宗会同二年(939年)至世宗时期,辽军虽然继续保持着进攻的势头,不断向中原发动进攻,但规模已有所减弱。穆宗、景宗时期,虽然双方也有过多次战争,但大多是中原王朝以收复燕云十六州为目标,对辽发起的进攻。辽穆宗应历九年(959年),亦即周世宗显德六年四月,后周伐辽,"拔益津、瓦桥、淤口三关",五月,"陷瀛、莫二州"[③],对辽进攻取得成功。继之宋太宗也连续对辽发动进攻,并曾一度包围辽南京,占据着作战的优势[④]。至辽圣宗统和四年(986年),亦即宋太宗雍熙三年三月,宋遣曹彬、田重进、潘美、杨业分别统兵,出雄州、飞狐、雁门三路,对辽发动大举进攻。这次战役虽然是由宋方发动,但在战役的进行过程中,宋军逐渐丧失

---

① 《辽史》卷四《太宗纪下》。
② 《辽史》卷一《太祖纪上》,卷二《太祖纪下》。
③ 《辽史》卷六《穆宗纪上》。
④ 《辽史》卷九《景宗纪下》。

优势，致使辽军反守为攻，步步进逼，不但挫败了宋军的进攻，并且最终生擒宋骁将杨业[①]。圣宗一朝是辽社会经济发展的强盛时期，以这场战役为转机，辽转守为攻，此后几年，不断主动对宋发动进攻。统和六年进攻河北涿州、满城、易州等地；统和十七年进攻宋遂城、瀛州等地；统和二十二年进攻遂城、瀛州、祁州、洺州、德清军，进而屯军澶渊，迫使宋朝与之签订了岁输银十万两、绢二十万匹的城下之盟[②]。统和四年曹彬等对辽进攻失败，宣告了宋人收复燕云十六州梦想的彻底破灭；而"澶渊之盟"签订以后，辽国力也逐渐由盛转衰，无力再发动大规模的对宋战争，因而此后辽宋之间再无大的军事冲突。

分析辽与中原王朝之间的战争状况，是想说明中原人口被俘北迁的阶段性变化与迁入地的位置。从以上分析可知，太宗会同二年以后至世宗时期，战事规模相对较小，辽方俘获人口的记载并不多见；穆宗、景宗两朝的战事是以中原进攻为主，因此辽方俘获人口的数量自然更为有限。圣宗时期是继太祖、太宗以后，被俘中原人口北迁的第二个高潮期。需要指出的是，这一时期人口的迁入地与第一阶段明显不同。太祖、太宗时期燕山以北是契丹人的势力范围，他们以西拉木伦河流域作为其政治、经济的核心地带，因此这一时期中原人口的迁入地主要集中在这里。世宗至圣宗时期，辽与中原王朝之间境界变化最大之处，在于燕云十六州的割属。由于燕云十六州由中原领土变为辽内地，多数被俘人口就直接被安置在燕云故地，只有很少一部分被迁入辽本土地区。如《辽史·圣宗纪》记载：统和六年（988年），辽军进攻长城口，一路"杀获殆尽"，被俘获者"分隶燕军"；随后辽军又攻破莫州，所俘人员亦"使隶燕京"。统和七年，辽军再次进攻河北，"宋鸡壁砦守将郭荣率众来降，诏屯南京"。辽军攻破易州，"迁易州军民于燕京"，又令"鸡壁砦民二百户徙居檀、顺、蓟三州"。以上事例足以说明，向燕云十六州移民是圣宗时期移置中原人口的主体流向（图3-2）。

---

① 《辽史》卷一一《圣宗纪二》。
② 《辽史》卷一二《圣宗纪三》。

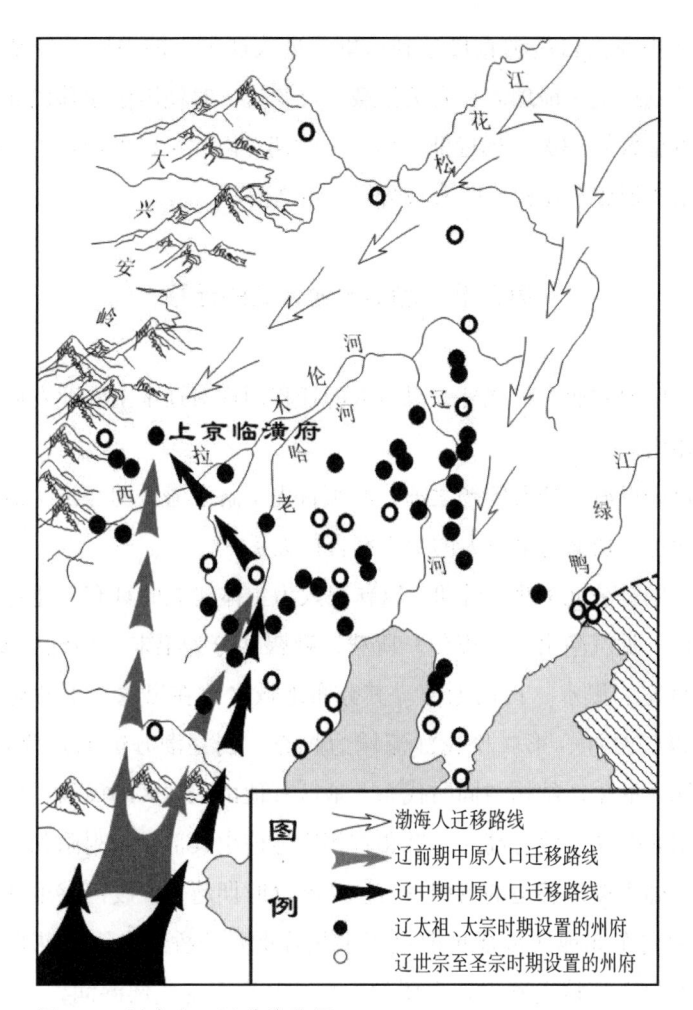

图 3-2　辽代人口迁移路线图

移民阶段性特征与迁入地位置的分析,是探讨辽代农耕区形成阶段与分布状况的前提。契丹本是以狩猎、畜牧为主要生产方式的非农业民族,农耕生产向辽本土传播主要依靠中原移民。如前所述,太祖、太宗两朝是中原移民进入草原的主要时期,因此大多数以汉人为主要居民的州县都设置在这一时期。太宗以后各朝由于燕云十六州已割属于辽,有相当一部分被俘掠的中原人口就被直接迁到这里，进入辽本土的中原人口则相应减少。统计《辽史·地理志》有关记载，可知这一时期因中原移民而设置的州县仅占总数的33%，远远低于前一个时期。由此可以推论辽本土内的农耕区应主要形成于辽初，即太宗会同二年之前。

第三节　渤海农业人口的迁移

除了中原农业人口之外，渤海人的迁移同样对辽本土农业发展起过重大推动作用。

在讨论渤海人迁移问题之前，必须首先了解渤海人的经济生活与生产形式，而这一切又与渤海人的历史有直接关系。

渤海国是公元7世纪后期，以靺鞨人为主体建立的具有封建化特征的地方政权。据《隋书·东夷传》所载，靺鞨共分为粟末、伯咄、安车古、拂涅、号室、黑水、白山七部。其分布地域大致在黑龙江下游至长白山一带，以牡丹江、第二松花江流域为腹心。创立渤海国的是粟末靺鞨，早期靺鞨人的生产结构与同时代东北地区其他山地林区的民族一样为半农半猎。隋炀帝初年攻打高丽，靺鞨首领度地稽率其部众归附隋朝，被安置在柳城，即大凌河谷地的营州一带。从秦汉时期起，大凌河谷地就在中原农业文明向东北地区传播扩散过程中起着重要的桥梁作用，靺鞨入居此地，自然也会直接受到农业文明的影响。靺鞨旧地气候湿润，土壤肥沃，农业本来就有一定地位，西迁以后更容易接受先进的生产技术，扩大自己的生产规模。

入唐以后这部分靺鞨又因协助朝廷平定刘黑闼叛乱，并击败突厥对幽州的进攻，首领度地稽被唐朝封为蓍国公，历迁至营州都督[①]，由此进一步加深了对于大凌河谷地以及中原地区农业文明的了解和认识。唐初平灭高丽后，又有一部分由首领大祚荣统领的内附靺鞨被安置在营州附近，于

---

① 《旧唐书》卷一九九《北狄传下》。

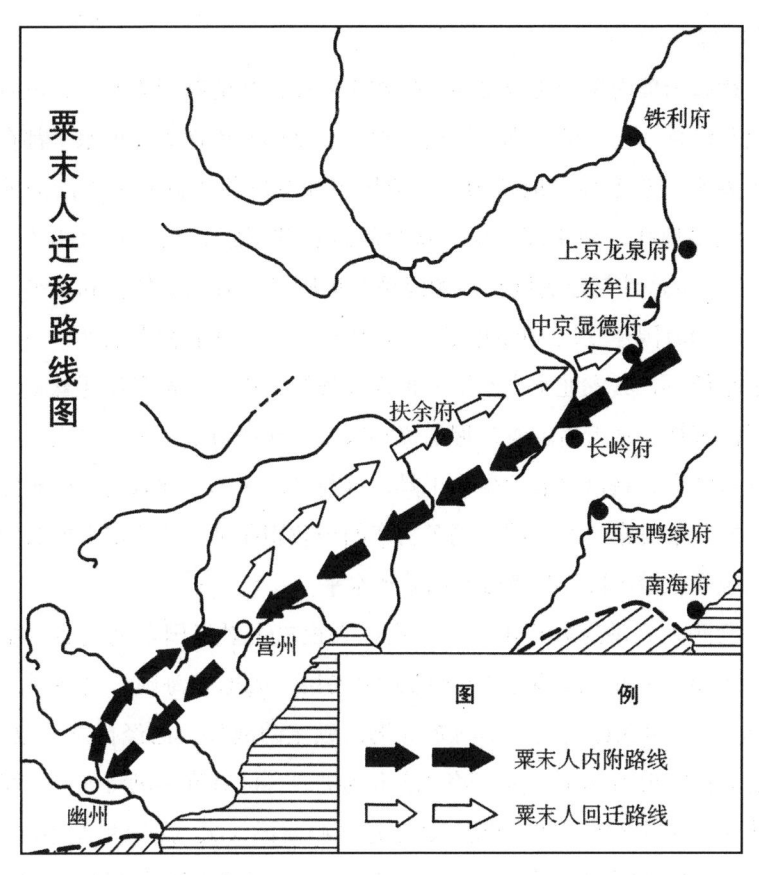

图3-3 粟末人迁移路线图

是有更多的靺鞨人直接接触到中原农业生产技术，农业生产水平与农业在生产结构中的比重，自然都得到了大幅度提高。武则天万岁通天年间营州一带的内附契丹首领李尽忠率众反叛，居住在这里的粟末靺鞨也附从契丹反唐。唐朝派兵平定叛乱，粟末首领大祚荣率其余众，东迁至今吉林省敦化市南的东牟山一带，筑城居之。此后大祚荣一支势力渐大，自立为振国王。这一切引起唐王朝的重视，睿宗时唐朝遣使册封大祚荣为渤海郡王，其后子孙世袭，至贞元十一年（795年）又晋封为渤海国王。大祚荣一支汉化靺鞨的回迁对于渤海国农业生产的发展起了十分重要的作用

（图3-3）。

渤海国境内民族构成复杂，仅作为主体民族的靺鞨人本身，就有土著居民与汉化回迁者的区别，境内各地生产结构与生产力发展水平都存在着很大差距。学术界一般认为，渤海国封建制度得以确立和发展的地域基础，主要依托于原来高句丽、扶余故地和靺鞨腹心地带的西部及五京地区[①]。支持这种封建制度存在的经济基础则是具有相当规模和水平的农耕生产。渤海国建立之前靺鞨人的生产中虽然也存在着简单农业，但生产水平还很低下，其农业生产水平的提高和规模的扩大，都是汉化靺鞨人回迁以后的事情。从考古调查掌握的资料来看，在渤海上京及东牟山一带，都发现过铁犁、铁镰等农业生产工具，这与《新唐书·北狄传》中渤海国有稻、豉、李、梨、布、绵、绸等物产的记载相印证，说明渤海的农业生产早已脱离原始阶段，具备较高的生产水平。

渤海人大举迁入辽本土，是在辽太祖攻占渤海国全境之后。据《辽史·太祖纪》记载，耶律阿保机大举兴兵，灭掉渤海国，是在天赞四年（925年），而在此之前，契丹攻夺渤海领土的战事，已经持续了数十年，其进攻的首要目标是辽东。随着战事的进展，已有许多渤海人被陆续迁入辽本土。据金毓黻先生研究，辽东地区归属渤海大约在9世纪中叶[②]。此后，渤海国西界与契丹活动区域直接相连，辽太祖耶律阿保机时，契丹势力开始东向发展，辽东自然成为辽军进攻的首选目标。

辽军最初占领的是辽阳附近地区[③]，前后"力战二十余年"，于天赞初年攻占整个辽东[④]。获取辽东后，辽太祖又于天赞四年（925年）对渤海国本土发动全面进攻，迅速攻占渤海全境。为了便于对渤海故地进行统治，太祖攻下渤海国都忽汗城之后，便当即在天显元年（926年），改渤海国为东丹国，封太子耶律倍为东丹王，并命耶律羽之为中台省右次相辅佐。针

---

① 王承礼：《渤海简史》，黑龙江人民出版社，1984年。
② 金毓黻：《东北通史》，五十年代出版社，1981年6月翻印。
③ 《辽史》卷一《太祖纪上》、卷二《太祖纪下》。
④ 《契丹国志》卷一〇《天祚帝》。

对当时国内的政治形势与故渤海国的民情,身为朝中重臣的耶律羽之上表说:"渤海昔畏南朝,阻险自卫,居忽汗城。今去上京辽邈,既不为用,又不罢戍,果何为哉?先帝因彼离心,乘衅而动,故不战而克。天授人与,彼一时也。遗种浸以蕃息,今居远境,恐为后患。"以往渤海人自立国家,与中原王朝分庭抗礼,辽建国后,他们不但在政治上不称臣纳土,军事上也没有放松戒备。太祖虽然收复了渤海,但有这样一个强大的民族脱离辽国腹地而雄踞一方,不能不说是国家的心腹大患。出于这样的原因,耶律羽之献策云:"梁水之地乃其故乡,地衍土沃,有木、铁、盐、鱼之利。乘其微弱,徙还其民,万世长策也。彼得故乡,又获木、铁、盐、鱼之饶,必安居乐业。"此策当即获得批准,并于同年实施大规模的移民计划,"徙东丹国民于梁水"[①]。

梁水即今太子河,《辽史·地理志》东京辽阳府下有如下记载:"辽河出东北山口为范河,西南流为大口,入于海;东梁河自东山西流,与浑河合为小口,会辽河入于海,又名太子河,亦曰大梁水。"辽河平原东部的太子河两岸,就是耶律羽之所说的"地衍土沃,有木、铁、盐、鱼之利"的"梁水之地"。事实上辽实施这一移民计划时,渤海移民的迁入地不仅限于辽东,上京、中京地区也分别迁入大量渤海人。

按照所在地区的不同,可以把辽境内以渤海人为主体成分设置的州县或渤海人占据一定成分的州县,区分为如下两种情况:

(一)上京、中京地区以渤海移民为主要人口成分而设置的州县

见于《辽史·地理志》记载,属于这类的州县有:

上京道临潢府:

长泰县:本渤海国长平县民,太祖伐大諲譔,先得是邑,迁其人于京西北,与汉民杂居。

定霸县:本扶余府强师县民,太祖下扶余,迁其人于京西,与汉人杂处,分地耕种。

---

① 《辽史》卷七五《耶律羽之传》。

保和县：本渤海国富利县民，太祖破龙州，尽徙富利县人散居京南。

潞县：太祖破蓟州，布于京东，与渤海人杂处。

易俗县：本辽东渤海之民，太平九年大延琳结构辽东夷叛，围守经年乃降，尽迁于京北，置县居之。是年，又徙渤海叛人家属置焉。

迁辽县：本辽东诸县渤海人，大延琳叛，后以城降，徙其家属于京东北。

渤海县：本东京人，因叛，徙置。

宣化县：本辽东神化县民，太祖破鸭渌府，尽徙其民居京之南。

祖州：

长霸县：本龙州长平县民，迁于此。

咸宁县：破辽阳，迁其民置。

怀州：本唐归诚州，太宗行帐放牧于此，天赞中，从太祖破扶余城，下龙泉府，俘其人，筑寨居之。

扶余县：太祖迁渤海扶余县降户于此。

显理县：本显理府人，太祖伐渤海，俘其王大諲譔，迁民于此。

庆州：

富义县：太宗迁渤海义州民于此。

永州：

长宁县：太祖平渤海，迁其民于此。

义丰县：本铁利府义州，辽兵破之，迁其民于南楼之西北。

仪坤州：应天皇后建州。太祖平渤海……俘掠有伎艺者，多归（后）帐下。

龙化州：（唐天复三年）太祖伐女直，俘数百户实焉。

降圣州：

永安县：太祖平渤海，破怀州之永安，迁其人置寨于此。

饶州：

长乐县：太祖伐渤海，迁其民，建县居之。

临河县：本丰永县人，太宗分兵伐渤海，迁于潢水之曲。

安民县：太宗以渤海诸邑所俘杂置。

中京道恩州：太宗建州，开泰中以渤海户实之。

恩化县：开泰中以渤海人户置。

黔州：太祖平渤海，以所俘户居之。

盛吉县：太祖平渤海，俘兴州盛吉县民来居，因置县。

迁州：圣宗平大延琳，迁归州民置。

润州：圣宗平大延琳，迁宁州之民居此。

海阳县：本东京城内渤海民户，因叛移于此。

从文献记载来看，迁入辽上京、中京地区的渤海人，具有如下时空分布特点：

1.时间：大规模的渤海移民主要集中在太祖、太宗及圣宗两个时期。太祖、太宗两朝，辽平灭了渤海国，移渤海旧民实辽内地，以此来巩固军事胜利成果。需要指出的是，这次渤海人迁往上京、中京等处的移民活动，大约持续到太宗即位后不太长时间。从《辽史》的记载来看，太祖去世于天显二年（927年），同年太宗即位，次年即天显三年，辽将故渤海即东丹国民迁至辽东地区。太祖时期渤海故土与辽统治核心地带相距甚远，渤海俘户自然不能留居故土，随着战事的起落，他们被分批送至上京等地安置；太宗时期情况则不同了，天显三年东丹国举国南迁，在大部分移民被安置在辽东的同时，一部分渤海人也同时被迁至上京等地。随着东丹人的整体南迁结束，上京一带的渤海移民活动也应停止。太宗之后，圣宗时期虽也曾将渤海人迁向上京、中京两道，但这次移民的数额比太祖、太宗时期少得多，若以州县而论，上引各州县中，仅上京临潢府易俗县、迁辽县，中京恩州恩化县以及迁州、润州的渤海移民是在这一时期迁入的，在全部迁入上京、中京地区的渤海人中仅占16%左右。圣宗时期迁往上京、中京等地的渤海人基本是不宜继续在辽东地区居住的渤海叛户，而圣宗多次征伐高丽获得的俘户，则就近安置在辽东一带。这种情况与太宗会同初年以后，中原俘户被直接安置在燕云之地的情况是完全一致的。

2.空间：渤海人的主要迁入地集中在上京道所辖各州县，特别是临潢府下辖各县移民人口尤为集中。依《辽史·地理志》的记载统计，上京道各州县中明确说明人口来源的共47个，其中含有渤海移民的有22个，约占总数的47%。上京道既是契丹人的发祥地，也是辽的政治与经济核心区，大量渤海人的迁入对这里所产生的影响是不可忽视的。

（二）东京地区在渤海移民基础上设置的州县

东京所在的辽东地区，是渤海移民的主要迁入地。属于这一类型的又可分三种情况，一种为东丹移民，一种为渤海遗民，一种为渤海、高丽俘户。

1. 东丹移民：

在《辽史·地理志》的记载中，东京道内含有东丹移民的主要有下列州府：东京辽阳府、开州、辰州、庐州、铁州、兴州、汤州、崇州、海州、慕州、显州、渌州、乾州、贵德州、沈州、严州、集州、广州、辽州、祺州、遂州、通州、韩州、双州、银州、同州、咸州、信州、龙州、湖州、渤州、郢州、铜州、涞州。

对于以上州府及下属各县，《辽史·地理志》的记载方式基本相同，下面以耀州条为例予以说明：

耀州，本渤海椒州，故县五，椒山、貂岭、澌泉、尖山、岩渊，皆废，户七百，隶海州。

从字面看，辽耀州与渤海椒州似乎是不同时代，在同一地域内先后设置，具有相承关系的地方行政建置，实际情况与字面印象差距很大。天显元年辽灭渤海后，当即改渤海国为东丹国。天显三年（928年）"迁东丹民以实东平"[①]，将都城由忽汗城（今黑龙江宁安市）移至东平郡，即辽东京辽阳府，这次东丹国的南迁，不仅仅是都城的迁移，更确切地说，是举国之迁，原设在东丹境内的州县随之俱徙。据金毓黻研究，东丹国原设州县，除鸭渌府所属诸州外，余皆南徙。上京、中京之民多迁辽阳；东京之民迁于开州，即今凤城；南京之民迁于海州，即今海城[②]。东丹国各州县

---

① 《辽史》卷三《太宗纪上》。
② 金毓黻：《东北通史》，五十年代出版社，1981年4月翻印。

徙置后，或仍具旧名，或易新名。如前引耀州条，"耀州"应为东丹南迁后所改之名，东丹国号去后，这一地名仍被辽所沿用。而文中"渤海椒州"，似应为东丹未迁时之旧名。渤海灭亡，改建东丹国为天显元年（926年），东丹南迁为天显三年，中间时隔仅三年，对于这段历史留下的文献记载甚少，存有纰漏是难免的。元人修《辽史》时，审之不详，把"东丹椒州"误记为"渤海椒州"。与耀州条文字略有不同，《辽史·地理志》东京辽阳府条下为："本渤海国金德县地……渤海为常乐县。"文中称辽辽阳县为"渤海国金德县地"，是指渤海国时期设县名称。下面再次提到"渤海为常乐县"，此处所称"渤海"，与"渤海国金德县地"中所用"渤海"在政权归属上完全不同，而与耀州条下"本渤海椒州"文字含义一样，应为"东丹"之误，"渤海常乐县"，本应写作"东丹常乐县"。对此金毓黻先生早已有所揣测，在其所著《渤海国志长编》中曾提出："余尝疑辽志所称某州为渤海某府、某州、某县，多指东丹之府州而言。"

由以上论述可知，辽东京道内各州县，大多与渤海故州县没有地域上的继承关系，这些州县基本都是东丹国南移后所徙置，州县内人口也均系东丹移民。这次东丹移民的规模是相当大的，根据《辽史·地理志》记载，含有这类移民的州县共50个，其中明确有户额记载的仅22个，有户17000余户，依每户5口计，有85000余口。若将未注明户额的其余28个州县人口按比例进行推算，有人口108000余口，共计人口20万左右。依据《辽史·地理志》的记载，这些被迁徙的人口仅仅是居住在城内及附近的汉化渤海人和高丽人，那些散处在村野之中，仍保持传统生产方式的土著居民应不属在迁之列。南迁的渤海人基本是保持较高生产技术的农民与手工业者，因此他们与中原移民一样，对于改变契丹民族的社会经济结构，促进农业生产的发展，起到至关重要的作用。

2.渤海遗民

前文已经提及，辽东地区早在唐中后期已归入渤海辖境，因此境内也应有一定数量的渤海遗民。文献中对这部分遗民的记载很少，这是因为：（1）东丹移民数量之大，使这部分渤海遗民轻易不为人所注意，自然归入新置州县的管辖中。(2) 辽东归入渤海后，大多处于羁縻状态，生活在这里的渤海人很有限。即使如此，文献中的一些零星记载仍透露出这部分遗民的信息。如《辽史·地理志》东京条下有：

归州：太祖平渤海，以降户置，后废。统和二十九年伐高丽，以所俘渤海户复置。

尚州：以渤海户置。

东州：以渤海户置。

以上归、尚、东三州的记载方式，与前述各州县不一样，都没有"渤海某某州"的说法，说明这三州不属于迁徙而来的东丹故州，人口构成主要为当地的渤海人。

3.渤海、高丽俘户

渤海俘户是指辽中期征伐高丽战争中的战俘，他们进入辽境土的时间比前面两类晚得多。前两类渤海人最迟在辽太宗天显三年（928年）即进入辽统治区，其中除唐后期辽东地区的渤海遗民，以天显三年的东丹移民数量最大。辽中期圣宗曾发动征伐高丽的战争，作为战俘，一部分留居在原渤海故地的渤海人以及高丽人又一次被迁至辽东地区，归州、宁州都属于这样的州县。

从以上分析可知，在辽统辖区内，无论是政治、经济核心上京一带，还是中京与东京所辖地区，渤海人都占相当比例，成为当地人口构成中的主要部分，他们的出现必然对辽本土内农耕区的扩展产生很大影响。

通过以上对于中原与渤海人口迁移过程与迁入地的分析可知，辽太祖、太宗与圣宗时期分别是农业民族进入辽本土的两个重要阶段，在这两个阶段内，无论中原人口还是渤海人口，都以第一阶段进入辽本土的数量最大。在第一阶段内，中原人口主要被迁入西拉木伦河流域，即上京附近；渤海人口则分别被迁往西拉木伦河流域以及辽东各地。在第二个阶段内，中原人口主要被迁往燕云十六州；渤海人口大部分迁至辽东，被迁往上京等地的仅是很少的一部分。从时间阶段来看，至会同二年，以上京及附近地区为迁入地的大规模农业人口的移民活动基本停止。

农业民族的迁入与辽本土农耕区的形成有直接关系，农业人口的集中迁入时期，就是辽本土内农耕区形成的最重要时期；农业移民集中的地方，也就是辽境内的主要农耕区。辽本土内的农耕区主要形成于太祖、太宗时期，至太宗会同二年西拉木伦河流域人口大规模迁入基本停止，人口进入自然增长阶段，与古代草原地区人口自然增长率较低的特点吻合，耕地面积的扩展也基本处于稳定状态。西拉木伦河流域以外的辽本土其他地区，虽然在太宗会同初年以后，也有不同数量的农业人口迁入，但由于数量很少，尚不能构成推动农耕区大幅度扩展的动力。通过以上研究，可以认为辽本土地区主要农耕区都形成于太宗会同年间前后，此后由于大规模的农业人口迁移基本停止，农耕区的大幅度空间扩展过程也告结束，农耕区土地的增长与人口自然增长率同步，呈稳定发展。

第四章　辽本土农耕区的分布特点及形成过程

本文所论及的辽本土是指辽统辖范围内，原非农业民族活动区域，其具体范围包括阴山、燕山一线以北全部辽国境域。辽建国前活动在这里的非农业民族虽然也存有少量的农业活动，但大多处于原始阶段，土地开垦量极为有限，还未形成固定的农业垦殖区，辽本土内大规模农耕区的出现是在辽建国以后。

辽本土内环境特征差别很大，因此各地的开发进程与开发阶段也不相同。

继匀德实与述澜之后，耶律阿保机执掌了契丹迭剌部政权，这时随着草原民族与中原政权之间武力冲突加剧，以及中原政权的暴虐，被俘虏和逃入塞外的中原人口越来越多，草原上的人口民族构成也发生了变化。从这时起，营造"汉城"，依靠汉人发展农耕业成为阿保机的一项重要举措。

阿保机最早营建的汉城，是《新五代史·四夷附录》中提到的位于"炭山"东南，滦河上的"汉城"。这处汉城大约位于今河北省赤城县云州乡[①]，

---

① 白光、张汉英：《辽代"炭山"考》，《北方文物》1994年第2期。

筑城年代在公元907年之前①。

龙化州城是阿保机早期营建的另一座汉城。唐天复二年（902年）秋七月，阿保机"以兵四十万伐河东、代北，攻下九郡，获生口九万五千，驼、马、牛、羊不可胜纪。九月，城龙化州于潢河之南"②，天复四年又"广龙化州之东城"③。其位置在今内蒙古库伦旗扣河子镇酒局子村④。继龙化州之后，又营建了多处汉城，其中霸州彰武军，即为这一时期营建的汉城之一，此城后升为兴中府，位于今辽宁省朝阳市。《辽史·地理志》载："太祖平奚及俘燕民，将建城。命韩知方择其处，乃完葺柳城，号霸州彰武军。"《辽史·太祖纪》载阿保机"平奚及俘燕民"之事为公元907年即位之前，文中所及韩知方应为韩知古之误，据有关学者考证韩知古虽于神册元年授彰武军节度使，但早在神册元年之前，他入辽初就被安置在彰武军所在地⑤。由此看来兴中府的前身霸州彰武军营建之始，应在907年至神册元年之间。

耶律阿保机早期营建的汉城以及与之相应的农业开发，具有以下两方面特点：

1. 分布地域不集中，从西拉木伦河流域到大凌河，乃至滦河流域都留

---

① 《新五代史·四夷附录》载："是时刘守光暴虐，幽涿之人多亡入契丹。阿保机乘间入塞，攻陷城邑，俘其人民，依唐州县，置城以居之。汉人教阿保机曰：'中国之王无代立者。'由是阿保机益以威制诸部而不肯代。其立九年，诸部以其久不代，共责诮之。阿保机不得已，传其旗鼓，而谓诸部曰：'吾立九年，所得汉人多矣，吾欲自为一部以治汉城，可乎？'诸部许之。汉城在炭山东南滦河上，有盐铁之利，乃后魏滑盐县也。其地可植五谷，阿保机率汉人耕种，为治郭邑屋廛市如幽州制度，汉人安之，不复思归。阿保机知众可用，用其妻述律策，使人告诸部大人曰：'我有盐池，诸部所食。然诸部知食盐之利，而不知盐有主人，可乎？盍来犒我。'诸部以为然，共以牛酒会盐池。阿保机伏兵其旁，酒酣伏发，尽杀诸部大人，遂立，不复代。"阿保机称汗这一年正值后梁太祖开平元年，即公元907年。按上述记载，汉城营造之时应在907年之前。对于这一事件金毓黻先生在《东北通史》中将其定在公元915年，即后梁末帝贞明元年，这一定年对于相关史实就很难解释得通了。

② 《辽史》卷一《太祖纪上》。

③ 《辽史》卷一《太祖纪上》。

④ 冯永谦：《辽代部分州县今地考》，载《北方文物》1994年第4期。关于龙化州的位置，学术界一直缺乏一致的认识，顾祖禹、李慎儒、白鸟库吉等中外学者都提出过自己的看法，在这一基础上《中国历史地图集》将龙化州定在今奈曼旗八仙筒镇。冯永谦据文献与考古调查提出不同看法，认为库伦旗扣河子镇酒局村西北一里的辽代古城应为龙化州，今取此说。

⑤ 李锡厚：《耶律阿保机传》，吉林教育出版社，1991年。

下了早期汉城的分布遗迹,这样的分布特点与耶律阿保机所处的政治、军事形势有很大关系。

2.耶律阿保机营建汉城,是辽本土内农业发展进程中的一个重要转折点。自此之后,依照"汉城"的形式,任用汉官,开垦土地,成为辽人通行的举措。这样的事例很多,其中《契丹国志》中就有这样一段记载:"(韩)延徽始教契丹建牙开府,筑城郭,立市里以处汉人,使各有配偶,垦艺荒田,由是汉人各安生业。"[1]文中提到的韩延徽为辽王朝重臣,入辽之前曾在河北守将刘守光处任幕府将军,"守光末年衰困,卢龙巡属皆入于晋,遣延徽求援于契丹。太祖怒其不拜,留之,使牧马于野"[2]。据《新五代史》所载,后梁乾化元年(911年)刘守光僭称大燕皇帝,两年后,即公元913年十月被俘身亡。韩延徽入辽应发生在刘守光称帝后的最后一年,即913年。韩延徽入辽前后,其他汉臣如王郁等也相继投向契丹王朝,他们在辽提倡的政策均以发展农耕业为核心内容,这些政策对农业生产发展起了一定的推动作用。

916年阿保机正式称帝,建立草原帝国,这一切也为农业生产的发展提供了新的契机。自此之后,辽本土的农业生产在"汉城"的基础上出现了两方面变化:

1.农业开发区呈现区域性集中,随着契丹社会政治、经济的发展,先后形成西拉木伦河流域、医巫闾山北端以及辽中京周围三个农业集中开发区。每一个农业集中开发区内,农田又以插花形式出现。"草原插花田"这一说法最早为陈述提出[3],随着学术界对辽代农业经济问题研究的深入,这一观点被越来越多的学者接受。邹逸麟在其研究中进一步肯定了"契丹在其本土,总的说来仍以畜牧为主要产业。汉、渤海人开辟的农耕地,由于自然条件的限制,都是草原上的插花地,不像中原地区那样有大片农田

---

[1] 《契丹国志》卷一《太祖》。
[2] 《契丹国志》卷一六《韩延徽》。
[3] 陈述:《契丹社会经济史稿》,生活·读书·新知三联书店,1978年。

连在一起"①。

2.由于大量汉人、渤海人参与农业生产,辽本土的农业生产逐渐脱离原始生产形式,向传统农业过渡。

下文对西拉木伦河流域、医巫闾山北端以及辽中京周围三大区域的形成过程与发展特点一一进行论述。

第一节 西拉木伦河流域的农业人口分析

农业民族与非农业民族有完全不同的生产形式与生活习俗,双方之间的同化与被同化需要一定的社会环境基础。辽太祖创业之初,虽然也在一定程度上接受了农业文明的影响,在契丹人中倡导农业,但辽建国后出于政治原因,却将在辽本土内发展农业生产的任务,交给中原及渤海移民,而对契丹人本身则更多地采取了"民族保护主义"政策,这一点正如陈述已经指出的那样,表现在许多方面。如阿保机能说汉语,但绝口不对部人讲。契丹本无文字,阿保机亲自主持制定了契丹文字②。太宗时期曾颁布过这样的诏令:"契丹人授汉官者从汉仪,听与汉人婚姻。"③对于一般契丹人,与汉人通婚是被官方禁止的,只有当契丹人被授为管理汉人的官职,才有可能与汉人通婚。虽然太宗以后各朝这一禁令逐渐松弛,但在当时对契丹人的进一步汉化起了很大的阻碍作用。除这些文化现象外,在大量汉人被迁入草原社会之后,辽统治者为了维持草原社会原有的社会组织与生活习俗,在治国方略上自始至终实行国汉分治、南北面官制度,这样的政治举措在很大程度上限制了进入草原地区的农业民族与非农业民族的融合。中国历史上匈奴、鲜卑等民族与中原民族的同化,是在特定背景下实现的,这些民族均离开了原来的草原社会,整体进入农耕区之内,接受

---

① 邹逸麟:《辽代西辽河流域的农业开发》,《辽金史论集》第2辑,书目文献出版社,1987年。
② 陈述:《契丹政治史稿》,人民出版社,1986年。
③ 《辽史》卷四《太宗纪下》。

汉文化的影响，享用汉文化的物质创造，日久天长逐渐放弃了原来的传统，同化到汉民族之中。与此不同，契丹人未离开草原社会，虽然他们中间新增加了一些汉人、渤海人，但影响他们生活方式的环境基础没有变，产生于这样基础上的国汉分治政策也得以长期施行。由于这样的原因，在辽王朝的统治时期内，政治上的国汉分治与经济上的农牧兼营始终是并存的。

国汉分治作为辽王朝的一项治国方略，直接影响到农业人口与耕地数额，进而限制了农耕生产的发展规模。辽代从事农耕生产的基本是迁徙至此的农业民族及他们的后代，对于这部分农业人口数额可以从《辽史》的有关记载中，获知大概。本文根据他们的归属性质，分别展开讨论。

一、载于《辽史·地理志》的各州县人口

由于辽代采取的国汉分治政策，建州县以居汉人，置部落以统国人成为定制，隶于州县管辖之下的一般都是汉人、渤海人，他们中间虽然也有少数手工业者，但农业人口仍是主体。据《辽史·地理志》记载，设置于西拉木伦河流域的1府、11州，包括下辖县、城之内，共有民户53 700户，依每户五口标准计算，约有人口268 500口。另有4县未著户额，对于这部分缺额人口，可以用其他27县、城平均人口进行估算。经过计算，著有户额的27县、城平均户额为1 382户，合人口6 960口，若将此值近似看作未著户额4县的人口平均值，那么这四县共有人口27 840口。将这4县及原有27县、城人口加在一起，共计296 340口。

关于《辽史·地理志》所载户额归属年代问题，许多中外学者作了大量研究，其中美国学者魏特夫与冯家昇早在四十年代就提出，这一记载为天祚帝天庆三年（1113年）的数据[①]。这一见解被大多学者认可，如葛剑雄先生在《中国人口发展史》中就再次肯定了这一说法。

前文已述，辽王朝辖境内的农业人口主要为汉、渤海俘户，这些俘户

---

① 卡尔·魏特夫、冯家昇：《中国社会史·辽（907—1125）》，纽约麦克米伦公司，1949年，第41—57页。

大多在太祖、太宗两朝进入辽本土。太宗会同元年燕云十六州并入辽境以后，以辽本土为迁入地的移民活动相应减少。因此自辽中期以后，辽本土内的农业人口以自然增殖为主。天祚帝为辽王朝最后一帝，统治时期已是辽代末期，辽初西拉木伦河流域农业人口可依下面公式进行计算：

人口数^{初}×（1+r）^{相隔年数}＝人口数^{末}

式中r为人口自然增长率，从事人口学研究的学者一般认为，这一时期辽境内的人口自然增长率为3‰[①]，依此数进行计算，太宗会同元年（938年），西拉木伦河流域的农业人口大约为174 318口；至辽中期11世纪前期，辽上京地区编户人口应为211 000多口。这一数字考虑的只是纯自然增长率，实际情况还存在一定差异（表4-1）。

表4-1　西拉木伦河流域各州县户额

州府	县	户额	州府	县	户额
上京临潢府	临潢县	3 500	庆州	玄德县	6 000
	长泰县	4 000		孝安县	
	定霸县	2 000		富义县	
	保和县	4 000	乌州	爱民县	1 000
	潞县	3 000	永州	长宁县	4 500
	易俗县	1 000		义丰县	1 500
	迁辽县	1 000		慈仁县	400
	渤海县		仪坤州	广义县	2 500
	兴仁县		龙化州	龙化县	1 000
	宣化县	4 000	降圣州	永安县	800

---

① 赵文林、谢淑君：《中国人口史》，人民出版社，1988年。

续表

州府	县	户额	州府	县	户额
祖州	长霸县	2 000	饶州	长乐县	4 000
	咸宁县	1 000		临河县	1 000
	越王城	1 000		安民县	1 000
怀州	扶余县	1 500	丰州		500
	显理县	1 000	松山州		500

二、诸提辖司统领人口

许多中外学者虽然对辽代人口作过多方面的研究，但长期以来对提辖司统领人口的性质一直缺乏统一认识，杨若薇在她的力作《契丹王朝政治军事制度研究》一书中首次澄清了这个问题，明确指出提辖司统领的人口为"分地耕种"，属于从事农耕生产的农业人口，并同时指出提辖司及所统人口具有如下特点：

1.提辖司所管民户的民族成分，是契丹族以外的各族人民，其中主要是汉、渤海人户。

2.提辖司所管民户是定居的，但不隶属州县。

3.提辖司与其所管辖的民户在地理上没有必然关系。

4.提辖司户即蕃汉转户，隶属于诸斡鲁朵，在身份上介于民户与宫分户之间。

5.提辖司户平时直接为斡鲁朵提供经济来源，战时为斡鲁朵提供兵源。

依杨若薇的观点，若蕃汉转户即提辖司户的话，那么隶属于诸斡鲁朵的蕃汉转户累计为12.4万户，这些隶属于诸斡鲁朵的蕃汉转户在入宫帐籍之前就是提辖司户。鉴于提辖司户不断为诸斡鲁朵提供兵源的特点，随着每一位皇帝的即位，新斡鲁朵所需兵源提取之后，留在原地还应有相当数额，以便应付诸斡鲁朵日常差遣。散布在宫帐以外的提辖司户究竟有多少，文献中没有任何记载，与之相关的只有籍入宫帐的蕃汉转户。根据《辽史·营卫志》有关诸斡鲁朵中蕃汉转户的记载，可以粗略地推测一下散布在宫帐以外的提辖司户的规模。

根据文献记载散布在宫帐以外的提辖司户，有如下变化特点：

1. 由提辖司户为诸斡鲁朵提供经济来源这一特点分析，诸斡鲁朵的规模越大，提辖司户的人口也应该越多。斡鲁朵是随新皇帝的即位而不断增置，因此从辽前期至辽中后期，斡鲁朵数额逐渐增多，为诸斡鲁朵提供经济来源的提辖司户也应该数额增多。

2. 据《辽史·地理志》记载，以提辖司户为基础改置的州县几乎都是在圣宗时期进行的。

上京道临潢府定霸县、保和县、宣化县，仪坤州广义县，东京道辽西州长庆县，中京道川州弘理县等都是统和八年（990年）在提辖司户的基础上改置的，粗略统计这些县大约有 16 000 户，依每户5口计，有人口约8万。根据《辽史·地理志》的记载，这些县的户口来源，并非完全是提辖司户转为编户，还有一部分其他性质的人口，若假定其中的一半原本属于提辖司户，可达 8 000 户。由提辖司户转为编户的最主要原因，应该是这部分人口属于满足诸斡鲁朵日常差遣之外，多余的人口。这一时期各斡鲁朵的蕃汉转户为4万户，合人口20万，多余的提辖司户尚有 8 000 户，为其服务的至少应在2万户。辽末诸斡鲁朵中蕃汉转户12.4万户，提辖司户应有6万户左右。据《辽史·地理志》《兵卫志》记载，提辖司虽然分别设在南京、西京、上京、中京、平州、奉圣州等地，但提辖司户却主要分布在上京、中京、东京三京范围之内。每一道内提辖司户户额可看作总数的1/3。辽末西拉木伦河流域各行政州人口为30万上下，上京道提辖司户若取6万户的1/3，则为2万户，依每户5口计，合10万口。上京为国家的政治中心，分布在这里的提辖司户应比其他两道略多一些，10万口中应有4万口分布在这里。

辽圣宗时期上京地区4万口提辖司户，是编户以外的农业人口，也是我们统计这一地区农业人口数额必须要考虑的部分。后文讨论中谈到辽中期大约有9.6万编户人口迁往中京一带,由于人口已经迁出去,所以不应纳入《辽史·地理志》上京数据中,但是若着眼于辽中期西拉木伦河流域,即上京一带的农业人口,也应该将其考虑在内。这样看来,辽中期上京地区农业人口总额,包括留居上京地区编户人口21.1万口,迁出编户人口9.6万口,提辖司户人口4万口,合计在34万~35万口,这就是辽中期上京地区农业人口的基本规模。

第二节 西拉木伦河流域农业开垦区的分布特征

插花地是辽本土内农田分布的基本形式,而这一形式的出现又是以汉人、渤海人聚居的州县为前提,因此根据州县设置可以大致推测出农田规模与农业生产空间布局特征。

辽代在西拉木伦河流域共设置1府,11州,27县,1城,其中府、州分别是上京临潢府、祖州、怀州、庆州、永州、仪坤州、降圣州、饶州、龙化州、乌州以及头下州丰州、松山州,大致分布在今内蒙古林西县、巴林左旗、巴林右旗、克什克腾旗、翁牛特旗、敖汉旗、奈曼旗、阿鲁科尔沁旗、库伦旗以及双辽县等旗县境内(图4-1)。今天这些旗县的社会经济结构基本都为农牧混杂形式,除少数城镇人口外,人口的职业构成主要为农业与畜牧业。据有关部门1988年统计,巴林左旗的农业人口为29.8万人,仅此一旗就高于辽初西拉木伦河流域的总人口,若将流域内10个旗县的人口数额全部进行统计,大约是辽代人口的10倍[①]。现在西拉木伦河流域农业人口人均耕地4~5亩,排除技术因素,假定辽代每个农业人口的开垦能力与现在相同,那么辽初整个流域的农田为90万~100万亩。

州、县两级地方行政机构的设置是朝廷加强地方管理的必要手段,中原各地州县设置或遵承历史上的旧置,或选择经济发达、交通便利、人口集中,控制一地即可布政四方的冲要之处。与中原地区不同,契丹是一个

---

① 《中国分县农村经济统计概要·1988》,中国统计出版社,1990年。

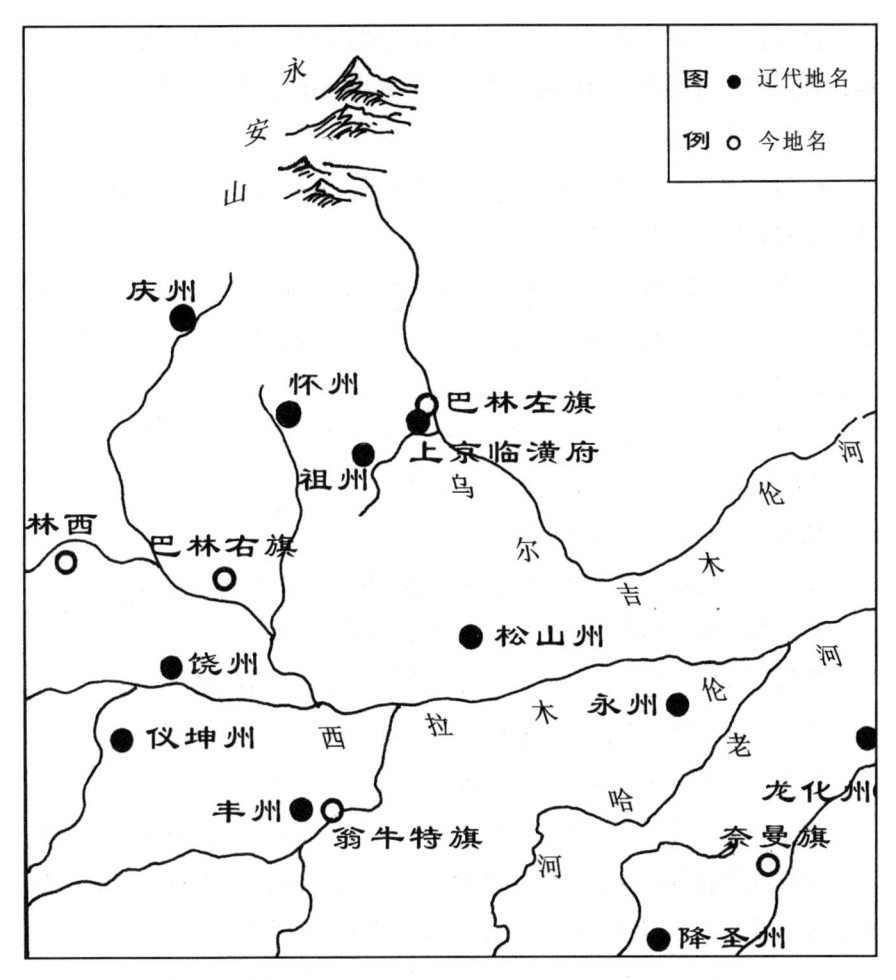

第四章　辽本土农耕区的分布特点及形成过程 / 045

图 4-1　辽上京地理形势

以畜牧、狩猎为传统的非农业民族，历史上既无州县建置，又因"随阳迁徙，岁无宁居"的生活方式，而未形成城邑、聚落。因此州县建置地点的确定往往不同于中原地区。分布在西拉木伦河流域的各州州址，多选择在与契丹历史有关的地方或重要的活动地，对此《辽史·地理志》有如下记载：

祖州：本辽右八部世没里地，太祖秋猎多于此，始置西楼。后因建城，号祖州，以高祖昭烈皇帝、曾祖庄敬皇帝、祖考简献皇帝、皇考宣简皇帝所生之地，故名。

怀州：本唐归诚州，太宗行帐放牧于此……太宗崩，葬西山，曰怀陵。大同元年，世宗置州以奉焉。

庆州：穆宗建城，号黑河州，每岁来幸，射虎障鹰……统和八年州废，圣宗秋畋，爱其奇秀，建号庆州……圣宗驻跸，爱羡曰："吾万岁后，当葬此。"兴宗遵遗命，建永庆陵。

乌州：本乌丸之地……辽北大王拨剌占为牧，建城，后官收。

永州：冬月牙帐多驻此，谓之冬捺钵。

仪坤州：本契丹右大部地。

龙化州：契丹始祖奇首可汗居此，称龙庭。太祖于此建东楼。

降圣州：本大部落东楼之地，太祖春月行帐多驻此。

饶州：本唐饶乐府地，贞观中置松漠府，太祖完葺故垒。

丰州：本辽泽大部落，遥辇氏僧隐牧地。

松山州：本辽泽大部落，横帐普古王牧地。

根据以上记载可以看出，西拉木伦河流域各州建置地点的确定，主要具有这样几种背景特征：1.奉陵州及契丹祖先纪念地。如祖州、怀州、庆州、龙化州。2.皇家猎场或官牧地。属于这类的有乌州、永州、降圣州。3.契丹部族的活动地带。如丰州、松山州。需要指出的是属于建立在第一类背景之上的各州，又大多同时是皇家猎场。如祖州曾为太祖秋猎之地，怀州为太宗行帐放牧处所，庆州为穆宗、圣宗秋畋射虎障鹰之地。对此法国学者牟里早在20世纪30年代就提出类似的看法，他认为西拉木伦河流域"当日可以建城之处，为类有三。一为历史区域，辽帝建城以为纪念之地。二为皇陵所在，守卫所居之地。三为移民垦殖之地"[①]。

辽代西拉木伦河流域州、府建置地点的确定，一方面选择在与契丹历

---

① 〔法〕牟里：《东蒙古辽代旧城探考记》，商务印书馆，1930年。

史有关的地方，另一方面受环境影响，表现出围绕科尔沁沙地呈环状分布的特征。

西拉木伦河流域属温带半干旱大陆性季风气候，水分状况是影响生态环境的重要因素，这里年平均降水量为300~450毫米，受地形影响，雨量空间分布极不平衡，流域上游与南面，由于地形的抬升，降水量偏多，中部雨量最少，著名的科尔沁沙地就位于这里。科尔沁沙地早在更新世就已形成，从那以后，经历了扩大—固定—缩小—发展的一系列过程。进入人类历史时期，因气候转暖，科尔沁沙地经历了两次萎缩期，沙区普遍发育了黑沙土层。一次发生在新石器时期，一次在唐代。辽代沙区大部分复苏，从文献记载可以了解沙区当时的大致范围。北宋使臣宋绶出使辽国，留下了辽中京至木叶山一线的景观描述。他说："七十里至香山子馆，前倚土山，依小河，其东北三十里即长泊也，涉沙碛，过白马淀，九十里至水泊馆，渡土河，亦云撞撞水，聚沙成墩。"① 《中国历史地图集》将长泊定在今奈曼旗西北约20公里处，这里已是科尔沁沙地的边缘地带，由此向北，至木叶山方向逐渐进入沙地中部。科尔沁沙地基本沿西拉木伦河及西辽河呈东西沿伸，宋绶所描写的是沙地南北方向，从边缘到中心地带由沙碛至"聚沙成墩"的景观变化。沙地外围自然条件较好，据文物考古部门调查，辽代西拉木伦河流域各州、府城址，基本围绕科尔沁沙地呈环状分布。其中临潢府、祖州、怀州位于沙地北部，仪坤州、饶州位于沙地西部，丰州、降圣州位于沙地南部。辽本土的农耕地主要分布在州县附近，科尔沁沙地的存在既影响了这一地区州县的空间布局，也影响了农耕地的分布形式。为了避开风沙的侵扰与干燥度大等不利条件，从整体看西拉木伦河流域的农田围绕沙地也基本呈环状分布（图4-2）。

在分析西拉木伦河流域各州府城位置的同时，需要指出的是，由于州城选址大多与契丹历史或重要活动地有关，因此有这样特点的地方并不一定都避开了沙地，如冬捺钵地永州一带就位于沙地之中。《辽史·营

---

① 《续资治通鉴长编》卷九七，天禧五年九月甲申。

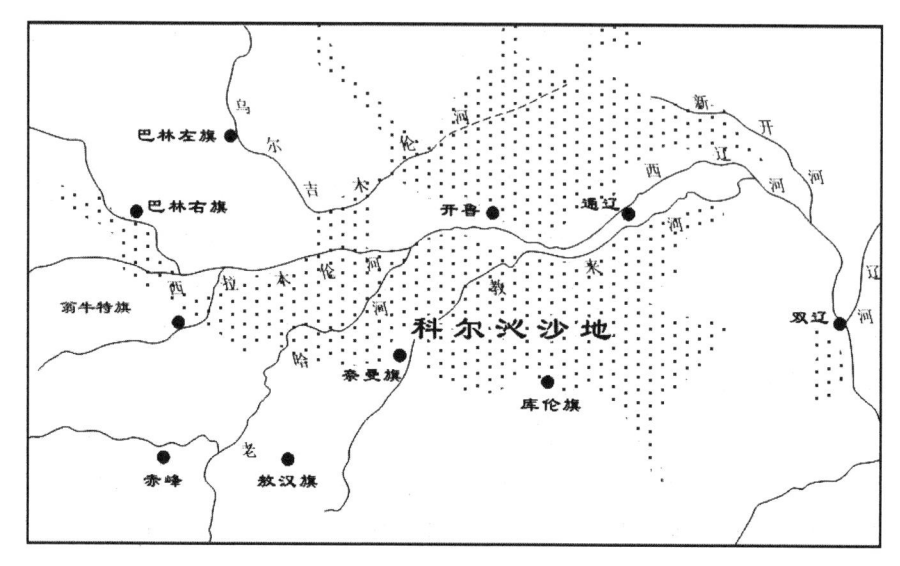

图 4-2　科尔沁沙地与周围旗县

卫志》中记述了冬捺钵地广平淀一带的景观特征，"广平淀，在永州东南三十里，本名白马淀，东西二十余里，南北十余里。地甚坦夷，四望皆沙碛"。广平淀距永州不远，至于永州的位置，《辽史·地理志》称其位于潢河、土河二水合流处，当地文物部门据此调查，认为永州位于今翁牛特旗白音他拉乡东南①，此地位于科尔沁沙地中部，周围全是茫茫沙丘，与文献描述辽代景观颇为接近。州城设置在沙碛中，必然影响到周围地区的农业开垦。

由于自然条件的限制，西拉木伦河流域的农业垦殖区除在整体上表现出围绕科尔沁沙地呈环状分布的特征外，农田块还具有插花式分布的特点，每块农田开垦规模都有限，与中原地区"禾稼垄亩弥望"的农田景观截然不同。插花地的特点是农田与非农业用地相间分布。《辽史·地理志》载："上京……地沃宜耕植，水草便畜牧。"这段记载反映的就是插花地的土地利用特征。《辽史·太宗本纪》中有这样一段记载，天显二年（927

---

① 姜念思等：《辽代永州调查记》，《文物》，1982年第7期。

年）太宗"阅群牧于（临潢府）近郊"。群牧为国家官牧场，北宋曾于河南、河北许多州县设置过号称群牧的官牧场，马匹数量动则数十万[①]。辽为游牧民族建立的国家，畜牧业是国家经济中的核心，群牧规模不会小于北宋官牧场。临潢府既是国都所在地，也是最大的农业人口聚居地，其近郊就是颇见规模的官牧场，更何况其他州县。州县城附近农田在各种土地利用形式中只是其中很小的一部分，剩余的或为非农业用地，或为未经开发的土地。

农业人口集中在农田中从事生产活动，劳动力多的地方开垦规模就大，劳动力少的地方开垦规模相应较小，各处劳动力数量的多少就成为插花地开垦规模的直接反映。由于这样的原因，由各州县人口数额可以进一步了解插花地农田规模。《辽史·地理志》提供的各州县人口数额，包括州县城内及乡村聚落的全部人口，在这些人口之中，居住在州县城内及附近的应占主要部分。如果能够弄清州县附近的人口状况，就可以了解相应的土地开垦规模。根据这一思路，本文试图通过各州城城址实测面积与当地居民住宅面积的对比，推测州县附近人口数额，并通过这一数额，估算土地开垦规模。

上京临潢府是辽五京之一，位于今巴林左旗林东镇南郊，从20世纪初法国神甫牟里开始，其后日本学者、中国学者相继对这座古城进行过多次考察。经他们的勘测及文献印证，确认上京临潢府由南北二城组成。北城名皇城，城内基本为宫殿、衙署；南城名汉城，为普通百姓居住区与工商业区。皇、汉两城的功能特点，决定了汉城才是百姓住宅所在地。经实测汉城周长为5 800米[②]，面积约为210万平方米。据《辽史·地理志》所载，汉城内有商肆、馆驿、寺院等建筑，剩余空间为居民住宅。现代城市居民生活区在城市总面积中，一般占20%～30%，这里除住宅外，还包括公共绿地、小型商业区，以及其他社区服务设施，实际居民住宅可能还要低于这一比例。古代城市居民生活区虽然没有太多的社区服

---

① 韩茂莉:《唐宋牧马业地理分布论析》,《中国历史地理论丛》,1987年第2期。
② 佟柱臣:《中国边疆民族物质文化史》,巴蜀书社,1991年。

务设施占用土地，但考虑街道、院落等活动空间以及空置土地，住宅占地也在30%左右。如果将居民住宅用地按30%考虑，那么汉城应有63.7万平方米属于纯住宅用地。辽代居民的住宅规模是通过考古实测得到的，在已发表的文物考古成果中，只辽上京临潢府有详细的勘查报告，由于汉城破坏严重，报告中只记录了皇城内各类宫殿、官廨、寺观等建筑基地的规模，一般面积保持在2800~3500平方米。这些均为非民居性的建筑，对于本节问题的探讨不具备直接意义。内蒙古文物考古所对辽上京进行勘查的同时，也对皇城进行了试掘，发现一座规模可辨，南北长约4.5米的方形住室。估计这类规模较小的住室与百姓的住房规模接近，可以作为重要的参考依据[1]。此外近年吉林省文物考古工作者在双辽县境内发现一处辽金房址，根据实测，这些房址"建造规模较大，大者110平方米，一般30~40平方米"，也有长5.1米，宽3.6米，面积约20平方米的小型住宅[2]。这一考古成果直接展现了辽金时期，塞外普通民居的基本规模。这大中小三类房屋中，面积为110平方米的大型房屋，不大可能是普通百姓通行的居室，百姓居室应以中小型房屋为主。依常情一户人家以一中两小，或两中一小为多，折合面积在80~100平方米，若依平均值取90平方米，那么城市居民区有多少个90平方米的空间，就应有多少户居民，经计算上京城内应有7 076户。《辽史·地理志》记载上京各府县户额总数为21 264户[3]，住在城内的只是其中的1/3，如果考虑渤海、宣化二县不是附郭县这一情况，则有近8 000户住在州城外。

祖州位于巴林左旗哈达英格乡石房子大队西北，也分为内外两城。内城建有宫殿、州廨以及绫锦院等机构，不是百姓居住区。外城有长霸、咸宁两具，根据实测计算面积应有12.5万平方米，仍按30%的居民住宅占地比例计算，约为3.7万平方米，依上京之例取每户居民住宅为90平方米，那么城内居民约415户。依《辽史·地理志》记载，祖州有长霸县、咸宁

---

[1] 《辽上京城址勘查报告》，《内蒙古文物考古文集》，中国大百科全书出版社，1994年。
[2] 《吉林双辽电厂贮灰场辽金遗址发掘简报》，《考古》，1995年第4期。
[3] 这一数字包括前文利用各县平均户额对渤海、兴仁二县进行的户额补差。

县两个附郭县，共有户额3 000户，根据上述计算有2 000余户住在城外[①]。

怀州位于巴林右旗岗根苏木驻地，城址呈方形，城墙边长500米，合面积25万平方米，居民住宅占地约7.5万平方米，可容纳居民约830户。据《辽史·地理志》记载怀州有扶余、显理二县，共有户2 500，约有1 600户居住在州城之外。

庆州位于巴林右旗索博日嘎苏木驻地东北，地处查干沐沧河的冲积平原上，城为内外两城，平面呈"回"字形[②]。内城遗址中可见到流水沟和人工池塘遗迹，东南还有玲珑石崖，可能为园林建筑的一部分。西北部一座高达60米的楼阁式砖墙保存完好。从这些建筑特征来看，不应是一般百姓生活区，百姓主要住在外城。根据实测外城面积154.2万平方米，居民住宅占地46.3万平方米，可住居民5 140户，约占庆州户额的60%[③]。

饶州位于西拉木伦河北岸，林西县西樱桃沟古城址，为大小相连的两城，西部小城内有一条贯穿全城的道路，路北存留一系列较大的建筑遗址，应为衙署；路南则遍地铁渣，为炼铁遗址，居民是不可能住在这里的。东部大城的布局与小城相似，路北有许多大小不同的建筑，也有一处堆积很厚的铁渣，一部分居民住在大城是有可能的。据实测大城东西长1 055米，南北宽700米[④]，合面积73.9万平方米。居民住宅占地比例仍取30%，约22.2万平方米，可住居民2 461户，占饶州户额的41%。《辽史·地理志》记载饶州附郭县长乐县有户4 000，居民中有"一千户纳铁"，故城内冶铁遗址颇多，会影响到居民住宅用地。

永州位于翁牛特旗白音他拉乡东南，西拉木伦河与老哈河之间，城址基本为方形，南北长525米，东西宽545米[⑤]，合面积28.6万平方米，居民区占8.6万平方米，可容百姓953户。《辽史·地理志》载永州下辖三县，

[①] 祖州实测内外城南北长280米，东西宽150米，外城周长1 750米。内外两城东西相连，外城面积应为：1 750-(280+150×2)-280×280＝124 600平方米。

[②] 庆州内外城呈"回"字形平面，外城南北长1 700米，东西宽1 550米；内城南北长1 150米，东西宽950米，外城面积为：1 700×1 550-1 150×950＝1 542 500平方米。

[③] 祖州、怀州、庆州三城的实测数据来自《巴林左旗志》《巴林右旗志》所载。

[④] 冯永谦等：《辽代饶州调查记》，《东北考古与历史》第1辑，文物出版社，1982年。

[⑤] 姜念思等：《辽永州调查记》，《文物》，1982年第7期。

其中长宁县为附郭县，有户4 500，居于州城外的约3 000户。

龙化州位于库伦旗扣河子镇酒局子村西北500米，为东西两城。据《辽史·地理志》载："天祐元年，增修东城，制度颇壮丽。"今从遗址情况来看，东城内仍保存建筑台基遗址，这里主要为宫殿及衙署分布区，西城为百姓生活区。据实测西城南北长500米，东西宽300米[①]，合面积15万平方米，居民住宅占4.5万平方米，可住百姓500户，《辽史·地理志》载龙化州户额1 000，居于州城内的占50%。

降圣州位于库伦旗水泉乡昆都岭村西城子屯，城址呈方形，边长500米，合面积25万平方米，居民住宅占7.5万平方米，可住百姓833户。与《辽史·地理志》记载降圣州户额颇为吻合。

推测西拉木伦河流域各州州城内人口，目的在于考察周围地区的农田开垦规模。根据前面的计算，西拉木伦河流域各州、府中，临潢府州城内人口在州辖总人口中占34%，祖州占14%，怀州占33%，庆州为60%，饶州占41%，永州占15%，龙化州占50%，降圣州为100%。比例最小的也在14%~15%，最大则达到100%。以上估算仅仅是州城城垣内的人口比例，城垣外也应有一定数量的定居农业人口。早在20世纪30年代，法国学者牟里在西拉木伦河流域进行考察时，也注意到这一现象。他在考察辽祖州遗址时说："县署在州城之内，居民大多数散居县城之外，州城中不能容纳三千户也。"对于上京临潢府遗址的考察，他也有同样的看法，"临潢府各县县治在府城之中，但各县居民，势不能不散居各地"。除上述两州府外，他在庆州城外考察中还见到昔日房屋之迹[②]。因此若将州城附近的定居农业人口与城垣内居民共同考虑的话，那么他们共同开发的农田，无疑是插花地中规模最大的。

农田主要分布在州县城附近，既是辽本土内农田分布的基本形式，也是有别于中原地区的一个重要农业地理特征。造成这一现象的原因与辽本土内自然条件及农业人口的来源有直接关系。辽本土的农业人口基本不是

[①] 冯永谦等：《辽代部分州县今地考》，《北方文物》，1994年第4期。
[②] 〔法〕牟里：《东蒙古辽代旧城探考记》，商务印书馆，1930年。

土著居民，他们分别来自中原及渤海等地，是在一次或几次战争中，以战俘的形式集体进入草原的。为了便于统治与管理，这些人进入草原后，被集中安置在官府所在地——州城附近，集中居住，集中生产，必然形成以州县城为核心的农田集中开垦区。中原地区却不是这样，人们最初选择居住位置，固然也与农业生产相关，但随着社会经济的发展，虽然州、县等区域性的政治中心在一定程度上影响人口的聚集程度，但农田相连成片，行政中心没有形成呈绝对优势的农田集中地。

既然州县城内居住的只是其中一部分人口，其他人口以何种形式分布呢？《辽史》中只记述了州、县两级地方官吏，对于县以下的管理办法，仅说："县有驿递、马牛、旗鼓、乡正、厅隶、仓司等役。"[①]乡正这一役使的出现，说明县以下存在规模更小的居民点，这些居民点或聚落，需要政府选派合适的人充当乡正，以便沟通政民之间的联系。

1980年巴林右旗幸福之路乡发现辽碑一通，碑文全是人名，人名中列有庄、寨等地名。如：窑坊寨、教坊寨、粮谷务、柳作务、南灰寨、上下麦务、上下后妃寨、果园寨、兴中府庄、瞿州庄、宣州庄、三家寨、桦皮寨、五家寨、南山杨墨里寨、西陡岭寨、西寺家庄、苏家寨、金家寨、赵家寨、南新庄子。庄、寨都是州县以下村庄、聚落，碑上所载均为农业民族姓名，由此可以肯定村落四周是更小面积的插花式农田分布区。

考古工作的成果展示了西拉木伦河流域中小城镇及村落的基本状况。现将有关成果列表如下：

表4-2 西拉木伦河流域部分中小城镇及村落遗址分布[②]

城址地点	规模
阿鲁科尔沁旗白音温都苏木玛尼图南	平面呈方形，边长500米

---

① 《辽史》卷四八《百官志》。
② 此表依项春松《内蒙古赤峰地区辽代中小城镇的发现与研究》(载《北方文物》1994年第1期)，冯永谦《辽代部分州县今地考》(载《北方文物》1994年第4期)及《巴林左旗志》有关资料制作。

续表

城址地点	规模
阿鲁科尔沁旗赛罕苏木西北6公里	平面呈"回"字形,外城东西长1 100米,南北宽500米,内城边长250米
阿鲁科尔沁旗新民乡	周长500米
阿鲁科尔沁旗双胜镇	周长500米
阿鲁科尔沁旗东白城子乡	
阿鲁科尔沁旗昆都苏木	
阿鲁科尔沁旗先锋乡	
阿鲁科尔沁旗巴彦高勒苏木宝日浩特嘎查	平面长方形,东西长630米,南北宽470米
巴林左旗三山乡新农村小城子屯内	周长约1 500米
巴林左旗十三敖包乡宝泉村	平面长方形,东西150米,南北175米
巴林左旗哈拉哈达乡小城子村	平面呈方形,边长310米
巴林左旗乌拉苏木西北18公里	由内外城组成,外城东西长350米,南北宽250米,内城边长200米
巴林左旗土木富州乡窝吉大队大东沟生产队	面积4平方公里
巴林左旗乌兰套海乡东沟屯	遗址范围100米以上
巴林左旗乌兰套海乡东北14里九家村	村落遗址,房屋遗址约10亩
巴林左旗哈达英格乡	山腰有两个石洞,为辽代居住遗址
巴林左旗哈达英格乡野猪山	村落遗址
巴林左旗白音敖包联合大队土窑子村	故村落遗址,12亩地内有砖瓦
巴林左旗白音沟乡古井子村	1平方公里内有砖瓦
巴林左旗碧流台乡房身营子屯	村落遗址,发现犁铧
巴林左旗白音沟乡喇嘛洞沟	有居住院落地10亩
巴林左旗碧流台乡四方城大队	古城址

续表

城址地点	规模
巴林左旗碧流台乡乌兰白旗北沟	古城址，东西宽350米，南北长250米
巴林左旗查干哈达乡南	于越王古城
巴林左旗土木富州乡南下段大队蒙古营子	
巴林左旗乌兰套海乡隆胜大队	古城址
巴林左旗哈达英格乡道班以北	古城址，周长2 000米
巴林左旗碧流台乡海苏沟大队	面积200亩
巴林左旗浩尔图乡小城子	城址，周长1 000米
巴林左旗杨家营子镇	城址，周长1 200米
巴林左旗乌兰坝苏木浩尔图	城址，周长2 500米
巴林左旗白音乌拉苏木乌兰白旗城	周长1 100米
巴林左旗白音乌拉乡乃林达坝城	周长1 700米
巴林左旗石棚沟城	周长1 000米
巴林右旗益和诺尔苏木布敦花查嘎	平面呈"回"字形，内外城，外城东西长520米，南北宽590米，内城东西长178米，南北宽160米
巴林右旗希苏木友爱村西南100米	城址，周长2 000米
巴林右旗索布日嘎苏木芒哈必图独贵龙西500米	平面长方形，东西长440米，南北宽340米
巴林右旗白音罕苏木前进城址	周长1 750米
巴林右旗白音塔拉苏木	城址，周长750米
巴林右旗查干诺尔苏木小城子	周长1 000米
巴林右旗胡日哈苏木哈日巴城址	周长500米
巴林右旗白彦琥硕镇西花和硕城	周长750米
林西县新林镇鹿山村西50米	周长2 000米

续表

城址地点	规模
林西县五十家子镇西耳村南1公里	平面长方形,东西长420米,南北宽330米
林西县十二吐乡驻地北2公里小城子村内	平面长方形,东西长270米,南北宽220米
林西县新城子镇西北6.5公里小城子村内	平面长方形,东西长200米,南北宽320米
林西县新林镇董广城	城址,周长500米
林西县板石房乡二道城子	城址,周长1 200米
林西县三道城子	城址,周长750米
林西县水头城址	周长1 750米
林西县新林镇朱家营	城址,周长500米
林西县老房身乡范家沟城址	周长500米
林西县官地镇城址	周长750米
林西县小城子乡(驻赵家湾村)	平面长方形,东西长200米,南北宽150米
克什克腾旗宇宙地乡刘家营子村良种场	城址,平面方形,边长500米
克什克腾旗宇宙地乡宇宙地村南	平面方形,边长370米
克什克腾旗达尔罕苏木东达更诺尔湖北岸	边长400米
克什克腾旗土城子镇八里庄	城址,周长1 500米
克什克腾旗双合乡榆树林城址	
克什克腾旗城子镇土城子城址	周长750米
翁牛特旗山嘴子乡乌兰板村	平面长方形,周长1 500米
翁牛特旗桥头镇上台城址	周长500米
翁牛特旗广德公乡小田林道城	周长1 500米
敖汉旗玛尼罕乡五十家子村	平面方形,边长240米
敖汉旗南塔乡(丰收)	平面方形,边长820米

续表

城址地点	规模
赤峰郊区老府镇贝子府城址	周长400米
喀喇沁旗十家满旗乡明安山城	周长750米
喀喇沁旗昌盛远乡北果园城址	周长1 000米
宁城县八里罕镇土城子	城址,周长500米

由于大量中小城镇及村落遗址资料未经文物部门整理发表,加之本人看到的资料有限,实际存在的遗址数额应比表中列出的多。1994年秋,我与北京大学历史地理中心几位同仁赴内蒙古赤峰地区考察,有幸见到对辽代赤峰地区中小城镇做过大量工作的项春松,他讲道:"辽代城镇规模大,数量多,超过现在城镇规模。"数年前历史地理中心同事武弘麟赴赤峰地区考察时,巴林左旗文保所的金永田同志曾面告他:"今巴林左旗土木富洲一带,现代居址40余处,辽代居址多达55处。"[1]

面对辽代中小城镇及村落遗址数量超过现代居址这样的现象,必须考虑遗址的年代问题,即遗址可能是辽代初期、中期或后期,各处在不同的时代,不属于同一个历史断面上出现的事物。如果排除年代叠加,真实情况也许是另一种结果。至少有一点可以肯定,当时的聚落绝不会比现在更密集,否则就无法解释古今之间悬殊的人口差异。

农业人口是以城镇、聚落为依托从事农业活动的,因此城镇、聚落所在地就是农田与农业人口的分布区。通过文献与考古成果可以了解西拉木伦河流域大中城镇规模与分布情况的基本面貌,小城镇与村落却缺乏完整的资料,因此对于它们的分布特点及规模、数量,更多的还局限在推测阶段。

谈到城镇规模与数额自然想到"中心地"学说。20世纪30年代,针

---

[1] 武弘麟等:《全新世以来科尔沁沙地的环境变迁》,《内蒙古草场资源遥感应用研究》,内蒙古大学出版社,1987年。

对西方社会工业与城市间贸易往来迅速发展的情况，德国学者相继提出城市与四周服务区之间区位关系的理论，其中克列斯泰勒提出的"中心地"学说，对于探讨一定区域内城镇等级、规模、职能间的关系及其空间规律性有一定意义。"中心地"理论的基本概念是商品范围和界限值，克列斯泰勒假设一个具有均质地理条件和均质人口分布的地区，收入水平相当，人们对货物的需求及消费方式也都一致；且有统一的交通系统；生产者与消费者都属于经济行为合理的人。那么一个区域的发展必须有自己的核心，它由若干个大小不等的城镇组成，每个城镇大多位于它所服务区域的中心。在一个区域内，中心地的大小和排列具有一定的规律，高级中心地只有一个，次一级的中心地较多，等级越低，则数目越多，规模越小。"中心地"学说对于解释那些社会经济发达、自然条件障碍性不强的地区内的城镇体系，有一定实用价值，而对于辽本土的城镇研究却缺乏吻合性。

"中心地"学说所揭示的城镇等级与数量间的反比例关系，不仅仅是理论模式，也是一些地区城镇发展中的共同特征。而辽代西拉木伦河流域的城镇规模及数量与大多数地区所表现的金字塔型特征还是有差别的，即最高级别城镇与次一级以及再次一级城镇之间，随规模降低而数量逐渐递增的关系虽然存在，但分布在各级城镇中的人口数额却难以与城镇等级对应，州城作为最高级别的城镇，人口规模形成明显优势，州城以下的城镇与村落的人口数量却相应较少。造成这一现象的原因与人口的主要来源是战争移民有直接关系。如前文所述，西拉木伦河流域各州城附近的居民在州辖总人口中所占比例，大多保持在30%~60%之间，剩余人口以城镇、村落的形式居住在州辖境内。可以想象，州城附近人口居住比例少的州内，下一级城镇的数量就多；州城附近人口居住比例大的州内，下一级城镇的数量就少。

据文献与考古学调查，西拉木伦河流域的城镇、聚落规模大致可以分为这样几个级别：一级城市1个，即上京临潢府，州城附近居民达1万人。二级城镇7~8个，这就是祖、怀、庆、乌、永、龙化、降圣、饶

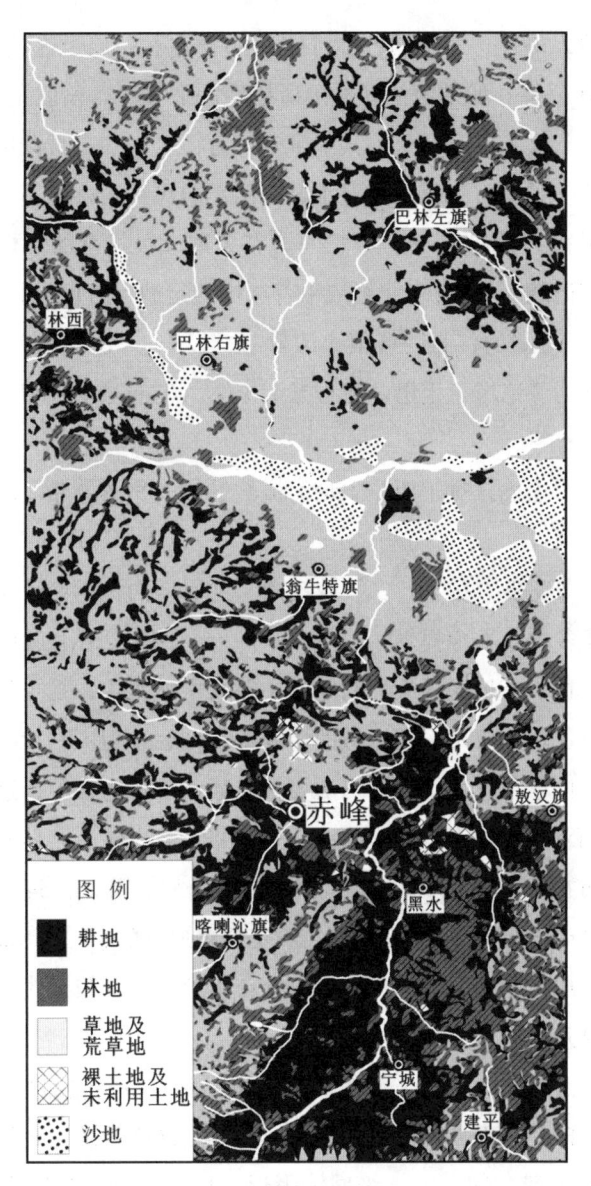

第四章 辽本土农耕区的分布特点及形成过程 / 059

图 4-3 西辽河流域耕地、草地、沙地分布图

州,平均约 2 500 户。三级城镇人口在 200 户左右,属于这类城镇的城体,周长一般≥1 公里。如宋臣使辽途中所描绘的那样,丰州就是一例。"州有土垣,崇六七尺,广度一里,其中半空,有民家一、二百,屋多泥墁,间有瓦覆者。"①"至广宁馆,道过小城之西,居民仅二百家。"②属于四级的多为乡间村落,人口在 30~50 户间。有关这一级村落的规模从文献中可以看到点滴记载。《胡峤陷北记》中有这样的记载:"过卫州,有居人三十余家。"属于五级的仅是一些很小的村落,以三、五户人家为多。宋人称这样的村落为"绝域三千里,穷村五七家"③,"封域虽长编户少,隔山才见两三家"④。

通过以上论述,对于西拉木伦河流域城镇、聚落及相关问题可以总结为如下几点:

1. 人口高度集中在一、二级城镇中。辽后期西拉木伦河流域全部见载户额有 6 万多户(不含提辖司户),其中一、二级城镇附近户数占总户数 50%以上。在一个地区内人口高度集中在大中城市中,是现代城市化现象的标志,但辽代西拉木伦河流域的情况却不同,不但不是社会经济发展的标志,而且也不是这一地区开发历史中的通例。作为参照,这里列出今天西拉木伦河流域的城镇、聚落数量。据 1984 年统计,巴林左旗有 68 000 余户,分布在 3 个镇,19 个乡、苏木、276 个村、嘎查、547 个自然村中。旗政府所在地林东镇有 4 000 余户,不足全旗户额的 6%,其余村镇大型的可达二三百户,少则一二十户,人口分布十分分散,与辽代人口高度集中在州县城内完全不同。

2. 辽本土的农业人口来源主要为战争俘虏,少量是自愿出塞的移民。前一部分人口是属于强制性进入草原的,为了加强管理,必须将他们集中安置在官府近旁,即一、二级城镇附近。后一部分为自愿进入草原的移

---

① [宋]沈括:《熙宁使契丹图抄》,杨渭生笺注本,载《沈括研究》,浙江人民出版社,1985 年。
② [宋]陈襄:《使辽语录》,载《辽海丛书》。
③ [宋]彭汝励:《鄱阳集》卷八《宿金沟》。
④ [宋]苏颂:《苏魏公文集》卷一三《过新馆罕见居人》。

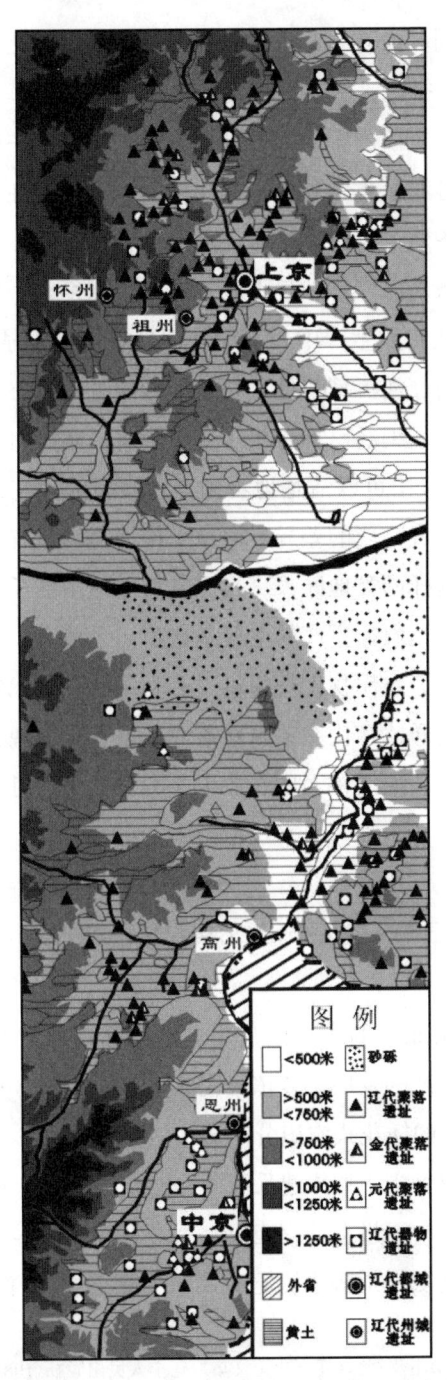

图4-4 西辽河流域辽金聚落与黄土分布区

民，身份与俘户不同，没有强制性的人身依附关系，因此他们选择居住地点往往随意性较强，推测三级以下聚落的主要居民应是这一部分人口。

辽本土内城镇、聚落的定居人口就是农业人口，这一事实决定了农田分布与城镇、聚落分布基本一致，即一半以上农田出现在州县城四周，其他农田零星分散在各处，呈明显的插花式分布形式。

西拉木伦河流域属温带半干旱地区，地貌类型复杂，地表组成物质差别很大，即使在当代农业生产中，土地利用形式仍呈明显插花式。图4-3所展现的就是当代西辽河流域耕地、草地、沙地分布状态，其中耕地的插花式分布仍较明显。新编《巴林右旗志》中附有一幅该旗"土地利用现状及种植业区划图"，从中可以清楚地看到当代农田的插花式分布特点。由于地貌类型与地表组成物质的差异，西拉木伦河流域适宜发展农业生产的地方，主要集中在这样两类地区：一是河谷川地与山区丘陵谷地，这里土壤肥沃，水分丰富，是农业生产的主要基地。二是黄土丘陵台地，这里覆有一定厚度的黄土，为农作物生长提供了有利条件。当代农田几乎全部分布在这两类地区，同样，辽代城镇与聚落遗址也基本出现在河谷与黄土覆盖区。古今时代不同，人们在发展农业生产的过程中，对环境的取舍却是共同的（图4-4）。

第三节　医巫闾山北端农耕区的形成

分布在医巫闾山北端的农耕区是辽本土内又一处重要的农业生产区域，这一地区农业生产的发展主要依托上京道各头下州、军，并在此基础上形成以州城为中心的插花式农田分布形式。

头下州、军是契丹贵族的封建采邑[①]，史称："各部大臣从上征伐，俘掠人户，自置郛郭为头下州军。"[②]有辽一代究竟建立了多少头下州军，已无从确知，根据《辽史·地理志》记载属于上京道有16个头下州；《契丹

---

① 费国庆：《辽代的头下州军》，《辽金史论文集》，辽宁人民出版社，1985年。
② 《辽史》卷五九《食货志上》。

国志》共列23个头下州；《亡辽录》中列有21个头下州。这三种文献所载头下州的数目不同，州名也不一样，比较起来互相一致的甚少。对于这种现象有关学者认为，原因大致来自这样几个方面：1.材料辗转抄写，或因同音致误，或因字形相近致误。2.初列为头下州，后因故没官，成为国家行政州①。从可考的头下州军来看，集中建置在医巫闾山北端是其地理分布的一个重要特点。冯永谦曾对辽代头下州军作过大量调查研究，此处根据他的研究成果，将《辽史·地理志》所载头下州军的位置及城址规模一一列出②（表4-3）。

表4-3 辽头下州军地理位置及规模

头下州军	今所在地	城址规模
徽州	辽宁阜新县旧庙乡他不郎村	东西600米，南北450米
成州	辽宁阜新县红帽子乡西红帽子村	平面方形，边长400米
懿州	辽宁阜新县塔营子村	长方形，周长2 000米
渭州	法库县叶茂台乡二台子村	南北315米，东西300米
壕州	彰武县四堡子乡小南洼村西	南北1 100米，东西300米
原州	法库县包家屯乡南土城子村	平面方形，边长250米
福州	法库县包家屯乡三合村	长260米，宽200米
横州	彰武县苇子沟乡土城子村	平面方形，边长240米
凤州	长岭县前进乡城东屯	周长1 167米
遂州	彰武县四合城乡土城子村	山墙长300米以上
丰州	翁牛特旗乌丹镇东北部	

---

① 冯永谦：《辽代头下州探索》，《北方文物》，1986年第4期。
② 冯永谦：《辽志十六头下州地理考》，《辽海文物学刊》，1988年第1期。

续表

头下州军	今所在地	城址规模
顺州	阜新县大巴乡五家子村南	东西230米,南北330米
闾州	阜新县十家子乡烧锅屯村	长350米,宽300米
松山州	巴林右旗白音查干乡布敦花村	外城东西485米,南北515米,内城东西199米,南北178米
豫州	扎鲁特旗格日朝鲁乡格日朝鲁村	东西400米,南北413米
宁州	巴雅尔吐胡硕乡驻地	东西500米,南北300米

16个头下州中,丰州、松山州、豫州、宁州、凤州的位置不在本地区之内,另纳入其他地区进行论述。其他11个头下州军主要集中在今辽宁省阜新、彰武、法库三县市之内。

阜新、彰武、法库三县市呈东北—西南向依次排列,三县市的北部是医巫闾山,这里正处于辽西低山丘陵与辽河平原的连接地带,与辽王朝的政治中心西拉木伦河流域相比,在自然环境与政治区位上有如下特征:

1.在《中国综合自然区划》中,这一地区属于暖温带半湿润地区[①],年降水量一般在600毫米左右,≥10℃积温在3 000℃以上,这一切都为农业生产的发展提供了较好的自然条件。

2.医巫闾山北端,阜新至法库一线具有十分重要的政治区位。此线以西既是上京与中京的主要辖区,也是辽王朝的核心地带。此线以东归属于东京道,东京道大多为渤海移民,自辽太祖灭渤海国,将其纳入辽版图之内,就采取各种防范措施。首先将原渤海国改称为东丹国,以辽太子耶律倍为东丹国王,将最高权力直接控制在契丹贵族手中。然后对地方官员实行渤海、契丹人并行任用制,削弱渤海人对地方政权的控制权。与此同时为了淡化故国、故土对渤海人的影响,实行大规模移民。渤海移民一部分

---

① 中国自然区划工作委员会:《中国综合自然区划》,科学出版社,1959年。

被直接迁入辽统治核心地带上京及中京周围，另一部分则以州县为单位，从牡丹江流域集体迁移至辽东半岛及以北地区。在实行上述措施以后，辽统治者并没有完全放下警惕，又精心在辽腹心地区与东京之间建立一条防线，这条防线位置就选择在阜新至法库一线，辽中后期的历史证明，辽统治者的顾虑不是没有意义的。

医巫闾山、七老图山、努鲁儿虎山等山地共同构成了辽西低山丘陵区，这些山地不但在自然地理上造成了山前雨影区，使这里的降水量明显高于西拉木伦河流域，同时也构成辽东与辽西南部交通往来的天然屏障。医巫闾山向北延伸至今阜新市境内，阜新以北进入平原地区，地形上再无天然屏障可恃，为了防范辽东一带渤海人对辽腹心地带的军事威胁，在这一地区设置了以诸王、外戚、大臣为城主的头下州军，进而形成一道人为的军事防线。除军事目的之外，医巫闾山北端广大地区的开发，也使辽腹心地区与辽东，在经济上得以互相沟通。

医巫闾山北端农耕区的分布仍呈插花式特点，只是分布区域相对集中，这与各头下州的分布是相吻合的。阜新至法库一线比西拉木伦河流域所及范围小得多，但农业人口密度却相应加大（表4-4）。

表4-4 《辽史·地理志》载医巫闾山北端头下州户额

头下州	户额	头下州	户额
徽州	10 000	福州	300
成州	4 000	横州	200
懿州	4 000	遂州	500
渭州	1 000	顺州	1 000
壕州	6 000	闾州	1 000
原州	500		

见于《辽史·地理志》记载的11个头下州共有28 500户,以五口之家计,共有人口142 500口,辽代这一地区的实际人口应超过这一数额。据《契丹国志》记载,辽设置的头下州军可达二十多个,除个别与《辽史·地理志》记载相符外,大多不一样。将几种文献记载加在一起,大约有35个头下州[1]。通过近30年的考古调查,在辽宁新民、彰武、法库、康平等县市发现辽金古城近30座,虽然这些古城究竟属于哪些州、县,尚未考证清楚,但不乏有头下州设置在这里,法库县城西南62公里的西二台子古城即辽代渭州就是一个证明。

由于头下州人口"皆诸王、外戚、大臣及诸部从征俘掠"而来,故农业民族的数额很大。如:壕州为"国舅宰相南征,俘掠汉民"而建;原州为"国舅金德俘掠汉民建城";福州为国舅萧宁"南征俘掠汉民"而建;顺州为"横帐南王府俘掠燕、蓟、顺州之民,建城居之"。20世纪60年代中期,在辽宁阜新县大巴乡半截塔村发现的《大辽国懿州西会龙山碑铭》中,留有题名的共有177人,除11名契丹人,19名僧人,其余均为汉人。碑中共见37姓,以李、张、刘、王、赵最多[2]。徽、成、懿、渭四州分别以秦晋大长公主、晋国长公主、燕国长公主、韩国长公主媵臣户所建,但媵臣中亦不乏汉人,如著名的汉臣韩知古就是淳钦皇后的随嫁媵臣[3]。由此可见,农业民族不但是头下州军人口的主体,而且又以汉人为多,渤海人很少出现在这里,这也从侧面证实了头下州的设置在军事上具有防范渤海人的目的。

由于各头下州人口来源主要为战争俘户,因此对于他们的安置与在上京等地采取的措施基本一致,就近集中居住在州县城附近。州城附近人口最为集中,农田插花地的规模也最大。州城以下,以县、乡的形式分散居住。冯永谦认为辽代头下州不辖县[4],这一看法似乎有欠妥当。《辽史·地

---

[1] 冯永谦:《辽代头下州探索》,《北方文物》,1986年第4期。
[2] 冯永谦:《辽代懿州、顺州考》,《北方文物》,1985年第2期。
[3] 李锡厚:《试论辽代玉田韩氏家族的历史地位》,《宋辽金史论丛》第1辑,中华书局,1985年。
[4] 冯永谦:《辽志十六头下州地理考》,《辽海文物学刊》,1988年第1期。

理志》明确指出："头下军州,皆诸王、外戚、大臣及诸部从征俘掠,或置生口,各团集建州县以居之。"《辽志》又载:"横帐诸王、国舅、公主许创立州城,自余不得建城郭,朝廷赐州县额。"这段记载再次肯定了头下州是有县级设置的。这种情况正如一些学者所讲的那样:"头下州主所有的州军,都是一个个州县的体现,都由州县所构成。"[1]头下州下面有县,县下应有规模更小的聚落形式,这类聚落即如《胡峤陷北记》中所载:"过卫州,有居人三十余家。"这是一些与现代自然村相仿的村落,村落四周的土地被开垦成农田。在整体上,以头下州军为主的医巫闾山北端,农田也呈插花式分布特征。州城附近形成规模最大的农田开垦区,由此向下,随着人口聚居程度的降低,农田开垦面积也相应缩小。

大量汉人作为俘虏被迁往医巫闾山北端各头下州军,对当地农业生产的发展,起了很大的推动作用。辽成州附近出土的铁锄都是由锄钩和锄板两部分构成,同中原地区铁锄大体相似[2]。铁锄为中耕工具,当农业生产发展到具有精耕特点后,才会出现中耕这一生产环节。可以肯定,大量汉人的北迁,不仅带来中原地区的生产工具,同时也将农耕技艺传入草原。

第四节 中京及周围地区农业生产的发展

中京及周围地区基本就是辽中京道所辖境域。这一地区位于科尔沁沙地南部,包括老哈河上中游、教来河上游以及大凌河、滦河流域部分地区,基本属于今内蒙古赤峰市,辽宁省朝阳市、锦州市及河北省承德市所辖地区。这里既是辽本土内自然条件最好的地方,也是社会经济最发达的地方。

中京地区农业发展,大致经历从渔猎、游牧到半农半牧,以至农业生产拥有优势,几个阶段。

---

[1] 费国庆:《辽代的头下州军》,《辽金史论文集》,辽宁人民出版社,1985年。
[2] 《文物考古工作三十年》,文物出版社,1979年。

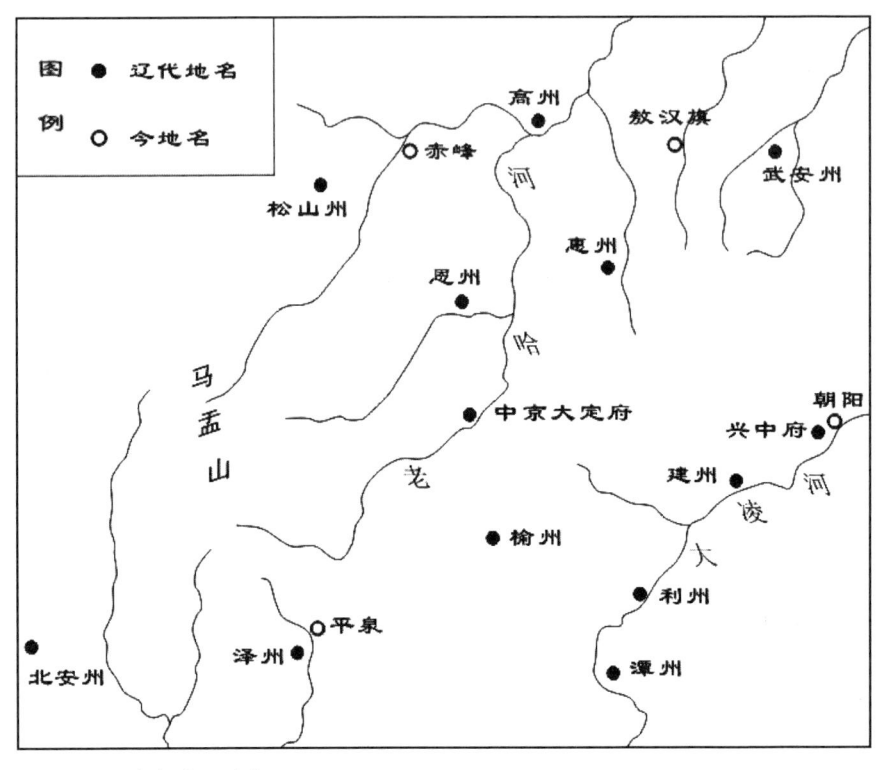

图4-5 辽中京地理形势

一、奚人早期的游牧、狩猎经济

中京地区是奚人传统活动区,因此奚人的经济生活及变化过程直接影响这一地区农业生产特征。

奚人亦称为库莫奚人,与契丹人"异种同类",都源于鲜卑宇文部,最初与契丹人俱活动在"松漠之间"①,奚人的活动区域居于契丹人西面,即西拉木伦河上游一带(图4-5)。

---

① 《魏书》卷一〇〇《库莫奚传》。

从文献记载来看，奚人的早期经济生活以狩猎、畜牧为主。《魏书》载奚人"善射猎"，同时也具有一定规模的畜牧业。北魏登国三年（388年），魏太祖在弱洛水（即西拉木伦河）以南的一次军事行动中，就获奚人部落马、牛、羊、豕十余万，数量可算不小。唐代奚人基本保持这种经济生活方式，《旧唐书》载奚人"风俗并于突厥，每随逐水草，以畜牧为业，迁徙无常，居有毡帐……部落皆散居山谷，无赋税，其人善射猎"。

二、奚人向半农半牧生产形式的转化

奚人由游牧、狩猎向半农半牧的生产形式过渡，建立在他们与中原王朝来往的基础上。奚人活动区域的南部是营州、安州，北魏时期营州位于今辽宁朝阳一带，安州在河北隆化，分别位于大凌河及滦河流域，地处东北与中原地区的重要交通道路上，历史上奚、契丹人与中原地区的往来几乎都通过这两条道路实现。北魏时期虽然一度有过奚与安、营二州边民交错居住的历史[①]，入唐以后，有关奚人内附中原王朝的记载越来越多。

贞观二十二年（648年），奚酋长可度率众内附，唐特置饶乐都督府。显庆年间可度死，奚遂叛，前后附唐近十年。

玄宗开元二年（714年），奚首领大辅遣使入唐请降，唐在其地再次设置饶乐都督府。五年将宗室女嫁大辅为妻。八年大辅战死，弟鲁苏继续执掌奚人政权。十八年受契丹人胁迫，叛降突厥，前后附唐十余年。

开元二十年（732年），奚酋长李诗琐高以部落五千帐降唐，唐封李为归义王，并将其部落迁至幽州界安置。李死后，其子又叛。

大中元年（847年），"北部诸山奚悉叛，卢龙张仲武禽酋渠，烧帐落二十万"[②]。

奚人内附中原王朝的形式基本为两种，一种为迁离本土，进入中原地区；另一种则仍留居原地，仅在政治上与中原王朝保持附属关系。无论奚人的内附形式如何，内附过程都会在不同程度上促进奚地与中原王朝之间

---

① 《魏书》卷一〇〇《库莫奚传》。
② 《新唐书》卷二一九《北狄传》。

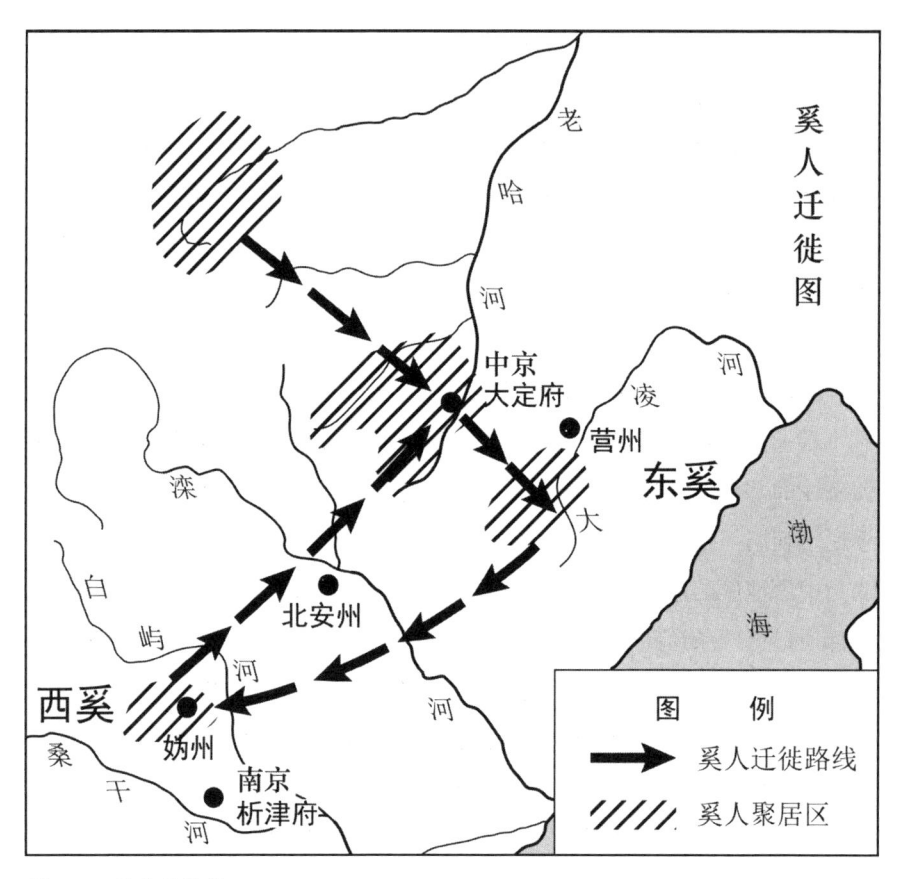

图 4-6 奚人迁徙图

的交往。双方的交往，加强了奚人对农业生产的了解，促进了他们接受农业生产，开始向半农半牧生产形式转变。与此同时，受契丹人的压迫，奚人的居住地也从"松漠之间"，不断向南迁移，即从西拉木伦河上游迁至老哈河上中游地区。居住地的变化进一步方便了奚人与中原地区联系，同时也改变了其农业生产环境。

唐代对奚人的农业生产已有这样的记载："稼多穄，已获，窖山下。

断木为臼，瓦鼎为餲，杂寒水而食。"①从这一记载来看，这时奚人所从事的农业与其他"略知耕稼"的游牧、渔猎民族已有所不同了，他们已经逐渐摆脱原始农业阶段，农作物收获形成一定规模，窖藏山下，成为长年的食品。

唐末，由于契丹人的强大，奚人进行了又一次迁移。本来奚人居住在阴凉川，据考即老哈河支流锡伯河一带，后徙居琵琶川，其位置大约在大凌河上游一带②。这样由西向东的迁徙，并没有使奚人完全摆脱契丹的控制。至五代时期，部分奚人在奚王去诸的率领下，选择了向西南迁徙，由琵琶川再次迁往妫州。妫州即今河北省怀来县怀来镇，就此奚人分为东、西两部。

妫州一带已是中原王朝的统治区域，农业生产是这里的主要生产形式。去诸所率之部迁徙于此并非偶然，如史所载"去诸之族，颇知耕种"，已经有了一定的农耕基础。虽然一些人在从事农业生产的同时，也"依北山射猎，常采北山麝香、仁参"，但大多数人已成为农业生产的参加者，"岁借边民荒地种稷，秋熟则来获，窖之山下"③，已经有了一定的农业生产基础。迁入妫州后，受中原地区文化与生产技术影响，进一步加速了农业生产的发展进程（图4-6）。

辽王朝建立后，东奚首先归附于辽，稍后西奚随燕云十六州一同并入辽土。辽太宗天显十二年（937年）正月诏遣"国舅安端发奚西部民各还本土"④。农业生产既是一种生产形式，也可视为文化现象，它的传播与扩展可以通过各种途径实现。由于人口迁移而形成的迁移式扩散，作为文化传播的一种形式，明显具有扩散速度快、传播内容准确的特点。西奚在妫州一带生活了近三十年，这部分人回迁至奚人原居地，其生产形式与生活习俗已与奚人的本来面貌形成一定差距，他们是汉化后的奚人，他们的

---

① 《新唐书》卷二一九《北狄传》。
② 贾敬颜：《〈熙宁使契丹图抄〉疏证稿》，载《文史》第22辑，中华书局。
③ 《新五代史》卷七四《四夷附录三》。
④ 《辽史》卷三《太宗纪上》。

回迁为老哈河上中游地区的农业生产发展奠定了基础。

第五节　辽中京的建立与农业生产发展

辽是一个以契丹民族为主体建立的国家，在契丹民族的历史中，虽然活动区域颇为广大，但西拉木伦河流域一直占有重要的地位，因此辽建国之初，将国家的政治、经济核心首选在这里。老哈河流域就不同了，这里是奚人的传统活动区域，在契丹人未完全掌握对这一地区的控制权之前，这里仅仅是辽王朝境内的普通地区而已。

为了确实达到对奚人居地的控制，自辽太祖耶律阿保机开始，在征服、占有奚人土地的同时，也逐渐对奚人政权部落进行改造。辽初奚人"初为五部：曰遥里，曰伯德，曰奥里，曰梅只，曰楚里"，号五部奚。太祖天赞二年（923年），又置堕瑰部，遂号六部奚。因堕瑰部部民来源为"奚府给役户，并括诸部隐丁，收合流散"，人员构成与身份均低于其他五部，故对此又有六部五帐分之称[①]。辽初的奚人区在某种意义上颇具有"民族自治"的特点，奚六部由奚王直接统治，奚王虽由奚人担任，但并不像过去那样，由王族内部父子兄弟世代相传，而是由辽帝任命。辽对奚人政权的改造是逐渐进行的，最初奚王府虽然也设有执掌统兵之职的"常衮"，但以后权力逐渐转至契丹人手中，常衮成为无所掌的空衔。为了监视和控制奚王，辽还派契丹人充任奚王府监军，参与奚王府事。经过改编后的奚王府，已成为辽王朝行政机构中的一部分，奚王成为政府中的一个职员，奚人从此失去了政权上的独立地位[②]。

辽对奚政权的第二次改编在圣宗时期。统和十二年（994年）"并奚王

[①] 《辽史》卷三三《营卫志下》。
[②] 李涵、沈学明：《略论奚族在辽代的发展》，《宋辽金史论丛》，中华书局，1985年。

府奥里、堕瑰、梅只三部为一"①，又"特置二剋部以足六部之数"②。二剋即南剋、北剋，按《辽史·国语解》为"掌军官名"。李涵先生认为二剋是直属奚王帐下的军队。将隶属奚王的直属部队改编为二部，表面看对奚政权的改造没有实质意义，但从统和十四年辽廷借口"奚王和朔奴讨兀惹，败绩，籍六部隶北府"③这一事件来看，当初改编奚王直属部队的目的就显现出来了。通过这次改编，奚王直属部队并同六部统统划归辽中央下设的北府宰相，使奚王失去管理奚人的民权与军权④。至此还不算结束，征兀惹的败绩，还造成奚王自身被"削官"⑤。

辽王朝建立后对奚人政权组织的多次改编，并不是全无道理，而是出于稳定王朝内部统治的考虑。奚族人口众多，力量强大，历史上曾与契丹发生过多次军事冲突，并同时对中原王朝造成威胁，有东、西"两藩"之称。此外奚人所掌握的先进生产技艺与老哈河上中游一带重要的战略地位，也是辽廷必须考虑的问题。经过一番改编，至统和十四年，奚人活动区的实际控制权才完全转移到契丹贵族手中，此后中京的营建就开始了。

这里还应该提一笔的是，大凌河流域是东奚活动区域，入辽以后，西奚的力量显然重于东奚，因此朝廷在全力解决西奚问题的同时，对东奚也不是没有顾虑的。路振在《乘轺录》中有这样一段记载，朝廷"常欲迁幽、蓟八军及沿灵河之民以实中京，民不堪命，虏知其不可，遽止"。路振出使辽国为大中祥符元年之事，即辽统和二十六年（1008年），中京城建成于统和二十五年，议论迁大凌河沿岸之民应在中京营建前后。朝廷执意要迁移至中京的人口，就是大凌河流域的土著居民东奚。移民之事虽然没有最终实现，但由此可见朝廷对这部分人口同样存有戒备。

中京的营建开始于统和二十年以后，大约在统和二十五年最终完成。

---

① 《辽史》卷一三《圣宗纪四》。
② 《辽史》卷三三《营卫志下》。
③ 《辽史》卷三三《营卫志下》。
④ 李涵、沈学明：《略论奚族在辽代的发展》，《宋辽金史论丛》，中华书局，1985年。
⑤ 《辽史》卷一三《圣宗纪四》。

中京营建前,"圣宗尝过七金山土河之滨,南望云气,有郛郭楼阙之状,因议建都"①。据《元一统志》载,七金山在大宁县北十五里,"七金山土河之滨"就是老哈河上中游一带。圣宗经过此地,所谓云气中有城郭之状等辞,只是一种政治手段,这时的奚王在政治、军事上都失去原有的权力,所剩的只有对奚人居住区土地的占有权,这也是辽主最后需要削弱的一个方面。在圣宗作出这样的表示之后,奚王不得不于统和二十年"献七金山土河川地"于辽帝②。统和二十四年奚"五帐院"又向辽主"进奚王牙帐地"③。至此,奚王不但失去了对奚人土地的基本权力,而且也失去了自己的立足之地。

在奚王权力丧失的同时,辽廷逐步加强中京地区的政治、经济实力。中京正式营建之前,圣宗以前各帝先后在中京道设置了十二个州府,分别是建州、泽州、松山州、兴中府、黔州、宜州、锦州、川州、惠州、武安州、榆州、恩州。需要指出的是,在对奚人政权进行改造之前,辽廷虽然在这里设置了州府,但并不意味着已经具有实际控制能力,因此县级政权与必要数额的编户人口往往空缺。这时设置的大多州府都选择在交通冲要地带,交通条件的区位特点对这些州府的设置起了一定作用。据宋人使辽行程录记载,恩州、惠州地处通往中京及永州木叶山一带的交通要道上,武安州虽然没被宋朝使臣明确记录在案,但从现已确定的位置来看,也应与这条道路的存在有一定联系。其余建、黔、宜、川、榆等州及兴中府,均分布在老哈河流域通往大凌河的大道上。中京"东至灵河五百里,灵河有灵、锦、显、霸四州"④。霸州即兴中府,泽州设在出入松亭关的要冲地带,兼有"采炼陷河银冶"之利,松山州则"边松漠",为"商贾会冲"之地⑤。这些州府所处位置,既是辽境土内军旅通行、百姓交往的交通大道,也是朝廷必须控制的冲要地带。圣宗时期确立了对奚土的政治、

---

① 《辽史》卷三九《地理志三》。
② 《辽史》卷一四《圣宗纪五》。
③ 《辽史》卷三九《地理志三》。
④ [宋]路振:《乘轺录》,贾敬颜疏证本。
⑤ 《辽史》卷三九《地理志三》。

军事控制权后,才大量增置州县,使中京地区进入真正的统一开发时期。

从《辽史·地理志》的记载来看,中京道所辖州县大部分是圣宗统和、开泰年间设置的。以州而论,中京道辖内州府约23个,正式建置于圣宗时期的11个,从数量上似乎与圣宗以前相差不大,但若以县而论,其间差距就十分悬殊。中京道各州共辖县41个,《辽志》中明确说明为圣宗前各帝所置之县只有兴中府下辖的兴中县、黔州下辖的盛吉县,为太祖时期所置,宜州下辖弘政县、闻义县,为世宗时期所置,其余各县,除没有明确时间记载的外,都为圣宗时期设置。为了发展中京地区的农业经济,辽廷在增置州县的同时,又向这里迁移了大量农业劳动力(表4-5)。

表4-5 《辽史·地理志》记载中京道州县建置年代及人口来源

州府	县	人口来源	建置时间
中京大定府:统和二十五年城之……实以汉户	大定县	诸国俘户	
	长兴县	以诸部人居之	
	富庶县	析京民置	开泰二年
	劝农县	析京民置	开泰二年
	文定县	析京民置	开泰二年
	升平县	析京民置	开泰二年
	归化县		
	神水县		开泰二年
	金源县	析京民置	开泰二年
惠州:太祖俘汉民数百户,创城居之,置州	惠和县	迁上京惠州民,括诸宫院落帐户	圣宗
恩州:太宗建州,开泰中,以渤海户实之	恩化县	渤海人户置	开泰中
高州:开泰中,以高丽俘户置	三韩县	圣宗伐高丽,以俘户置县,户五千	开泰中

续表

州府	县	人口来源	建置时间
武安州:太祖俘汉民居木叶山下,因建城以迁之……复以辽西户益之	沃野县		
利州:本中京阜俗县,统和二十六年置刺史州,开泰元年升	阜俗县	奚人	统和四年
榆州:太宗南征,横帐解里以所俘镇州民置州	永和县		统和二十二年
北安州:圣宗以汉户置	兴化县		
泽州:太祖俘蔚州民,立寨居之	神山县 滦河县		
潭州:本中京之龙山县,开泰中置州	龙山县	以习家寨置之	开泰二年
松州:开泰中置	松山县		开泰二年
兴中府:太祖平奚及俘燕民,统和中置建、霸、宜、锦、白川等五州	兴中县	略汉民居此,建霸城县	太祖
	营丘县		
	象雷县	以麦务川置	开泰二年
	闾山县	以罗家营军置	开泰二年
安德州:以霸州安德县置	安德县	析霸城东南龙山徒河境户置	统和八年
黔州:太祖平渤海,以所俘户居之,安帝置州,析宜、霸二州汉户益之	盛吉县	平渤海,俘兴州盛吉县民来居	太祖
宜州:兴宗以定州俘户建州	弘政县 闻义县	以定州俘户置	世宗 世宗
锦州:太祖以汉俘建州	永乐县 安昌县		
严州:太祖平渤海,迁汉户杂居兴州境,圣宗建城	兴城县		
川州:太祖弟明王安端置	弘理县	以诸宫提辖司户置	统和八年

续表

州府	县	人口来源	建置时间
	咸康县		
	宜民县		统和中置
建州：太祖完葺故垒置州	永霸县		
	永康县		
来州：圣宗以女真五部岁饥来归，置州居之	来宾县		
隰州：圣宗括落帐户	海滨县		
迁州：圣宗平大延琳，迁归州民置	迁民县		
润州：圣宗平大延琳，迁宁州之民居此，置州	海阳县	本东京城内渤海户	

  新增州、县使原有地方政权体系更加完善。对于新增州县的人口来源，前文已有简单的叙述。从《辽志》记载来看，潭州龙山县是在习家寨、兴中府间山县是在罗家营军的基础上升置的，利州阜俗县的人口来源则为当地奚人，此三县均可视为在原有人口基础上增置的新县。中京道各州县中人口来源于战争俘虏的有六县，其中三县为圣宗前建置，人口来源为渤海与中原人口。另外三县为圣宗时期建置，人口来源为渤海、高丽俘户。中京道各州县人口来源比例最高的是辽本土内部农业人口的迁移，属于这样的县有九个，人口主要来源是上京道各州县。由此看来，无论哪种人口来源，农业民族均是人口的主体部分。迁入中京道各州、县人口的民族构成说明农业生产是辽中期以后这一地区的重要发展方向。

  在缺乏文献对农业生产问题直接记载的情况下，人口仍然是分析农业生产规模的重要参照。有关中京道的户口，《辽史·地理志》中只留下高州三韩县一县的记载，整个中京道人口状况究竟如何，只能通过间接材料推测。

一般情况下城址的规模与人口状况应基本吻合。中京道内中京城为规模最大的城市，根据实测，这是一座由外城、内城、皇城组成的城市。外城南北长约3 500米，东西宽约4 200米，面积达1 470万平方米[①]。三重城中，皇城位于内城北部，城墙边长约1 000米，占地面积很大，这里不是一般百姓居住的地方。内城位于外城的中偏北，平面呈"回"字形，内城与皇城之间的地方基本是空地，考古探测与文献记载都证明了这一点。路振《乘轺录》中称："街道东西并无居民，但有短墙，以障空地。"指的就是这里的情况。外城与内城之间的地带，以集市与官署为主，百姓依唐代中原之制，居住坊中。对此路振是这样记载的："自朱夏门入，街道阔百余步，东西有廊舍约三百间，居民列廛肆庑下，街东西各三坊。"考古钻探结果表明坊数比路振记载稍多，考古挖掘还发现了廊舍和官署遗址，其中廊舍遗迹由十三排夯土台基组成，每排四个楔形土台，台上有石柱础，当年这里是南北向的长廊建筑，为百姓从事贸易活动的地方[②]。由此看来，外城的百姓只能居住在坊内，而坊的数量又有限，故人口不会太多。中京城统和二十五年（1007年）建成，下辖各县均为开泰年间设置，故宋使初至中京城时，留下"府无属县"的记载[③]。这些后置的属县人口，一部分作为附郭县民就住在城内。路振记载城内"街东西各三坊"，而考古钻探的结果证明不只如此，原因就在于，建城之初未设县，开泰后属县人口移入城内之故。居于城外的人口规模难以确定，但从中京城的营建规模来看，隶属于中京的人口不少于上京临潢府，也应在二万户左右。

某些从事人口学研究的学者认为，《辽史·地理志》所载的284个县中，145个县和基层州留下了户额，剩下的139个县没有户口著录，那么这些县应属"较为偏僻的地方"，人口也应比其他县少[④]。实际上这一看法是不全面的，未著户额的州县中，确实有一部分为地处偏僻地带的边防

---

① 《文物考古工作三十年》，文物出版社，1979年。
② 《文物考古工作三十年》，文物出版社，1979年。
③ [宋]路振：《乘轺录》。路振使辽为大中祥符元年，即统和二十六年。
④ 赵文林、谢淑君：《中国人口史》，人民出版社，1988年。

州、镇，但中京道内各州、县不但不是偏远地区，而且具有重要的政治、经济地位，若将这些州、县与边防州、镇归为一类，显然不符合事实。中京道内只有三韩县一县在文献中留有户额，为5 000户。作为一县户额这是一个很高的数字。上京道是户口记载保存比较全面的一个地区，道内各县，除庆州玄德县达6 000户，其余均低于5 000户。因此如何看待三韩县与整个中京道人口规模的关系，是进一步分析问题的基础。

高州下辖只有三韩一县，故三韩县应为高州的附郭县，高州城的规模即为三韩县的规模。目前考古学界对高州城位置的确认，存有不同看法。一种意见认为，赤峰市元宝山区丰水沟镇土城子村遗址为辽高州遗址。这座城址长宽各约250米[1]，是个规模不大的城，与5 000户之数相距太大。另一种意见为赤峰市元宝山区太平地乡兴隆坡村城址，这座城现存西墙长1 030米，北墙长755米[2]，与文献中所载5 000户的人口规模比较吻合，应是高州城的真正所在。若以高州城作为比定其他州城的依据，那么武安州（敖汉旗南塔乡）城址长宽各820米；恩州城址长宽分别为1 500米、200米；松山州南北长590米，东西宽520米[3]；而惠州城"城二重，至低小，外城无人居，内城有瓦屋仓廪，人多汉服"[4]。以上有关中京道各州的考古实测结果与文献记载，证明这些州城基本都小于高州城规模。如果城邑建筑规模与居民人口成正比的话，那么中京道大多州县户额都应低于三韩县，表现出地广人稀的特征，实际上这一点在文献中是有反映的。"奚地居上、东、燕三京之中，土肥人旷。"[5] "自京镇等处土田丰好，兵马强盛，地利物产颇有厚利，其他自中下州，固已寂寥荒漠。"[6]作为宋使，苏颂看到"路入中京界，道旁站舍颇多，人物亦众"。路振使辽途中却闻"里民言，汉使岁至，虏必驱山中奚民，就道而居，欲其人烟相接也"[7]。

---

[1] 项春松：《内蒙古赤峰地区辽代中小城镇的发现与研究》，《北方文物》，1994年第1期。
[2] 张松柏等：《辽高州调查记》，《内蒙古文物考古》，1992年第1期。
[3] 项春松：《内蒙古赤峰地区辽代中小城镇的发现与研究》，《北方文物》，1994年第1期。
[4] 《续资治通鉴长编》卷九七，天禧五年九月甲申。
[5] 《契丹国志》卷二二《中京》。
[6] 《宋朝事实》卷二〇，《丛书集成》本。
[7] [宋]路振：《乘轺录》，贾敬颜疏证本。

从路振闻见中透露出，中京界内人物"众多"的景象，显然与当局采取的临时措施有关。宋使入辽的道路应是辽本土内重要的交通大道，这样的地方人口也如此稀疏，偏僻地方旷土更多。根据这些记载显然中京道内并不是处处都有三韩县的人口规模，鉴于这种情况，若参照上京道各县平均户额1 382户，将这一数字近似看作中京道各县户额的最低值，三韩县户额看作最高值，取其平均近3 000户，这一数字应接近中京道各县的实际情况。中京道共含40县，依每县3 000户计，共有120 000户，以五口之家计合人口60万，加上提辖司户人口，总额超过了西拉木伦河流域的人口规模。

州县以下聚落规模较小，人口数量也不断减少。这样的描述在宋使记载中很多，如"隔山才见两三家"①，"青烟袅袅数家村"②，"行尽奚山路更赊，路旁时见百余家"③。

中京道内除利州阜俗县因奚人所置外，其余州县均为汉人、渤海人，在这些农业民族的努力下，中京地区的农业生产达到了一定的水平。仅从工具一项来看，中京周围不止一次发现铁铧、铁锄钩等农业生产工具④。这些铁制农具数量与制作技艺多比其他地区高，对中京地区农业生产的发展起了一定作用。辽代文献虽没有留下关于中京道农业生产状况的直接记载，通过间接材料也可以了解大概。辽代佛教盛行，各地广造佛寺，静安寺位于辽中京城南，道宗咸雍八年（1072年）寺建成，"僧既居，必资食以给之，遂施地三千顷，粟一万石，钱二千贯，人五十户，牛五十头，马四十匹"⑤。一寺建成之时，即施粟一万石，可见当时中京地区的农业生产已形成一定规模，才可保证这样的支出。《辽史》载马人望为中京度支使时，"始至府廪皆空，视事半岁，积粟十五万斛"⑥，马人望的政绩再次

---

① [宋]苏颂：《苏魏公集》卷一三《过新馆罕见居人》。
② [宋]苏颂：《苏魏公集》卷一三《过土河》。
③ [宋]苏颂：《苏魏公集》卷一三《奚山路》。
④ 《内蒙辽中京及西域外出土的文物》，《考古》，1959年第7期。
⑤ 《全辽文》卷八《创建静安寺碑铭》。
⑥ 《辽史》卷一〇五《马人望传》。

反映了中京地区的经济实力。

除粮食生产外,纤维类经济作物的种植,也在中京地区农业生产中占有重要地位。中京道内纤维类作物主要分布在大凌河流域一线,"沿灵河有灵、锦、显、霸四州,地生桑、麻、贝、锦,州民无田租,但供蚕织"①。从"无田租,但供蚕织"来看,这里已具有经济作物专业化种植区的特点,粮食作物种植退到次要地位。为了监督这里纤维作物的种植,朝廷经常派官巡查,汉臣刘承嗣墓志中就留下了"奉宣宜、霸州城,通检户口、桑柘"的记载②。霸州为兴中府,宜州的人口来源主要为"定州俘户",这些人"民工织纴,多技巧"③。来自大凌河一线纤维作物种植区的产品,成为朝廷的重要贡品,皇帝常"以显州岁贡绫锦分赐左右"④。

探讨中京道农业生产问题时,州县城附近以汉人、渤海人为主的农业活动,虽是问题的一个重要方面,但奚人的农业垦殖也是不可忽视的另一个方面。前文已述,奚人是一个汉化程度很高的民族,"由古北口至中京皆奚境"⑤,这些奚民大多与汉人杂居。大安二年(1086年)道宗诏令:"迁奚中,其部所居汉民四百户",当时任枢密副使、右谏议大夫的汉臣贾师训说:"自松亭已北,距黄河,其间泽、利、潭、榆、松山、北安数州千里之地,皆雷壤也,汉民杂居者半",人数之多,不可轻易迁徙⑥。长期的民族杂居,加上以往的汉化基础,使奚人"言语风俗与契丹不同,善耕种,步射,入山采猎,其行如飞"⑦。与农业民族相比,奚人虽"皆山居谷汲,耕牧其中,而无城郭"⑧,表现出一定的落后性,但在生产结构与生活习俗上与同一族源的契丹人已有了很大的不同,"奚人自作草屋住,

---

① [宋]路振:《乘轺录》,贾敬颜疏证本。
② 《辽宁朝阳市辽刘承嗣族墓》,《考古》,1987年第2期。
③ 《辽史》卷三九《地理志三》。
④ 《辽史》卷一〇《圣宗纪一》。
⑤ 《续资治通鉴长编》卷九七,天禧五年九月甲申。
⑥ 《全辽文》卷九《贾师训墓志铭》。
⑦ 《续资治通鉴长编》卷九七,天禧五年九月。
⑧ [宋]刘敞:《公是集》卷二八《古北口》。

契丹骈车依水泉"①。奚人已经过着定居生活，契丹人仍然以车马为家。《辽史》中有这样一段记载："〔咸雍七年〕夏四月，辛未，以奚人达鲁三世同居，赐官旌之。"②安土重迁，世代同居，是中原地区农业民族的传统，奚人只有在长期的定居农业生活中，才能逐渐接受这一传统与生活习俗。农业生产成为奚人的重要生产方式，因此宋使出古北口，一入奚境，就留下了"奚田可耕凿"③，"居人处处营耕牧"④，"农人耕凿遍奚境"，"田畴高下如棋布"⑤，"居人草庵板屋，亦务耕种"⑥，这些共同印象。

在讨论奚人农业生产时，有几点必须强调，其中：

1.奚人的农业生产水平与汉、渤海人还存有一定差距，基本处于粗放农业的初期阶段。

2.中京附近虽是一个民族混居区，但土著居民仍为奚人。聚居在这里的汉人，一部分耕种隶于国家的土地，向国家交纳赋税；另一部分与奚人杂居在一起，受佃于奚主，"汉人佃奚土，甚苦输役之重"⑦，"汉人何年被流徙，衣服渐变存语言，力耕分获世为客"⑧。这种近于农奴制的生产关系对生产水平的发展起了一定的桎梏作用。

3.农业生产是奚人的重要生产活动之一。《辽史》中有这样一段记载："统和三年，帝尝过藁城，见乙室奥隗部下妇人迪辇等黍过熟未获，遣人助刈。"⑨中原地区的农业社会有"男耕女织"的传统分工，虽然农忙之际妇人参加农业生产也不乏其例，但始终不是农业生产的主力。乙室奥隗部为奚人一个重要部落，其妇人忙于收获，可见农业生产对于这一民族并不陌生。

---

① ［宋］苏辙：《栾城集》卷一六《出山》。
② 《辽史》卷二三《道宗纪三》。
③ ［宋］苏辙：《栾城集》卷一六《出山》。
④ ［宋］苏颂：《苏魏公文集》卷一三《和仲巽奚山部落》。
⑤ ［宋］苏颂：《苏魏公文集》卷一三《牛山道中》。
⑥ 《契丹国志》卷二四《王沂公行程录》。
⑦ ［宋］苏颂：《苏魏公文集》卷一三《牛山道中》。
⑧ ［宋］苏辙：《栾城集》卷一六《出山》。
⑨ 《辽史》卷五九《食货志上》。

4.奚人虽是中京地区的土著居民,但自奚王献"七金山土河川地"后,随着中京的营建,一部分奚民迫于辽廷的政治压力,有从河谷川地向周边山区迁移的现象。山区环境自然使那里的人们形成了相应的生产与生活特点。"边民居落瞰重林,背依荃崖面曲浔",人在山里住,农田自然开垦在山上,形成"田塍开垦随高下,樵路攀援极险深"①,"农人耕凿遍奚疆,部落连山复枕冈"的景观特色②。

中京地区是辽本土内重要的经济区,这里的全面开发虽晚于上京地区,但这里自然条件与经济区位的优势,从一开始就显示出来,成为朝廷倚重的重要经济区。对于这一点《辽史·百官志》明确指出:"辽有五京,上京为皇都,凡朝官、京官皆有之,余四京随宜设官,为制不一,大抵西京多边防官,南京、中京多财赋官。""随宜设官"事实上是依各地的社会政治与经济条件而变通的,南京与中京的经济地位决定了在这里设置财赋官的必要性。谭其骧于1970年提出"辽后期迁都中京"说③。谭先生提出这一观点列举的事实虽然都是朝廷的政治事件,但经济是政治的基础,导致这一结果出现的原因绝不可能脱离经济背景。只有充实的经济基础,才会令辽统治者考虑将国家的政治中心从传统的契丹人活动区移向奚地。

辽本土宜农之地并不多,农田分布依从政治需要主要集中在州、县附近,服从自然环境则选在河谷与黄土覆盖之处,两者的统一,构成插花式农田的基本形势。

---

① [宋]苏颂:《苏魏公文集》卷一三《和过打造部落》。
② [宋]苏颂:《苏魏公文集》卷一三《牛山道中》。
③ 谭其骧:《辽后期迁都中京考实》,《长水集》,人民出版社,1986年。

第五章　辽王朝新增境区内的农业生产

此处所定义的辽王朝新增境区指包括东京道、南京道、西京道以及上京道的边疆地区在内的，原非契丹民族的活动区域，这些地区或是原中原王朝的一部分，或是草原上新扩展的疆土，分布地带南北皆有，经济发展极不平衡。

第一节　辽东地区的农业生产

辽东京道的辖境十分广阔，相当于今吉林省的全部，辽宁、黑龙江两省的大部。在这一辖境内，由于自然环境与人文因素的差异，农业生产区主要集中在辽东地区。

东京道内从事农业生产的主要是渤海人，如前所述，这些渤海人基本都来自牡丹江流域故渤海国。渤海国是一个经济发达的国家，见于《新唐书》记载：渤海国人"所贵者，曰太白山之菟，南海之昆布，栅城之豉，扶余之鹿，鄚颉之豕，率宾之马，显州之布，沃州之绵，龙州之䌷，位城之铁，卢城之稻，湄沱湖之鲫，果有九都之李，乐游之梨"。这些为渤海人看重的物产可分为农产品、畜牧产品、渔猎产品以及矿产品，产品分类说明当时的渤海国是一个经济实力较强的国家。

辽太祖天显元年（926年）立太子耶律倍为东丹王，两年后，即天显三年迁东丹民于辽东。关于东丹民所迁之地辽东，第三章中已有详述，这一地区即今太子河流域，位于辽河平原东部，被契丹人称为"地衍土沃"之地①。由于自然条件较好，早在汉代这里就曾进行过农业开发，汉以后乌桓、北燕控制这一地区时，也有过一定规模的农业生产。4世纪至唐初，高句丽曾一度将疆土从朝鲜半岛伸向辽东半岛，高句丽本身就是农业民族，他们所之处，农业开发自然成为生产活动的主要部分。唐中期以后，契丹、奚人等非农业民族先后强大，辽东地区成为他们南下的通道。自唐后期起辽东地区长期处于中原王朝与渤海国之间的非实际控制中，唐虽然在这里设置了安东都护府，但国内的危机已使朝廷无暇东顾，实际失去了控制权；渤海国虽也将这里视作本土，但惧畏中原王朝的声威以及出没不定的契丹人的骚扰，也未对这里实行实质性的管理，辽初实行的渤海人大迁徙大大促进了这里的开发。

渤海人迁到辽东后，依渤海旧制，在这里设置了州县进行管理。在地理分布上这些州县主要呈南北带状，从辽东半岛向北一直延伸到东辽河流域。其中祺州位于辽宁康平县小塔子村，衍州位于辽阳唐马寨，宁州位于复县西阳台②，铁州位于辽宁营口汤池乡③。这些州府分布在医巫闾山北端，与上京道各头下州军相邻，地形上基本取辽东山地边缘的山麓地带。这时辽河平原尚未开发，由于辽河下游河道摆动及洪水泛滥，辽河下游平原基本处于河沼沮洳状态。北宋宣和六年（1124年），宋使许亢宗出使金国，由辽西显州渡辽河，东行至辽东广州，对这里的环境留下这样的描述："离兔儿涡东行，即地势卑下，尽皆萑苻，沮洳积水。是日凡三十八次渡水，多被溺，〔有河〕名曰辽河。濒河南北千余里，东西二百里，北辽河居其中。"④宣和六年为金太宗天会元年，早在十年前，辽已为金所灭，此时辽河平原尚且如此，可想辽盛时之状。正由于这样的原因，辽代几乎没有在辽河平原上建置任何州县，这时辽西、辽东的农业开发与州县

---

① 《辽史》卷七五《耶律羽之传》。
② 《文物考古工作十年》，文物出版社，1990年。
③ 崔德文：《辽代铁州故址新探》，《北方文物》，1992年第2期。
④ 《大金国志》卷四〇《许奉使行程录》。

建置基本都在山麓地带。

处于不同社会发展阶段的民族，拥有不同的农业生产技术，因此探讨劳动力的民族构成和分布形式是农业地理的重要问题。出于这样的目的，此处主要探讨辽东地区渤海人与其他农业民族的混居形式，以便进一步了解这里的农业发展进程。

辽王朝虽将渤海人迁出故里，安置在辽东地区，但政治上并没有因此而放松警惕，采取了多项防范措施。除前述在医巫闾山北端建置一系列头下州军外，在东京道内也采取了相应措施，根据《辽史·地理志》记载，归纳起来有这样几点：

1.渤海与高丽地域相连，习俗相近，甚至还有血缘相通，他们之间一旦内外通和，很容易造成边境失控。为了尽可能缩小渤海人与高丽的联系，迁移汉、奚等人口充实设在辽与高丽相接地带的州县，是朝廷采取的主要措施。属于这样的州县有：

定州：高丽置州，圣宗统和十三年升军，迁辽西民实之。

定东县：徙辽西民居之。

保州：

来远县：初徙辽西诸县民实之，又徙奚、汉兵七百防戍焉。

宣州：开泰三年徙汉户置。

开州：开泰三年，迁双、韩二州千余户实之。

2.在内地冲要地带，以插花式建置汉户为主的州县。属于这类的州县有：

海州：唐太宗攻打高丽时，曾遣名将李世勣攻打此城，战略位置很重要。圣宗太平年间，渤海人大延琳据城反叛，辽徙其民于上京，并迁泽州民于此。

贵德州：太宗时，察割以所俘汉民置。

沈州：

乐郊县：太祖俘蓟州三河民，建三河县，后更名。

灵源县：太祖俘蓟州吏民，建渔阳县，后更名。

广州：太祖迁渤海人居之，统和八年省，开泰七年以汉户置。

辽州：太祖伐渤海，先破东平府，迁民实之，改为州。

祺州：太祖以檀州俘于此建檀州，后更名。

庆云县：太祖俘密云民，于此建密云县，后更名。

双州：沤里僧王从太宗南征，以俘镇、定二州之民建城置州。

咸州：地多山险，寇盗以为渊薮，乃招平、营等州客户数百，建城居之。

信州：圣宗以地邻高丽，开泰初置州，以所俘汉民实之。

黄龙府：保宁七年，因军将燕颇叛，府废，开泰九年，以宗州、檀州汉户一千复置。

顺化城：开泰三年，以汉户置。

衍州：以汉户置。

连州：以汉户置。

宗州：耶律隆运以所俘汉民置，圣宗立为州。

除上述各州县外，辰州、渌州原渤海居民均被移至上京一带，依其他州县之例，充实这里人口之虚的也应是汉户。政府组织的强制性移民外，自愿进入辽境的汉人，多愿择居于辽东①，成为杂居在这里的汉户的重要人口来源。

辽王朝上述移民措施，虽然主要针对国内政治，但客观上对辽东地区经济发展起了一定作用。与渤海人相比，汉人的农业生产水平较高，两个民族的混居对提高渤海人的耕作技艺有很大影响。

农业人口的数量是衡量农业开发规模的重要参数。《辽史·地理志》东京道各州县户额并不完整，有一部分缺失，因此有必要对这一地区失于记载的户口进行推测。《辽志》辽阳府条下载有户额40 640户，许多学者对此进行过研究，其中费国庆指出这一数额应是金代辽阳府的户额，元人修志审之不详，将其误记为辽代数额②。《辽志》《金志》辽阳府条下户额

---

① 《辽史》卷七四《韩延徽传》。
② 费国庆：《关于"宋代户口"一文辽代部分的意见》，《历史研究》，1958年第8期。

相同，均为40 640户，若从辽金两代东京地区其他州府户额以及社会政治等因素分析，如费国庆所言，这一数额为金代辽阳府户额更合情理。由于《辽史·地理志》辽阳府条下户额不是辽代数额，在对辽东京道人口进行推测时，这一数额自应不在考虑之内。东京道内共有州府军城66个（与辽阳府下所记87个不符），县以及县级州共有94个，其中留有户额记载的州府12个，县及县级州28个，共有23 800户，每县平均850户。未载户额的县68个，除此之外还有一些未置属县的州府也没有留下户额记载，属于这类的州府共21个，由于这些州府未置属县，可将其规模视同县级，这一点可从留有户口记载的慕州、丰州、嫔州等州的户额得到证明，这些州户额最多为700户，大多在200~500户之间，基本就是一个县的人口规模。未载户额的县及州府共89个，分布位置大多逊于载有户额的州县，人口规模也应小于这些州县，这里取每县500户，共计44 500户。将记载户额与推测户额合在一起为68 300户，依五口之家计约34万口，若将提辖司户也考虑在内，整个东京道有约40万人口。若从人口因素考虑，那么东京道农业生产也应具有与上京、中京道相当的规模。

  人口是农业生产发展的重要因素，也是城邑、聚落兴建的前提，《中国文物地图集·吉林分册》根据近年考古成果，在其境内探明辽金古城遗址共200余处，这些城址基本前后承袭沿用，即大多城邑辽代已经存在。今吉林省在辽东京道境内仅是偏北的一部分，就存有如此众多的古城址，若将今辽宁、黑龙江两省的古城址全部考虑在内，数量就更多了。而《辽志》中记载，东京道共有州府军城66个，县及县级州94个，州县之间由于附郭县的存在，还出现一部分城邑重叠。若将州县两级城邑都考虑在内，也不过100多个，远远低于考古探测的结果。那些在州县数额之外的古城，就应是各类县级以下居民点或屯兵堡寨。

  具有墙垣建筑的只是规模稍大的居民点或军事要塞，那些未设墙垣的聚落多数是百姓的定居点。东京地区多为渤海移民，早在渤海国时期，

"其国延袤二千里，无州县馆驿，处处有村里，皆鞯鞨部落"①。这时村社制度只是在部落的基础上略加改造，渤海人内迁到辽东地区以后，受周围汉人的影响，州县以下以村落形式居住，应是再自然不过的事。1982年文物部门对沈阳市北石佛寺村一座砖塔地宫进行清理，发现石碑两通，其中一碑上刻有"时家寨净居院建塔邑首"之语②，此处砖塔为辽双州附近寺院内舍利塔，寺院建于时家寨，可见这里当时是一个较大的聚落，村庄已与部落完全脱离。

辽代东京道内的农田也具有插花式分布特征，城邑、聚落周围形成大小不等的农田插花地，人口规模大的州府附近，农田延续范围也最广。

辽东地区属于中温带湿润气候，≥10℃积温为3 200℃，年雨量500～800毫米，无论热量还是降水量都比辽本土优越，故耶律羽之称这里"地衍土沃"。由于自然条件较优越，粮食产量高于辽本土，除满足当地需要外，沛然有余。圣宗太平年间，"燕地饥，户部副使王嘉请造船，募习海漕者，移辽东粟饷燕"③。燕地为辽南京道辖区，一贯是辽衣食财赋的仰赖之地，这里遭灾，身为户部副使，谙熟天下粮粟多寡的王嘉知道辽东一带所蓄粮食是十分可观的，才提出造海船漕辽东粟之策。辽代东京道咸、信、苏、复、辰、海、同、银、遂、通、韩、靖州及黄龙府等五十余城都有和籴仓，各仓如中原之法，每岁"出陈易新，许民自愿假贷，收息二分，所在无虑二三十万硕"④。辽末女真人发动对辽的军事攻击，辽东一带首当其祸，战火波及之处"田禾未收，米谷踊贵"⑤。由于仓储殷实，仅来远城官府一处就能"权时掇借米货五万石，赡济民户"⑥，战时尚能如此，足见承平时期辽东农业生产之盛。

---

① 金毓黻：《渤海国志长编》卷二引日本《类聚国史》，辽阳金氏千华山馆排印本。
② 李仲元：《辽双州城考》，《辽金史论集》第二辑，书目文献出版社，1987年。
③ 《辽史》卷五九《食货志上》。
④ 《辽史》卷五九《食货志上》。
⑤ 《全辽文》卷一一《耶律宁等致高丽宁德镇牒》。
⑥ 《全辽文》卷一一《来远城致高丽牒》。

第二节　燕云十六州地区的农业生产

南京、西京两道的核心就是被后晋石敬瑭割让予辽的燕云十六州，《辽史·地理志》南京条下载："自唐而晋，高祖以辽有援立之劳，割幽州等十六州以献，太宗升为南京。"而西京条下载："晋高祖代唐，以契丹有援立功，割山前、代北地为赂，大同来属，因建西京。"南京、西京两道南面与宋为邻，宋辽之间基本沿白沟至雁门关一线为界，南京道的北界是燕山山脉，山北是辽本土中京道。西京道的西、北辖境都很大，西境可达鄂尔多斯高原北部，北境深入到今锡林郭勒盟及蒙古国境内。与其他各道相似，南京、西京两道辖境虽广，农业生产区域却有限，主要分布在燕云十六州一带。

燕云十六州发展农业生产有良好的自然条件，这里地势平坦，平原广袤，特别是南京附近地区，气候温和，雨量适中，历代都是北方重要的粮食生产基地。西京大同府一带气候条件虽不如南京周围，但依靠渝河水灌溉，发展旱作农业，仍有其见长之处。南京、西京地区发展农业具有深厚的历史基础与人文优势，虽然从10世纪上半叶起，燕云十六州在政治隶属关系上划归辽王朝，但此前一直是中原王朝的一部分，这里的人口无论文化渊源还是生产技艺都与中原地区有过同步发展的过程，因此与辽境内其他地区相比，生产工具先进，生产技艺进步是其突出的特征。

谈到故燕云十六州农业生产问题，就必须考虑到中原王朝与辽的关系，双方之间的政治、军事关系直接影响到农业生产的发展进程。

辽与中原王朝的战争大致可以分为这样几个阶段：

一、唐末五代辽太祖、太宗对故燕云十六州的进攻。这一时期辽对中原王朝发动的军事进攻有如下特点：

1.时间间隔短。仅从《辽史》的记载来看，大的战役基本三年两次，大规模的军事冲突年年都有，甚至一年数次。

2.军事攻略地点主要在燕、云一带，农业生产是与土地、人口密切相连的生产部门，战争对农业生产造成的直接危害恰恰就是人口流失与土地荒芜。

燕云十六州各处与辽本土距离不等，西京道下隶各州距辽本土较远，南京道各州直接与辽政治核心地区相接，辽对于这两地，在处理人口的去留问题上，采取了不同方式。从文献记载来看，辽在西京道主要采取的是屠杀政策，前后被杀的百姓达数万人之多，迁往辽本土的俘户很少。见于《辽史·本纪》记载，神册元年（916年）代北之战，斩首万四千七百余级。天显十一年（936年）代北之役，斩首数万级。南京一带的人口，除一部分死于战乱，被俘入辽的占主要部分。据有关专家推测，契丹前后掳掠中原汉人达七八十万之多[1]，其中燕蓟一带是人口流失最多的州县。唐末、五代至辽初，燕蓟地区被俘虏和迫于战乱流徙北去的人口，可达2万户，10万余人，占唐代极盛时这一地区户口数的1/4左右，接近唐末这一地区户口的半数[2]。《辽志》记载辽本土以移民迁出地命名的州县很多，如潞县、三河县、渔阳县、密云县，都集中在燕蓟一带。

人口耗减仅是战争的一部分，辽是一个以游牧民族为主体的国家，行军打仗也无不体现特有的习俗。"每契丹南侵，其众不啻十万。契丹入界之时，步骑车帐不从阡陌，东西一概而行"[3]。本来军伍辎重所过，对沿途农田就有很大威胁，契丹军队"东西一概而行"的行军方式，造成的后果就更严重，大片农田毁于兵马铁蹄之下。农业是一个季节性、周期性十分明显的生产部门，农事失时，将影响一年的收成。粮食生产以年为周期，桑蚕业则建立在桑树的养植基础上，需要数年才能具有利用价值。毁于战火中的有粮食作物，也有桑柘等经济作物。辽初太宗率军在河北一带行军，"见大桑木，骂曰：'吾知紫披袄出自汝身，吾岂容汝活耶？'束薪于木而焚之"[4]。太宗身为帝王，对农桑如此不惜，身旁士卒就更甚了。

---

[1] 邹逸麟：《辽代西辽河流域的农业开发》，《辽金史论集》第二辑，书目文献出版社，1987年。
[2] 韩光辉：《北京历史人口地理》，北京大学出版社，1996年。
[3] 《续资治通鉴长编》卷二七，雍熙三年春正月戊寅。
[4] 《契丹国志》卷三《太宗下》。

《辽史》记载辽人行军"沿途民居、园囿、桑柘,必夷伐焚荡"。"又于本国州县起汉人乡兵万人,随军专伐园林,填道路。御寨及诸营垒,唯用桑柘梨栗。军退,纵火焚之"①。

二、宋辽对峙,穆宗至圣宗时期:辽太宗会同元年燕云十六州纳土后,辽虽然也对中原王朝发动过小规模进攻,但出兵数量较少,攻击力量亦不强。至圣宗朝,辽宋之间战争逐渐升级,从文献记载看,这一阶段战争的惨烈程度不下于辽初,但战场从燕云十六州移向白沟以南,宋王朝一方。

由于战场的转移,燕云十六州地区人口流动出现两种趋势,这就是:

1.人口的小规模南迁。自燕云十六州并入辽境后,这里百姓自愿回归中原王朝屡屡可见。太平兴国五年(980年)二月,"岢岚军言,近界戎人二百六十余户老幼二千三百余口归附……岢岚军又言戎人八十九户老幼六百三十二口归附"②。太平兴国五年闰三月,"三交口言戎人三百三十四户老幼五千三十七口归附……代州言戎人二百三十五户二千四百二十四口归附"③。太平兴国六年七月,"岚州言戎人五十三户三百六十三口内附"④。雍熙五年"云、应、寰、朔州民……久困戎虏……愿移旧地,南居忻、代之境"⑤。

2.中原地区战俘的迁入。战后燕云一带"农桑废业,闾里为墟"⑥,劳动力缺失,农业生产恢复与重新起步,都需要一段时间。针对这一情况,辽人早在燕云十六州纳入辽土之前,就已经开始对这里部分州县进行移民活动。

据《辽史·地理志》记载:

南京道檀州行唐县,本定州行唐县,太祖掠定州,破行唐,尽驱其

---

① 《辽史》卷三四《兵卫志上》。
② 《续资治通鉴长编》卷二一,太平兴国五年二月乙丑、壬申。
③ 《续资治通鉴长编》卷二一,太平兴国五年闰三月辛未、己丑。
④ 《续资治通鉴长编》卷二二,太平兴国六年七月乙卯。
⑤ 《宋会要辑稿·蕃夷一》。
⑥ 《宋会要辑稿·蕃夷一》。

民，北至檀州，择旷土居之，凡置十寨，仍名行唐县。

平州，太祖天赞二年取之，以定州俘户错置其地。

安喜县，太祖以定州安喜县俘户置。

望都县，太祖以定州望都县俘户置。

营州，太祖以居定州俘户。

西京道可汗州，五代时，奚王去诸以数千帐徙妫州，自别为西奚，号可汗州，太祖因之。

怀来县，本怀戎县，太祖改。

石敬瑭献燕云十六州为太宗会同元年之事，以上文献所载俘户的安置、州县的重建，以及地名的或袭或改，都是太祖时期的事情，假如这时燕云一带与辽毫无关系，太祖绝不会在别人的疆域内安置俘户、更改地名。对于这种现象只有一种解释，即在石敬瑭献燕云十六州之前，这里已成为辽的实际控制区。在辽对这一地区进行军事控制的同时，安置人口、恢复生产的举措也同步进行。

太宗时期以燕云为目标的战争基本结束，辽王朝采取各种措施补充这里的劳动力。人口来源主要有中原地区的战俘、宫卫户，据统计这一时期先后迁入这里的户口约2万户，其中宫卫户约1.2万户，其他军民户约0.8万户，共计10万人[①]。除此之外，迁入这里的还有契丹、奚、渤海等民族人口。"澶渊之盟"以后，辽宋之间大规模的战争基本停止，与此相应燕云地区人口的大量迁入、迁出活动也随之停止，人口发展进入自然增长阶段。

依人口变化，燕云地区的农业生产也进入了相应的发展阶段，唐末至辽初，由于战争的摧残，这里的农业基本处于停滞状态。辽初至辽中期，由于劳动力及时得到补充，朝廷又积极采取措施，农业生产逐渐发展起来。辽中期以后，这里的农业生产基本保持稳定。

辽初为了发展燕云地区的农业生产，主要采取如下措施：

[①] 韩光辉：《北京历史人口地理》，北京大学出版社，1996年。

1.开垦荒地。战后大量土地荒芜,开垦荒地是恢复生产的重要举措,这也成为有辽一代一直奉行不替的政策之一,以致至圣宗统和年间,仍"诏燕乐、密云二县荒地,许民耕种,免赋役十年"①。"募民耕滦州荒地,免其租赋十年。"②

2.由政府出面为贫下户提供耕牛。在传统农业生产中,耕牛是重要的生产工具。统和十二年,"赐南京统军司贫户耕牛"③,就是政府向贫下户提供耕牛的一例。

3.组织民间互助。为了达到互助生产的目的,国家首先"于每村定有力人户充村长",然后根据具体农情,进行互助。其中"有力人户出剩田苗补贫下"④就是互助行为中的一种。

经过一番努力,燕云一带的农业颇有起色,屡有丰收之讯。会同四年(941年)冬十月,"有司奏燕蓟大熟"⑤。太平五年(1025年),"燕民以年谷丰熟,车驾临幸,争以土物来献"⑥。燕云一带的农业丰收不但满足了当地的粮食需求,也能适时周济邻国、邻地。"保宁七年(975年),汉有宋兵,使来乞粮",辽以"粟二十万斛助之"⑦。正由于有了这样的成果,元人编《辽史》时,也不得不承认这里"农谷充羡,振饥恤难,用不少靳,旁及邻国,沛然有余"⑧。

农业社会中人口是反映生产进程的一个重要标志,据《辽史·地理志》记载,南京道共有238 000户,下辖31县,每县平均户额7 677户;西京道共有160 200户,下辖34县,平均每县4 200户,无论南京道,还是西京道,平均户额都高于辽本土及东京道各县。

南京、西京两道的人口主要集中在燕云十六州一带,这里既是南、西

---

① 《辽史》卷一二《圣宗纪三》。
② 《辽史》卷一三《圣宗纪四》。
③ 《辽史》卷一三《圣宗纪四》。
④ 《全辽文》卷一《下有司敕》。
⑤ 《辽史》卷四《太宗纪下》。
⑥ 《辽史》卷一七《圣宗纪八》。
⑦ 《辽史》卷五九《食货志上》。
⑧ 《辽史》卷六〇《食货志下》。

两京道的主要农耕区，也是辽代全国的经济核心区。燕云十六州内又以南京析津府为中心的平原地带人口最集中，农业生产发展水平最高。当时人们对析津府周围有这样的描述："燕都之有五郡，民最饶者，涿郡首焉。"①"夫幽燕之分，列郡有四，蓟门为上，地方千里，籍冠百城，红稻青秔，实鱼盐之沃壤。"②三河"古之名邑也，左附流渠，背连黍谷，作大都之襟带，为上郡之唇腑，户版颇多，赋调益大"③。易州一带"东顾平陆，原野旷然，易水燕圻，苍茫在目"④。这些关于析津府及周围地区的记载，共同肯定了这里自然条件优越，有发展农业生产必备的良田沃壤。文物部门在今北京城附近发现大量辽金时期的铁制农具，其中数量最多的是铧、犁镜、长锄、镰刀，另外顺义、通州、怀柔、房山也分别发现铧、耘锄、犁镜、耢、镰、锄、勾镰等⑤。这些农具包括耕翻工具、中耕整田工具、收获工具等，充分体现了精耕细作的农业生产特点。

辽代析津府周围山区也得到一定程度的开发。辽代佛教盛行，著名佛寺均建在丘陵山区，对此文献中留有一定笔墨的记载，从中可以窥见山区农业之一斑。位于"渔阳古郡之西北"的上方感化寺，"野有良田百余顷，园有甘栗万余株"⑥。景州陈公山观鸡寺"广庄土逮三千亩，增山林余百数顷，树果木七千余株"⑦。范阳丰山章庆禅院"土厚肥腴，草树丛灌"⑧。这些地处山区的寺院都有田有林，农业生产颇具水平。与南京析津府周围平原地区相比，燕东、密云等地人口较少，因此至圣宗时期仍不断向这里移民。"统和元年（983年）……徙吉避寨居民三百户于檀、顺、蓟三州，择沃壤，给牛、种谷"⑨。统和七年六月，"诏燕乐、密云二县荒

---

① 《全辽文》卷八《涿州白带山云居寺东峰续镌成四大部经记》。
② 《全辽文》卷五《祐唐寺创建讲堂碑》。
③ 《全辽文》卷一〇《三河县重修文宣王庙记》。
④ 《全辽文》卷九《易州太宁山净觉寺碑铭》。
⑤ 《北京出土的辽金时代铁器》，《考古》，1963年第3期。
⑥ 《全辽文》卷一〇《上方感化寺碑》。
⑦ 《全辽文》卷八《景州陈公山观鸡寺碑铭》。
⑧ 《全辽文》卷一〇《范阳丰山章庆禅院实录》。
⑨ 《辽史》卷五九《食货志上》。

地，许民耕种"[1]。统和十五年三月，"募民耕滦河荒地"[2]。这些移民为推动山区及周围地区的开发起了一定作用。

西京大同府一带，已处山西高原北端，气候较寒冷，降雨量也相应减少，农业生产进程与南京一带存有一定差距，但与辽本土相比仍有一定优势。辽末金人追逐天祚帝至西京境内，"因秋成，并边牧马休兵，屯奉圣州之东"[3]。金兵一路屡战屡胜，马不停蹄，当看到奉圣州一带的粮食秋熟在望，被吸引驻足休整，可见这里的丰收之景还是很诱人的。西京道内发现许多与农业生产有关的器物，如内蒙古商都县前海子村一处辽墓中，发现有高粱与谷种装在牛腿瓶中[4]。呼和浩特市东南黄合少乡一处辽代城址中，发现铁犁[5]。张家口宣化区下八里村发现辽代墓葬一处，墓主张世卿墓志中载："大安中，民谷不登，饿死者众。"官府鼓励"入粟补官"，张世卿"进粟二千五百斛"，得"右班殿直"官职。一般民户一次能向官府进粟二千余斛，可见宣化一带的农业生产还是很有规模的[6]。辽奉圣、归化、儒、可汗等州都设置了巡检屯田劝农使[7]，以便进一步加强这里的农政管理。辽代西京道南部农业生产在整个国家经济中占有一定地位。圣宗开泰三年（1014年），朝廷在南京、奉圣、平、蔚、云、朔、应等州置转运使[8]。开泰六年南京道饥荒，朝廷"挽云、应、朔、弘等州粟振之"[9]。这一切都显示了这一地区的实力。

---

[1] 《辽史》卷一二《圣宗纪三》。
[2] 《辽史》卷一三《圣宗纪四》。
[3] 《契丹国志》卷一〇《天祚皇帝上》。
[4] 《内蒙古商都县前海子村辽墓》，《北方文物》,1990年第2期。
[5] 《内蒙古呼和浩特市郊区毛不浪的辽代城址》，《考古》,1962年第11期。
[6] 《河北宣化辽壁画墓发掘简报》，《文物》,1975年第8期。
[7] 《全辽文》卷七《耶律宗政墓志铭》。
[8] 《辽史》卷一五《圣宗纪六》。
[9] 《辽史》卷一五《圣宗纪六》。

第三节 其他地区的农业生产

纳入这一研究范围的多属于边疆城镇，上京、东京、西京各道内都有属于这一类型的城镇分布。这些边疆城镇所在地域，既不属于契丹民族的传统活动区，也不是原中原王朝的辖境，多数是契丹、奚、渤海以外的其他非农业民族活动区。辽王朝建立后，为了维护政治中心上京临潢府的安全，以及四周边地的平静，对边地行政州的设置地点作了精心考虑。由上京道豫州、宁州、长春州、泰州、春州构成的城镇体系，明显具有内防线的特征。而通化州、镇州、天德军等则起着外防线的作用。为了确保守边部队的供给，利用当地自然条件，就地发展农业生产，成为各边防城的共同任务，草原深处形成以边防城为核心的"农业绿洲"。

一、内防线州城的农业开发

豫州位于内蒙古扎鲁特旗格日朝鲁乡，城址近方形，东西440米，南北413米。宁州位于扎鲁特旗巴雅尔吐胡硕乡，城址东西500米，南北300米[①]。春州位于内蒙古突泉县宝石乡宝城大队，由南北二城组成，南城边长252米，北城336米[②]。泰州位于黑龙江省泰来县，城址周长4 562米[③]。长春州位于今吉林省前郭尔罗斯蒙古族自治县他虎城，[④]此外隶属西京道的天德军（内蒙古五原县境内）也属此类城镇。除州府级的城镇外，各类小型城址，在这一地区也有大量分布。1975年吉林省文物部门对内蒙古科右前旗、突泉县所进行的为期两个月的文物普查，发现了大小城址37座，主要分布在蛟流河、归流河、洮儿河两岸的冲积平原、台地或缓坡上，大城周长可达千米以上，小的也在百米左右[⑤]。

---

① 冯永谦：《辽志十六头下州地理考》，《辽海文物学刊》，1988年第1期。
② 张柏忠等：《辽代春州考》，《内蒙古文物考古》，1980年创刊号。
③ 张柏忠：《辽代泰州考》，《北方文物》，1988年第1期。
④ 《文物考古工作三十年》，文物出版社，1979年。
⑤ 《内蒙古科右前旗、突泉县辽金城址调查》，《考古》，1987年第1期。

从地图上看，内防线所属城镇主要分布在第二松花江、嫩江下游、洮儿河、归流河、蛟流河及其支流的河谷平原地带。隶于西京道的天德军则位于黄河后套平原。洮儿河、嫩江、第二松花江共同构成了辽境内北疆各民族及大兴安岭东西两侧交通往来的主要通道，在军事与交通地理上都具有十分重要的意义。天德军所处之地，则是辽夏之间交通往来的必由之路。军事与交通的重要地位，决定了辽王朝必定将这一环形地带视为拱卫本土进行开发经营的重点。

内防线城镇所处的环形地带，不是辽土的真正边疆，这里仅是辽政治、经济核心地带的边缘，距离真正的边疆还有千里乃至数千里之遥。因此在治理与开发上辽王朝采取了与本土基本一致的措施，即迁移农业民族人口，形成州、县建置，依靠农业社会的定居生活构成稳定的军事防线。从《辽史》有关记载来看，辽初这里还为契丹人的放牧之地，泰州"本契丹二十部族放牧之地"，豫州为"横帐陈王牧地"，宁州为"横帐管宁王放牧地"[1]。后来朝廷不断将农业人口迁移到这里，如泰州兴国县户七百，"本山前之民，因罪配递至此"[2]；长春州长春县户二千，为"燕蓟犯罪者流配于此"；豫、宁二州均为头下州，共有户八百，文献中虽未明确说是内地移民，但从头下州的性质可知，这里也应属于内地俘户[3]；春州以渤海户为主，从记载看，居住在这里的渤海户至少有二千户[4]。这些农业人口对这里的农业开发起了一定的推动作用。

嫩江、第二松花江以及洮儿河一带，在自然地理单元上都属于松嫩平原。松嫩平原是一个盆地式冲积平原，平原上河谷宽阔，河曲发达，并有不少牛轭湖，有些地方水道紊乱，沼泽广布，这一切都成为早期农业开发的巨大障碍。自然条件决定了辽代各州县、聚落均选择在地势稍高的台地、阶地上，这样可以避免水患，也是农业生产中的一项重要举措。在辽

---

[1] 《辽史》卷三七《地理志一》。
[2] 《辽史》卷三七《地理志一》。山前为通行于宋辽时期的地理概念，指燕山以南、太行山以东地区，与山前对应，则有山后之称。
[3] 《辽史》卷三七《地理志一》。
[4] 《辽史》卷二八《天祚皇帝纪二》。

臣贾师训的墓志中留下了这样的记载，"诏委规度春、泰两州河堤，及诸官府课役，亦奉免数万工"①。此外塔子城出土的大安七年（1091年）残刻中，也提到"虬首西头供奉官泰州河堤□"之事。贾师训"规度春、泰两州河堤"为大康七、八年（1081～1082年）之事，与大安七年相距约十年，由此推断泰州河堤之役虽然不是年年必举，也是经常需要经营的工程。修缮泰州河堤工程浩大，仅贾师训"奉免"即达"数万工"，这在中原王朝也是一项大工程，如此人力并不是春、泰二州自身具备的，可能还需征集其他州县民工。

松嫩平原的土壤主要为黑钙土，这类土壤有丰富的腐殖质积累，腐殖质层可达50～70厘米，一般具有团粒结构，氮素含量也比较丰富，磷、钾含量也不低，是一种潜在肥力较高的土壤，肥沃的土壤成为松嫩平原农业开发的优势。由于这样的原因，由泰州、长春州、春州等州构成的环形地带，虽处在辽政治、经济核心地带的北缘，农业生产却仍占据重要的地位。《辽史》中记有统和十三年（995年）春"增泰州、遂城等县赋"②，增赋应是物质丰富的结果，遂城为南京道所属，将泰州与遂城并增，可见泰州一带农业生产在辽各州县中占有一定地位。长春州所在塔虎城发现过耥头等农业生产工具③。春州遗址不但发现铁犁铧、铁锹等农业生产工具，而且州城附近还形成密集的聚落，顺蛟流河延续达百余里④，这些遗址大多出土过铁锹、铁铧等农业生产工具⑤。春州所在蛟流河流域虽地处松嫩平原的西端，但受大兴安岭东麓的雨影作用，仍使这里获得丰厚的雨泽，为农业生产的发展提供了便利的自然条件。因此《辽史》所载"春州斗粟六钱"⑥，也不应只是丰年之内的偶然现象。

天德军位于黄河后套平原，属于西京道辖区之内，从地理位置来看，

---

① 《全辽文》卷九《贾师训墓志铭》。
② 《辽史》卷一三《圣宗纪四》。
③ 《记塔虎城出土的辽金文物》，《文物》，1982年第7期。
④ 张柏忠：《辽春州考》，《内蒙古文物考古》，1981年创刊号。
⑤ 《内蒙古科右前旗、突泉县辽金城址调查》，《考古》，1987年第1期。
⑥ 《辽史》卷二二《道宗纪二》。

河套平原虽处于北方干旱、半干旱地区，但黄河水的灌溉解决了这里的缺水之憾，为农业生产提供了便利，自秦汉以来河套平原的农业开发相继不断。辽将天德军建置在后套平原的西部，这里地当西夏军队东行的冲要地带，为了稳定边防，辽在这里主要实行屯田制度[①]。

二、外防线城镇

为了防止西北游牧民族的侵扰，辽在西北沿边地带设置了一系列边防城镇。对于这些边防城镇的经营，辽前后期实行了不同的政策。《辽史·营卫志》有这样的记载："太祖之兴，以迭剌部强炽，析为五院、六院，奚六部以下，多因降俘而置，胜兵甲者即著军籍，分隶诸路详稳、统军、招讨司。番居内地者，岁时田牧平莽间，边防朳户生生之资，仰给畜牧，绩毛饮湩，以为衣食。各安旧风，狃习劳事，不见纷华异物而迁，故家给人足，戒备整完。"从这段记载可知，最初对于驻戍在各地的军人，因"内地"与"边防"而采取不同的经济政策。屯驻内地者平时参加农耕与畜牧两种生产活动；边防驻军则"生生之资，仰给畜牧，绩毛饮湩，以为衣食"。辽军队的兵源主要来自契丹人以及其他非农业民族，他们都分隶于某招讨司或统军司，平时受其调遣，担负一定区域的边防守卫任务；战时则受其统率，出征讨敌。守边人员一部分戍守在边防线上，另一部分从事传统放牧生活，以乳酪皮毛提供衣食。这种因地而治的军队经济政策，对于适应不同地带的社会人文生活起到一定作用，但对稳定边防还有一定弊病。

畜牧业是流动性非常强的生产部门，虽然各部落的放牧点具有相对固定性，但随季节而进行的逐水草迁移，是畜牧业生产中的必要环节，这种定期迁移影响戍边军人的稳定性。辽西北境外均为以放牧生活为主的游牧民族，来去突然，飘忽不定，对付这些民族的侵扰，具有定居特点的农业生产是比较有效的举措。太宗时期已注意到这一问题，会同二年（939

[①] 《辽史》卷一九《兴宗纪二》。

年),"以乌古部水草肥美,诏北、南院徙三石烈户居之",次年又下诏,"以于谐里河、胪朐河之近地,给赐南院欧堇突吕、乙斯勃、北院温纳何剌三石烈人为农田"①。辽代乌古部的活动区域大致位于今内蒙古呼伦贝尔西部及蒙古国东部,海勒水(今海拉尔河)、胪朐河(今克鲁伦河)、谐里河(今石勒喀河)都位于其活动区域之内。太宗会同年间前后两次向这里迁移了六石烈人户,对开发沿河地带的农业、稳定边疆起了一定作用。

太宗时期辽将大部分力量投到对中原王朝的武力征伐中,北部边疆的防守则退到次要地位。"澶渊之盟"签订后,辽宋边境基本太平,军事行动的重点指向西北边疆。圣宗时期在发动数次大规模的军事行动后,将西北边疆的经营重点,放在修建稳固的边防城镇与防御体系。见于《辽史·地理志》记载,隶于上京道的边防城,注有建城年代的有镇州、招州、塔懒主城、静州,这些城均为圣宗及圣宗以后建置或升级的。与边防城镇相应的是农业生产的出现,圣宗统和年间,改变了辽初"生生之资,仰给畜牧"的生活方式,"沿边各置屯田戍兵,易田积谷以给军饷"。统和二十四年(1006年),边境告急,圣宗诏议防守之计,命西南面巡检耶律唐古"劝督耕稼以给西军,田于胪朐河侧",作为应对之策。耶律唐古在胪朐河流域劝督耕稼是十分成功的,不但当年"大熟",次年移屯镇州,又连续获得丰收,"积粟数十万斛,斗米数钱"②。圣宗太平七年(1027年)又针对屯田作出了"诸屯田在官斛粟,不得擅贷,在屯者力耕公田,不输税赋"的规定③。

至辽中期"沿边各置屯田"已成通例,但屯田地带或分布在戍守地周围,或分布在沿边水沃土肥的河谷地带,其他地方仍为畜牧业生产区域。统和年间西北路招讨使萧挞凛门下的耶律昭对西北边屯戍之状留下这样的记载:"夫西北诸部,每当农时,一夫为侦候,一夫治公田,二夫给糺官

---

① 《辽史》卷四《太宗纪下》。
② 《辽史》卷九一《耶律唐古传》。
③ 《辽史》卷五九《食货志上》。

之役，大率四丁无一室处。刍牧之事，仰给妻孥。"[1]从这段记载可知，作为戍边的军队，四人中一人从事公田，即屯田中的农业生产，其余三人执行戍守任务及其他役使，他们妻子的生产活动仍为"刍牧之事"。从事戍守任务的部族，也是边防军户。边防军户驻扎在边地是长期的[2]，因此妻子家小都生活在附近，为防止戍边军人逃亡，有关部门甚至对家属的畜牧业生产作了"不得各就水草便地"的限制。由此可见距边防军屯戍地点不远的地方就是百姓的放牧地带。

从辽王朝的历史来看，以定居农业对付"西蕃"的侵扰，还是产生了很大作用，兴宗重熙年间，西边可敦城曾一度放弃农业，"诸部纵民畜牧，反招寇掠"[3]，就是一例。

辽本土以外的南京、西京、东京以及边疆地带，农业生产环境差异较大，燕云十六州属于传统农耕区，辽东一带则在渤海移民的努力下，呈现出欣欣向荣的农耕活动，唯有边疆地区原本为鲜于耕种的地带，却因防御需要，凭借定居而对抗流动，也在边地留下了耕种的足迹。

---

[1] 《辽史》卷一〇四《耶律昭传》。
[2] 杨若薇：《契丹王朝政治军事制度研究》，中国社会科学出版社，1991年。
[3] 《辽史》卷九一《耶律唐古传》。

第六章 辽代农作物与农业耕作方式

农作物与农业耕作方式是农业地理讨论的重要问题，无论土著还是移民，将经济生活方式落在耕作业的同时，选择与环境吻合的农作物就成为生产中的组成部分，而耕作方式则是社会发展与农业技术的标识。

第一节 粮食作物

辽境内的粮食作物主要有：粟、黍、麦、粱、谷、荞麦、糜子、高粱等旱地作物，这些作物中，以粟的种植范围最广。

一、粟

粟，即稷，也称谷子，脱粒以后为小米，这是一种耐瘠耐旱、适应性极强的旱地作物，中国古代北方平原缺水地区以及丘陵山区种植范围最广。辽境土内除燕蓟地区属暖温带半湿润地区，水热条件较好外，大多数地区干旱缺水，因此粟是这里最适宜种植的农作物。

南京道所辖区域是辽境土内最适宜发展农业生产的地方，这里"地广多粟"[1]，粟为燕民主要粮食。王师儒为枢密副使时，正逢燕蓟饥荒，在他的力主下，当地官员出"官粟"以济民，"燕民赖之济活者数百万"[2]。

---

[1] [宋]沈括：《熙宁使契丹图抄》，见贾敬颜：《〈熙宁使契丹图抄〉疏证稿》，载《文史》第22辑，中华书局。

[2] 《全辽文》卷一〇《王师儒墓志铭》。

今河北省张家口一带为辽西京道归化州辖境，1975年当地文物部门发现壁画墓一座，墓主张世卿的墓志中载："大安中，民谷不登，饿死者众。"在这场饥荒中，上、中、南三京各州县为甚，以至民相食，国家为了赈济贫户，除公布稳定逃户的法规外，同时颁布了"入粟补官法"，张世卿于此时"进粟二千五百斛"，得"右班殿直"一个官职①。归化州一带是西京道重要的粮食生产地，西京道内其他地方也都种植粟类作物。圣宗统和六年（988年），"大同军节度使耶律抹只奏今岁霜旱乏食，乞增价折粟，以利贫民"②。圣宗开泰六年（1017年）"南京路饥，挽云、应、朔、弘等州粟振之"③。

中京道是辽本土内重要的农业开发区，中京城附近的农业生产尤其兴盛。位于中京附近的静安寺落成之时，即有人"施地三千顷，粟一万石"，以及其他物品，供寺中僧众资以衣食④。丰顺年景中京道粮食生产自给有余是没有问题的，灾荒之年粮价自然也要上涨，天祚帝天庆八年（1118年），"诸路大饥，乾、显、宜、锦、兴中等路，斗粟直数缣"⑤。至天祚帝准备西行之际，"耶律敌烈等逼立梁王雅里"，令人运仓储粟，没想到此前积粟已为"人户侵耗"，于是"议籍其产以偿，雅里自定其直：粟一车，一羊；三车，一牛；五车，一马；八车，一驼。从者曰：'今一羊易粟二斗，尚不可得，此直太轻'"⑥。饥荒战乱年份粮食奇缺，粮价大涨，粟仍是这里的主要粮食。

东京道的农业开发区主要在辽东，这里土地肥沃，人口密度却不高，因此平常年份粮食自给之外，尚有余粮，故逢燕民大饥之时，户部副使王嘉献计造船"漕粟以济燕民"⑦。虽然如此，逢饥荒战乱，贫民百姓也同样会出现饥馑，天祚帝天庆七年（1117年）"生女真及东京渤海背乱，致

---

① 《河北宣化辽壁画墓发掘简报》，《文物》，1975年第8期。
② 《辽史》卷一二《圣宗纪三》。
③ 《辽史》卷一五《圣宗纪六》。
④ 《全辽文》卷八《创建静安寺碑铭》。
⑤ 《辽史》卷二八《天祚皇帝纪二》。
⑥ 《辽史》卷五九《食货志上》。
⑦ 《辽史》卷一七《圣宗纪八》。

不广收得田禾",官府虽储有谷粟,"平闲民户"却"阙少粮储"[①]。

上京道虽位于辽土北边,但自辽建国后,西拉木伦河流域及北疆地区进行的农业开发还是颇见成效的。春州一带丰收年份可达"斗粟六钱"[②],远在北疆的镇州屯田"凡十四稔,积粟数十万斛,斗米数钱"[③]。

无论记述战乱、饥荒,还是屯田开发,上述文献都反映了辽土内粟类作物的基本分布状况。可以说由于粟类作物对生长环境适应性强的特点,凡是有农业开发的地方,就有这类作物的种植,辽土内农业生产的发展与粟类作物的种植是分不开的。

二、黍、粱等旱地作物

沈括出使契丹时,在途中馆舍食有"饔秫"[④]。饔为熟食,秫则为黏粟,秫也称黍,外形与食性都近于近代粮食作物中的黍子。这类作物由于产量低于粟,因此种植范围有限。内蒙古文物考古所对辽上京的勘查中,在皇城内辽代堆积层中发现黍皮等物[⑤]。苏颂出使辽国时,在途中也见到"村店炊黍卖饧,有如南土"[⑥],这里所说的黍,就是秫。圣宗过奚人乙室奥隗部时,也见到"黍过熟未获"之事[⑦]。燕蓟地区的自然条件,也同样适宜黍的生长,"左附流渠,背连黍谷"就是蓟东三河县一带的农田风貌[⑧]。由于黍对自然环境的选择性较强,初步推断辽代这一作物的种植范围并不大,以中京道与南京道为主。

苏辙出使辽国留下的诗句中有"春粱煮雪安得饱,击兔射鹿夸强雄"[⑨]。粱是古代一种重要的粮食作物,北方种植较广,从有关研究来看,

---

① 《全辽文》卷一一《来远城致高丽牒》。
② 《辽史》卷二二《道宗纪二》。
③ 《辽史》卷九一《耶律唐古传》。
④ [宋]沈括:《熙宁使契丹图抄》,见贾敬颜:《〈熙宁使契丹图抄〉疏证稿》,载《文史》第22辑,中华书局。
⑤ 《辽上京城址勘查报告》,《内蒙古文物考古文集》,中国大百科全书出版社,1994年。
⑥ [宋]苏颂:《苏魏公文集》卷一三《奚山道中》。
⑦ 《辽史》卷五九《食货志上》。
⑧ 《全辽文》卷一〇《三河县重修文宣王庙记》。
⑨ [宋]苏辙:《栾城集》卷一六《虏帐》。

其食性与性状都与现在粮食中的小米接近，应属于当代晋陕一带所称"硬糜子"。这种粮食作物的分布除"稻粱之类，靡不毕出"的南京道①，各道都有一定的分布。沈括出使辽国称庆州永安山一带"谷宜粱荞，而人不善艺"②。庆州位于上京临潢府以北，气温较低，其他州府自然条件都强于这里，粱的种植应更普遍。

荞麦的生长期较短，一般为两个月左右，但产量不高，多用于补救灾后之急。庆州永安山一带"谷宜粱荞"，西京道奉圣、归化州"五谷惟有糜子、荞麦"③，辽各地都有荞麦的种植，只是由于产量不高，种植量有限。

高粱是一种生长于中国的古老粮食作物，辽代也在一些地区发现这类作物的种植。辽上京南部辽代文化堆积层内发现高粱等粮食颗粒④，内蒙古商都县前海子村一座辽墓中，发现一个牛腿瓶里藏有高粱和谷种⑤。此处称为谷种的多数为粟类作物，可见高粱和粟都是当地重要粮食，才被葬入墓中，以祈死者能在阴间获得食物。

三、小麦

小麦是北方旱地作物中食性最好的一种，但由于对于环境要求较高，在辽土内种植范围不广。

《契丹国志·南京》条中明确指出麦是重要的物产，这里的小麦种植量很大，仅三河县境内上方感化寺就"艺麦千亩"⑥。有关辽本土内种麦的直接记载并不多，但从相关资料推断，小麦也应有一定量的种植。

图6-1为巴林左旗查干哈达苏木阿鲁召嘎查滴水壶辽墓壁画"备宴图"，图中的食物是面食，有包子、馒头、麻花，这些都是小麦制作的食

---

① 《契丹国志》卷二二《州县载记》。
② [宋]沈括：《熙宁使契丹图抄》，见贾敬颜：《〈熙宁使契丹图抄〉疏证稿》，载《文史》第22辑，中华书局。
③ 《三朝北盟会编》卷九八，靖康二年四月引《诸路杂记》。
④ 《辽上京城址勘查报告》，《内蒙古文物考古文集》，中国大百科出版社，1994年。
⑤ 《内蒙古商都县前海子村辽墓》，《北方文物》，1990年第12期。
⑥ 《全辽文》卷一〇《上方感化寺碑》。

图6-1 巴林左旗查干哈达苏木阿鲁召嘎查滴水壶辽墓壁画：备宴图（《内蒙古辽代壁画》）

物，而巴林左旗正是辽上京所在地，且画中人物均髡发，属于契丹人。通过这幅壁画获得的信息，是上京一带契丹人的食物中有面食，尽管我们不能就此认定制作面食的小麦一定是本地物产，可能来自本地，也可能由他处输入，但上京一带契丹人习于面食却是事实。

乌洛侯是隋唐以前出现在北方的游牧民族，主要活动在嫩江流域，文献中称其"有谷、麦"，勿吉"土多粟、麦、穄"①，黑水靺鞨"田耦以耕，车则步推，有粟、麦"②。勿吉、黑水靺鞨均为生活在第二松花江、长白山一带的民族，在他们的经济生活中，农耕尚处于原始阶段，只占全部生产的很小一部分，这时已经有了麦类作物的种植，居住有大量汉人的西拉木伦河流域也应接受这种作物。1980年发现于巴林右旗幸福之路公社

---

① 《北史》卷九四《勿吉传》。
② 《新唐书》卷二一九《北狄传》。

的辽碑上，记有"上麦务""下麦务""西麦务"等名称①，"务"是按照不同生产分工形成的部门，隶属于庄园之下，以"麦"名务，应是小麦种植区形成一定规模的标志。1994年我与历史地理中心同仁赴内蒙古赤峰地区考察，在林东博物馆见到上京汉城出土的麦粒，这应是前面推测结果的一个证明。

小麦分为冬、春两类，辽南京一带种植的应为冬小麦，燕山以北以及西京等地种植的则为春小麦。

四、水稻

辽代水稻的种植量有限，虽然对于整个粮食生产与农业地理布局不具备整体意义，但在这一地区的农业发展史上却占有一定的地位。

《契丹国志》称南京一带"稻、粱之类，靡不毕出"。辽代南京一带曾种植过水稻，这是不可否认的事实，但水稻何时开始种植，却是一个需要研究的问题。早在唐代燕蓟地区就已经发展了水稻种植，辽初由于种种原因，水稻种植反而停止。辽景宗保宁年间，汉臣高勋曾"以南京郊内多隙地，请疏畦种稻"上奏朝廷，景宗皇帝本打算听从他的建议，但契丹大臣耶律昆却说："高勋此奏，必有异志，果令种稻，引水为畦，设以京叛，官军何自而入？"这一番话果然引起景宗的疑虑，高勋种稻之策没有被采纳②。以后在相当长的一段时期内，水稻成为南京附近禁止种植的粮食作物，直到道宗清宁十年（1064年）还继续颁布了"禁南京民决水种粳稻"之禁令③。

有关南京附近恢复种植水稻的原因，学术界有各种讨论。其中强调辽中后期粮食需求量加大，发挥水稻产量高于旱地作物的优势，弥补粮食不足，是对朝廷恢复种植水稻原因的主要解释。其实这一观点只看到问题的一个次要方面，真正促使朝廷解禁的原因是"澶渊之盟"后，辽宋军事对

---

① 苏赫：《崇善碑考述》，《辽金史论集》第三辑，书目文献出版社，1987年。
② 《辽史》卷八五《高勋传》。
③ 《辽史》卷二二《道宗纪二》。

峙状态的消除。

平原旷野，没有任何地物可以作为阻挡骑兵进攻的屏障，北宋为了阻挡契丹骑兵，就是利用沿边地带的湖泊，挖掘了大量的水塘，从太行山东麓一直延伸到白沟一带，有效地限制了骑兵的南下。这样的教训辽人不会不知道，自然对掘水种稻十分警觉。"澶渊之盟"后，宋辽双方大规模的军事行动基本停止，北宋王朝逐渐失去了收复燕云的实力，辽对宋的军事防范也渐趋松弛，从这时起南京一带种植水稻才成为可能。从道宗清宁十年颁布的诏令来看，随着南部边境的太平，燕蓟一带的百姓已经打破禁令，开始自发种稻，"禁南京民决水种粳稻"，应该就是针对这些现象颁布的。边境已经平静，百姓种稻要求又不断由口号变为事实，一味限制是不现实的，于是道宗咸雍四年（1068年）正式诏令"南京除军行地，余皆得种稻"[①]。从此种植水稻成为南京附近的合法行为。

关于辽代南京一带种植水稻，还有一些问题需要说明，在种稻禁令解除之前，远离边境的燕山山麓地带就有了水稻种植，如位于盘山附近的祐唐寺早在圣宗统和初年就有了"红稻青秔"[②]，而在道宗清宁五年（1059年）妙行大师所住寺院亦有"稻畦百顷"[③]。

第二节 经济作物

经济作物包括的种类很多，其中纤维类作物最为重要，衣、食二字代表民生的基本需求，而纤维类作物加工之后，即为衣被材料。此外，属于经济作物的还有林果、油料、糖料作物，这些作物并非农家必须种植之物，因此在环境允许之下，有选择地纳入农业之中。

[①] 《辽史》卷二二《道宗纪二》。
[②] 《全辽文》卷五《祐唐寺创建讲堂碑》。
[③] 《全辽文》卷一〇《妙行大师行状碑》。

一、纤维类作物

辽土内种植的纤维类作物有麻类及少量的桑树，主要分布在南京、东京南部及中京大凌河流域的灵、锦、显、霸数州。

《契丹国志》称南京物产有"桑、柘、麻"等，这是辽境内主要纤维作物产区。南京附近地区也同样有桑柘之业，建于拒马河上游的遵化寺就有关于绩桑之业的记载①。中京辖内是辽土内又一处桑麻的产地，"灵河有灵、锦、显、霸四州，地生桑麻贝锦，州民无田租，但供蚕织"②。与大凌河流域各州相距不远的东京南部，也是一处纤维类作物产地，这里种植的主要是麻类作物。《新唐书·北狄传》载渤海国主要纤维类物产有"显州之布，沃州之绵，龙州之绸"。渤海显州为今吉林省桦甸县，沃州位于今朝鲜咸镜北道滨海之地，龙州在今吉林省宁安县。显州盛产麻类作物，以麻布著名；沃州、龙州都有养蚕业，故以丝织称著一方。当时的记载太简略，从后来这一地区以柞蚕为多的情况来看，辽代发展的也可能是柞蚕业。辽初随着渤海人的西迁，蚕丝业渐衰，而麻类作物的种植相应占有重要地位，不但是辽东北地区各民族与他族进行商品交易的主要物品③，而且也是向朝廷纳贡的重要物产。东丹建国之初，向朝廷"岁贡布十五万端"④，太宗天显五年（930年）"人皇王献白纻"⑤，都属于这样的事例。

由于辽土内纤维类作物的种植区仅限于几个地区，大多数牧民仍然"皮毛以衣"，故宋人入辽时自然普遍见到塞外"亦务耕种，但无桑柘"的情景。

二、林果业及其他

辽土内人工栽培的果木主要集中在燕蓟地区，《契丹国志》载南京一带，土地"膏腴，蔬蓏、果实、稻、粱之类靡不毕出"，苏辙在文中也记

---

① 《全辽文》卷七《石龟山遵化寺碑》。
② [宋]路振：《乘轺录》，贾敬颜疏证本。
③ 《辽史》卷六〇《食货志下》。
④ 《辽史》卷七二《义宗倍传》。
⑤ 《辽史》卷三《太宗纪上》。

道："契丹据有全燕，擅桑、麻、枣、栗之饶，兼玉帛子女之富。"①正如宋人所记，燕蓟地区盛产水果，不仅平原，山区也是种植果木的主要地区。坐落在河北盘山一带的祐唐寺"井有甘泉，地多腴壤，间栽珍果，棋布蔬畦"②。涿州超化寺植有"果木二千根"③。景州（今河北遵化县）观鸡寺"树果木七千余株"④。涞水县金山演教院在"开土田以具饘粥"的同时，也"植林木以供果实"⑤。上方感化寺"有良田百余顷，园有甘栗万余株"⑥。寺院本身就是一个独立的经济部门，为了供给本院僧众及外来香客的食品，既要种植粮食，也要植树栽蔬。

东京道是辽土内又一处盛产水果的地方，这里早在渤海国时期，就以"九都之李，乐游之梨"而著称⑦，九都（应为丸都）在今吉林省集安县，此地今盛产李，花小而白，春华夏熟，有家李、山李之分，家李色红味甘，山李微酸而小。乐游确切地点不详，约在今吉林省境内，今吉林宁古塔一带盛产梨，虽小，味极美，都可以作为当年渤海国一带盛产水果的证明⑧。东京道长白山一带是中国北方唯一年降水量达800毫米的湿润地区，盛长林木。生长在这里的果木多属天然林，辽帝祝贺北宋皇帝的贺礼中，有山梨、郁李子、黑郁李子、楞梨、棠梨、麋梨等前代即已著名的李、梨等果品，还有榛、栗、松子等山间物产⑨。

燕山以北，辽本土内大多数地区气候干旱，蔬果种植都有限。从文献记载来看，上京临潢府附近可能有小面积的果园，巴林右旗幸福之路公社发现的辽碑中有"果园寨"这样的名称⑩。胡峤使辽留下这样的记载："自上京东去四十里至真珠寨，始食菜，明日东行……始食西瓜，云契丹破回

---

① ［宋］苏辙：《栾城集·后集·历代论燕蓟》。
② 《全辽文》卷五《祐唐寺创建讲堂碑》。
③ 《全辽文》卷八《涿州超化寺诵法华经沙门法慈修建实录》。
④ 《全辽文》卷八《景州陈公山观鸡寺碑铭》。
⑤ 《全辽文》卷一〇《金山演教院千人邑记》。
⑥ 《全辽文》卷一〇《上方感化寺碑》。
⑦ 《新唐书》卷二一九《北狄传》。
⑧ 金毓黻：《渤海国志长编》卷一七《食货志》，辽阳金氏千华山馆排印本。
⑨ 《契丹国志》卷二一《南北朝馈献礼物》。
⑩ 苏赫：《崇善碑考述》，《辽金史论集》第三辑，书目文献出版社，1987年。

纥得此种，以牛粪覆棚而种，大如中国冬瓜而味甘。"①西瓜普遍受到辽贵族的欢迎，文物部门在辽上京也发现了西瓜籽②。由于自然条件的限制，辽国种植西瓜的地点，可能主要在中京以南地区。沈括使辽途中见到"中京始有果瓜"，但"所植不蕃"，于是"契丹之粟、果瓠，皆资于燕"③。由于辽本土内自然条件与栽培技术的局限，南京境内种植的水果、蔬菜，对于辽上层社会有十分重要的意义。

第三节　农业生产技术与种植制度

辽土之内，以燕山为界，自然条件迥异，受自然环境制约，农业生产技术与种植制度也存在差异。

一、农业生产技术的地区分布特点

按农业生产技术的发展进程，辽境内可分为两类地区，一类为精耕农业区，另一类为粗放及原始农业区，两类地区的分界线大约与农耕区、半农半牧区的分界线一致。农耕区基本位于南京道内，这里所使用的生产工具与种植技术，与中原地区的发展水平相近，属于精耕农业区；半农半牧区以西京道及中京道为界，此界以北，除个别地方，大多数地区生产工具落后于中原地区，耕作技术简单粗放，属于粗放农业区，一些地区甚至仍然停留在原始农业阶段。

中国传统的精耕农业包括下面一些主要环节：1.播种前的翻整土地、选种、施放底肥等一系列准备工作。2.耘田、除草、灌溉、施肥等田间管理。3.收获、贮藏等粮食保存措施。农具类别是生产环节有无的反映，也是农业生产水平的鉴别依据。从目前文物考古工作的成果来看，燕蓟地区

---

① 《契丹国志》卷二五《胡峤陷北记》。
② 《辽上京城址勘查报告》，《内蒙古文物考古文集》，中国大百科全书出版社，1994年。
③ [宋]沈括：《熙宁使契丹图抄》，见贾敬颜：《〈熙宁使契丹图抄〉疏证稿》，《文史》第22辑，中华书局。

出土的铁制农业生产工具有：铧、犁镜、镰刀、耪、耘锄、长锄等①。辽建国之前，燕蓟地区本是中原王朝的一部分，深厚的历史传统与适宜的自然条件，都使这里与中原地区的精耕细作农业融为一体。生产工具的类型充分显示了这一特点，燕蓟地区出土的农具有耕翻工具、整地工具、中耕锄草工具、收获工具等各种类型，涉及了农业生产的各个环节。

辽本土内出土的铁制工具，以铧、耥头为多，少数地区有铁锄。精耕农业与粗放农业最关键的差异在于播种以后的田间管理，毛泽东总结中国传统农业生产经验，曾以"土、肥、水、种、密、保、管、工"八字给以概括。八字之中除土、肥、水与土壤的自然属性有直接关系，其他全部集中在播种之后、收获之前的田间管理环节。从出土的生产工具类型可见，辽本土大多数地区的农业生产恰恰缺失的就是这样一个环节。

有关辽代农耕生产的具体情况，仅靠文献已经不能知其确切情况了，这里利用民族学的成果试图获取一定信息。陈述认为达斡尔族与契丹人有着族源上的相承关系②，早期达斡尔人的生活可以成为反映契丹人生活面貌的一个依据。据有关达斡尔族社会历史的调查，生活在黑龙江流域的达斡尔人生产工具有犁、铧、耙等，他们开垦荒地时，先于头一年秋天放火烧去野草，次年犁翻土地后，漫撒种子，然后将地耙平，等待秋后收获。土地的肥瘠决定土地连耕时间，一般为七八年。稷、燕麦、荞麦等作物播种后不铲不耥，只有谷子铲一到两遍，在汉族垦荒户迁来之前，谷子也不铲，几乎没有夏锄过程，只有春播、秋熟两个环节。当地的农具本没有锄，到19世纪末，才由汉人带来内地的板锄③。从达斡尔人的农业生产方式，可以看出契丹人当时的生产特点。

以"漫撒"为代表的粗放农业是非农业民族通常使用的耕作方式，而具有精耕特点的农业主要出自汉人聚居地。据内蒙古考古所李逸友面告，20世纪50代初期，在昭盟各地考察时，见到被称为"地影子"的辽代耕

---

① 《北京出土的辽金时代铁器》，《考古》，1963年第3期。
② 陈述：《契丹政治史稿》，人民出版社，1986年。
③ 《达斡尔族社会历史调查》，内蒙古人民出版社，1985年。

作遗迹，有的颇具垄作型制。其实这样的事例与辽本土的粗放农业并不矛盾，西拉木伦河流域各州县的居民有数十万之多，大多为中原汉土的移民，他们熟知中原地区的各种农耕技艺，在条件适宜的情况下，精心整治土地也是十分可能的，但总的来说这样的精耕土地在辽本土不是主流。

陈述认为辽代草原人民的耕作技术有所提高，出现了梯田与垄作。陈先生论述梯田提供的依据是苏颂"田畴高下如棋布，牛马纵横以斗量"之句。苏颂诗中只是形容塞外田地开辟地段高低不一，高下之间有如棋盘。陈先生这里弄混了梯田与坡耕概念的差异，山地、丘陵的农业开垦有两种类型，一种为坡耕，这种山地开发形式起源很早，从古代一直使用到今天。其特点是顺应山体的坡度耕翻土地，不加任何改造。坡耕是一种原始粗放的山区开发形式，由于坡面没有改造，土地翻松后，每逢雨季，暴雨即将表层土壤顺坡冲刷而下，造成严重的水土流失。梯田则是另一种土地开发形式，在坡地上沿等高线修筑台阶式的农田，这样可以改变地形坡度，经人工改造，每一块农田都形成水平面，因而具有拦滞径流，稳定土壤，保水、保土、保肥的作用。梯田的出现是中国农业发展史与山区开发史上一个划时代的革命，产生的时间大约在宋代。北宋时期的文献还很难找到有关内容的明确记载，南宋时期可以肯定南方个别地方已经出现了梯田。但这时的梯田每层台阶面积都很小，甚至直到元代梯田规模也不过数十级不足一亩。南宋时期的梯田主要分布在东南几路，如浙江东、浙江西、江南东、江南西等地，这里既是当时全国人口密度最大的地区，也是山区开发程度最高的地方，故率先出现梯田[①]。至于中国北方采用梯田则是晚近之事，明清时期北方各地大多仍为坡耕，民国时期梯田亦不多见。1949年中华人民共和国成立后，北方山区的水土保持问题逐渐受到重视，60年代开展的"农业学大寨"运动，其内容之一就是兴造水平梯田，在此之前梯田在北方还没有普及，尽管这样，今天北方仍然存在坡耕现象。梯田出现的历史与人文背景是土地与人口的矛盾，人多地少的重压是促使这

---

① 韩茂莉：《宋代农业地理》，山西古籍出版社，1993年。

一山区开发形式出现的重要原因，因此在地广人稀，"隔山才见三五家"的辽土上，先于中原宋土出现梯田的可能性不大。

二、农作物种植制度

一个地区或生产单位农作物种植的结构、配置、熟制与种植方式的总体为种植制度，农作物的结构与熟制是种植制度的基础。

辽土内的农业种植制度可分为两类，燕蓟地区为两年三熟制，燕蓟以外其他地区均为一年一熟制。

从辽代文献资料中还不能明确地看到燕蓟地区实行两年三熟制的记载，提出这一看法，主要依靠农业生产环境相似性的比较。燕蓟地区地处华北平原的北部，水热条件均适宜农业生产，从汉唐以来，劳动人民利用这里的条件，就开始实行两年三熟制，宋代这一种植制度更加成熟，大量文献都保留了有关记载。燕蓟地区与北宋疆土同属一个自然地理单元，有着共同的农业开发历史和相似的自然环境与人文基础，在这样背景下形成的农业种植制度不是政权的更迭所能变易的，即使政治归属在辽，但农作物种植制度不应有根本改变，仍应采取两年三熟制。

辽土内燕蓟以外地区均为一年一熟制，对于这一问题文献中有这样的记载，"河东五十四州……如奉圣、归化之类……广有羊马，人藉此为生，五谷惟有糜子、荞麦，一岁一收"①。"种粟一收饶地力，开门东向杂边方。"②"辽地半沙碛，三时多寒，春秋耕获及其时。"③"辽土甚沃，而地寒不可种，春深始耕，秋熟即止。"④"永安地宜畜牧……谷宜粱、荞，而人不善艺。四月始稼，七月毕敛。"⑤这些文献明确记载，西京道乃至辽本土均实行一年一熟种植制度，其中永安位于上京道庆州境内，气温较低，

---

① 《三朝北盟会编》卷九八，靖康二年四月引《诸录杂记》。
② [宋]苏颂：《苏魏公文集》卷一三《牛山道中》。
③ 《辽史》卷六〇《食货志下》。
④ [宋]苏颂：《苏魏公文集》卷一三《发柳河》。
⑤ [宋]沈括：《熙宁使契丹图抄》，见贾敬颜：《〈熙宁使契丹图抄〉疏证稿》，载《文史》第22辑，中华书局。

"四月始稼，七月毕敛"，作物生长期较短，永安以南各地，作物生长期稍长一些。由于一年一熟制不存在轮作问题，因此粮食作物中以对环境适应性强、产量稍高的粟类作物为主。

自然条件的限制与粗放型的耕作制度，使辽本土的粮食产量低于中原地区。宋代保州屯田务，亩产一石八斗左右水稻[1]，开封府畿亩产一石[2]，河北屯田亩产谷约一石[3]。这些中原州府均为实行两年三熟制地区，以上亩产低者一石，高者近于二石。塞外自然条件不如中原，其亩产与中原亩产低值相近，应在6~7斗之间，甚至更低。

辽代是塞外草原地区农业生产不断发展的时期，劳动力数额、土地垦殖率、农耕技艺、作物种类、生产工具等方面都有了长足的进展，这样的进展相对辽建国前，尤其突出。虽然如此，看待这些进展，仍需持客观的态度，苏颂使辽途中曾留下这样的诗句："却寻十载曾行地，风物依然土境荒。"[4]十年前后辽土的人文景观与经济面貌没有令苏颂感到耳目一新的变化，可见其变化幅度是十分微弱的。

农作物与种植制度是地区农业发展水平的标识，辽土广大，宜农之地却不多。燕蓟所在之地既是主要农耕区，也是农作物、农耕技术与宋土最接近的区域，这里不仅种植粟等广域性作物，对于环境要求比较高的小麦、水稻也在这里占有份额，并以冬小麦为核心形成两年三熟耕作制度。其他地区以粟等旱地作物为主，实行一年一熟制。

---

[1] 《宋会要辑稿·食货六三之四二》。
[2] [宋]张方平：《乐全集》卷一四《税赋》。
[3] 《宋会要辑稿·食货六三之四四》。
[4] [宋]苏颂：《苏魏公文集》卷一三《发牛山》。

第七章 辽代的畜牧业、狩猎业与非农业生产部门的地域结构

广义农业，不仅有种植业，也包括畜牧业。辽土内的各民族经济生活方式并不一致，尽管伴随农田扩展，种植业的比重越来越大，但畜牧、狩猎等经济生活方式并没有衰退，且在国家政治、经济中占有重要份额。

第一节 辽代的畜牧业

辽是以非农业民族为主体建立的国家，在辽王朝的发展历史中，无论自然环境，还是经济基础，都为畜牧业的发展提供了条件，虽然伴随辽与中原王朝之间的军事冲突，大量农业人口作为战俘不断迁入草原地区，逐步改变了以非农业生产部门为主的经济结构，但真正从事种植业生产的主要是汉、渤海等农业民族，作为国家建立者的契丹人大多仍保持传统的畜牧、狩猎生产。从国家政治利益出发，辽赖以存在的根本是草原，而不是农田，尽管拥有大片汉地和众多汉民，但这仅是统治中心的附属部分，汉地的农业经济始终无法完全取代草原游牧经济。辽土内若以长城为界，由于主要生产部门不同，长城南北形成完全不同的人文景观，故元人修撰《辽史》时称："长城以南，多雨多暑，其人耕稼以食，桑麻以衣，宫室以居，城郭以治。大漠之间，多寒多风，畜牧畋渔以食，皮毛以衣，转徙随

时,车马为家。"①

农耕业与畜牧业之间所存在的文化对立,必然反映到社会政治形式与组织形式之中。对此美国学者魏特夫在《辽代社会史》中提出这样的看法:1.辽仅对中国本土北部取得了政治、军事胜利,因此他的政治中心仍保持在草原地区。2.契丹贵族虽然在同汉人的接触中,吸收了大量中原文化,但并没有因此而改变他们的政治和军事组织,以及传统的游牧生活。3.传统游牧生活的存在,要求必须保留以部落为单位的基层组织。②正像魏特夫所指出的,辽王朝虽然部分地接纳了中原汉制,但这部分"汉制"只是用于管理汉人及其他农业民族,在整个国家政体中并不起决定作用。就国家性质来讲,辽王朝仍是以"行国"为基本特征的游牧国家。

所谓"行国",依《史记》裴骃《集解》引徐广的话,就是"不土著"。"不土著"的行国,人与牲畜都是游动的,土地对于他们没有多大约束力,人畜不附着于土地,人随牲畜到哪里,政治、经济以至文化也就到了哪里。皇帝所居者谓之斡鲁朵;皇帝所至者,谓之捺钵。契丹人民四时游牧,皇帝、贵族则四时"捺钵"。所谓"春山秋水"的捺钵制度,是适应行国特点之举,绝非皇帝的简单巡行与游猎。到了"捺钵"地,皇帝居于斡鲁朵即行宫中,中央政府以及贵族的帐幕也设在周围,"捺钵"地无疑是国家的政治中心。③"捺钵"地变更,各种官署、大庙、群众性的市场贸易,都随之转移。④

行国政治以畜牧业为经济依托,辽王朝的畜牧业大致存在斡鲁朵、部族牧场、官牧场、私人牧场几种经营形式。

---

① 《辽史》卷三二《营卫志中》。
② 卡尔·魏特夫、冯家昇:《辽代社会史(907—1125)》,纽约麦克米伦出版公司,1949年,第5页。
③ 杨若薇:《契丹王朝政治军事制度研究》,中国社会科学出版社,1991年。
④ 贾敬颜:《释"行国"——游牧国家的一些特征》,《蒙古史研究论文集》,中国社会科学出版社,1984年。

一、斡鲁朵

斡鲁朵是辽代存在的一种特殊制度,《辽史·国语解》称:"斡鲁朵,宫也。"故《辽史·营卫志》将其释为:"居有宫卫,谓之斡鲁朵。"至辽末,共有十二宫一府,即从太祖到天祚帝,九个皇帝各设一宫,应天太后、承天太后各设一宫,圣宗时皇太弟耶律隆庆设一宫,而"拟诸宫例"设置的文忠王府,是为几达人主的汉臣韩德让所设。斡鲁朵是辽代一项重要制度,它不仅涉及政治,也同样涉及经济,因此要了解辽代畜牧业经济以及有关地理问题,必须对这一制度有所认识。关于辽代斡鲁朵制度有关学者作过一定程度的探讨,其中《契丹王朝政治军事制度研究》一书的作者杨若薇对斡鲁朵制度进行了全面研究,展示了斡鲁朵制度的政治军事特点以及与国家政治、军事的关系。根据这一研究可以将斡鲁朵制度归为以下几点:

1. 斡鲁朵是皇帝居处的宫帐。
2. 所有前斡鲁朵共同扈从当朝皇帝的行宫,四处迁徙。
3. 划归斡鲁朵的人户在斡鲁朵周围形成一个新的游牧集团,平时从事畜牧业生产,保卫斡鲁朵安全,战时便是皇帝的扈从军。
4. "官署随帐"——中央政府随皇帝之"帐"一道行动,皇帝游幸之处,便是朝廷所在之地。

抛开斡鲁朵的政治军事内容,仅从它的组织形式看,无疑是一个庞大的游牧集团。这个游牧集团与其他游牧部落一样,为了追逐水草丰美的草场,四季"随阳而徙"。属于斡鲁朵的畜群是很庞大的,《辽史·食货志》载:"祖宗旧制,常选南征马数万匹,牧于雄、霸、清、沧间,以备燕云缓急;复选数万,给四时游畋;余则分地以牧。"上述文献所载的牧群实际可分三种类型,一为放牧于燕蓟一带的南征牧马,一为"分地以牧"的牧群,一为供"四时游畋"之用的斡鲁朵牧群。属于斡鲁朵的牧群数额可达数万匹,由于牧群数量很大,各宫帐都设有马群司,以行使管理之职。[①]对于游牧民族来讲，牧马仅是畜牧业中的一部分，在"畜牧畋渔以食，皮毛以衣，转徙随时，车马为家"的游牧社会中，羊、驼都是重要的生活资料，《辽史·道宗纪》中记载：大康八年（1082年）九月，"驻跸藕丝淀。大风雪，牛马多死。"据傅乐焕考证，藕丝淀即广平淀[②]。这是辽代帝王的冬捺钵之地，此处大风雪中所冻死的牛马，应属于随同皇帝斡鲁朵驻跸冬捺钵的游牧集团，可见隶属斡鲁朵的牲畜不只马群，牛、羊、驼都在其中。

杨若薇的研究获得学术界的认同，我在最初撰写《辽金农业地理》时，也接受了这一观点，但忽略了一个重要的问题，就是草原地区的承载量与草原游牧方式。草原民族之所以选择了逐水草的游牧生活，是因畜群停留在一个地方食草，脚下的草很快就啃光，任何一片草地都不可能连续使用，且畜群越大，草资源消耗得越快。正因如此，畜群需要不断地转场。若"所有前斡鲁朵，共同扈从当朝皇帝的行宫，四处迁徙"，这样一个庞大的游牧集团，行走在草原上，但凭什么样的草资源都会瞬时殆尽。因此，在草资源的有限性与斡鲁朵的流动性之间，究竟如何满足宫帐的需求，这是需要再探讨而一时无法形成结论的问题。

二、部族牧地

谈到辽代部族牧地，必须将迭剌部与其他部族分别论述。

辽王朝的建立者耶律阿保机，出自世代为契丹军事首领的迭剌部。属于契丹民族的部族很多，早期有古八部，后演变为大贺八部。迭剌部不属于大贺八部之列，唐开元、天宝年间，"大贺氏既微，辽始祖涅里立迪辇祖里为阻午可汗，时契丹因万荣之败，部落凋散，即故有族众分为八部。涅里所统迭剌部自为别部，不与其列，并遥辇、迭剌亦十部也"[③]。辽王朝建立后，"以迭剌部为强炽，析为五院、六院"，迭剌部及后来分析而成

---

① 《辽史》卷四五《百官志一》。
② 傅乐焕：《辽代四时捺钵考五篇》，《辽史丛考》，中华书局，1984年。
③ 《辽史》卷三二《营卫志中》。

的五院部、六院部是辽王朝的核心,"隶属北府镇南境"①。主要分布在"潢水之南,黄龙之北"的契丹初兴之地②。《辽史》中载"五院部民偶遗火,延及木叶山兆域"③,木叶山位于潢、土二河汇合处,遗火延及此地,可见五院部民居住地距此不远。辽代迭剌、五院、六院部民大部分留居在原地,少量迁居其他地方。迁居的迭剌部成员,以五院部的瓯昆石烈、乙习本石烈,六院部的斡纳阿剌石烈等最具代表性④。

辽王朝建立后,太祖阿保机对农牧业生产以及农耕文化与草原文化的兼容并蓄,都是以迭剌部为依托进行的。在汉人迁入区建立汉城,发展农业生产,对于草原社会传统的生产方式,无疑是一场改革。迭剌部作为辽太祖实现这场改革的依托,有其不同于其他草原部族的社会人文基础。迭剌部分布地域与中原汉地接近,长期的物质与文化交流,不但使迭剌部成为草原外缘的新区域,而且迭剌部的部民也成为极富汉风的契丹人⑤。属于迭剌部的部民不但在观念上能接受农耕文化,而且也具有经营粗放农业的技术。太宗时期曾迁部分迭剌部部民至乌古部所在地从事农耕生产⑥。辽代乌古部的活动区域大致位于今内蒙古呼伦贝尔市西部及蒙古国东部,将迭剌部民迁移到这里,一方面出于政治军事考虑,另一方面迭剌部原有的汉化基础,也是一个重要原因。

草原上的部族很多,迭剌部之外,其他部族基本保存着部族传统的生产方式,这些部族共同构架了草原畜牧业的基础。辽初迭剌部之外主要有这样一些部族:

1.乙室部:《辽史·营卫志》载:"其大王及都监镇驻西南之境,司徒居鸳鸯泊。"据《中国历史地图集》,鸳鸯泊在奉圣州境内,故乙室部活动区域大约就在附近。

---

① 《辽史》卷三二《营卫志中》。
② 《旧唐书》卷一九九《北狄传》。
③ 《辽史》卷六一《刑法志上》。
④ 《辽史》卷三三《营卫志下》。
⑤ 陈述:《契丹政治史稿》,人民出版社,1986年。
⑥ 《辽史》卷四《太宗纪下》。

2.品部：品部"司徒居太子坟"，据考太子坟系太宗子只撒古之墓[1]，在永州慈仁县境内。因此品部部民游牧地约在永州一带。

3.楮特部：楮特部"司徒居柏坡山及锋山之侧"。

4.乌隗部：乌隗部"司徒居徐母山、郝里河之侧"。

5.涅剌部：涅剌部"节度使属西南路招讨司，居黑山北，司徒居郝里河侧"。黑山位于庆州境内[2]，故涅剌部游牧之地约在庆州一带。

乌隗、涅剌为兄弟之部，虽然涅剌部节度使居于黑山之侧，但从两部司徒都居郝里河之侧这一记载推断，郝里河与黑山不应相距太远，都应在庆州附近，故乌隗部游牧之地大约也在庆州一带。

6.突吕不部：突吕不部"司徒居长春州西"，其部民游牧地也应在附近。

7.突举部：突举部"司徒居冗泉侧"。突举部与突吕不部为兄弟部落，故其游牧地也应在长春州附近。

以上为契丹民族的主要部落，其中除楮特部因资料所限，无法判定其游牧之地，其他契丹部落基本沿西拉木伦河干流一线，分布在上京道州府境内。

辽初对被征服、被俘虏的北边其他民族也进行了改编，形成杂有其他民族俘户的部落，这些部落相对原契丹八部，被史学界称为"新八部"，主要有：

1.突吕不室韦部：由大小黄室韦户构成，"戍泰州东北"。

2.涅剌挐古部：亦系大小黄室韦俘户，"戍泰州东"。

3.迭剌迭达部：由奚人俘户构成，"戍黑山北，部民居庆州南"。

4.乙室奥隗部：以奚俘户所置。

5.楮特奥隗部：以奚俘户置，

6.品达鲁虢部：以达鲁虢部俘户置，"戍黑山北"。

7.乌古涅剌部：以于骨里俘户置。

---

[1] 林荣贵：《辽朝经营与开发北疆》，中国社会科学出版社，1995年。
[2] 《辽史》卷三七《地理志一》。

8.图鲁部：以于骨里俘户置。

新八部的游牧地显然多分布在契丹八部的外围。

从圣宗开始辽对外战争形势发生变化，"澶渊之盟"的签订，不但赢得了南境的太平，同时北宋的大量赔款，也增加了辽王朝的经济实力。以此为契机辽将军事经营的重点转向稳定内部各民族及北疆的安定。在这样的政治军事背景下，圣宗时期又形成三十四部族，关于这三十四部族的情况，可见下表7-1。

表7-1　圣宗三十四部族简表[①]

部族	人口来源	游牧地
撒里葛	奚	泽州东
窈爪	奚	潭州南
耨盌爪	奚	
讹仆括	奚	望云县东
特里特勉	契丹八部	倒塌岭
稍瓦	诸宫及横帐大族奴隶	辽水东
曷术	诸宫及横帐大族奴隶	柳湿河
遥里		潭利二州间
伯德		松山、平州间
楚里		潭州北
奥里	奚	
南剋	奚	
北剋	奚	
隗衍突厥	圣宗析四辟沙、四颇备户置	镇东北女直之境
奥衍突厥	圣宗析四辟沙、四颇备户置	镇东北女直之境

① 《辽史》卷三三《营卫志下》。

续表

部族	人口来源	游牧地
涅剌越兀	涅剌室韦户	戍黑山北
奥衍女直	女直户	戍镇州
乙典女直	女直户	居高州北
斡突盌乌古	乌古户置	戍黑山北
迭鲁敌烈	敌烈户	
室韦	室韦户	
术哲达鲁虢	达鲁虢	戍境内,居境外
梅古悉	唐古部	
頡的	唐古部	
北敌烈	敌烈户	戍隗乌古部
匿讫唐古		
北唐古	唐古部	
南唐古		
鹤剌唐古		
河西		
薛特	回鹘户	居慈仁县北
伯斯鼻骨德	鼻古德户	戍境内,居境外
达马鼻古德	鼻古德户	
五国部		

从表7-1所列内容来看，除以奚人为人口来源的部落外，其他部落主要分布在"新八部"的外围，更接近边疆地带。

辽北疆及东北疆还分布有室韦、乌古、敌烈、阻卜以及女真等部族，他们虽居处在辽境内，但政治上始终与辽保持着羁縻关系，叛服不定。因此从辽初起这些部族就成为军事征伐的对象。这些部族中室韦历史最久长，早期主要活动在额尔古纳河、嫩江流域，唐末一部分西迁至克鲁伦河流域，另一部分南迁至洮儿河一带。辽代室韦族中力量较强的是黄皮室韦、黑车子室韦两部，前者活动区域以大兴安岭、克鲁伦河为中心，后者则游牧于今内蒙古东、西乌珠穆沁旗境内。辽时乌古部生活在今额尔古纳河流域和呼伦贝尔以东地区，贾敬颜认为乌古部即古之乌洛侯[①]。敌烈部主要分布在今克鲁伦河流域。阻卜是辽对西北诸族的总称，分布在西北边疆地带。

以上部族，无论是辽王朝的统民，还是与辽保持松散政治关系的部落，都属于以畜牧业为主要生产形式的游牧民族，即使是具有一定汉化程度的迭剌部也同样如此。圣宗时期曾任北院大王、北院枢密使的契丹重臣耶律室鲁为六院部人，六院部的前身就是迭剌部，室鲁任北院大王时曾"以本部俸羊多阙，部人空乏，请以羸老之羊及皮毛，岁易南中绢"[②]。以羊为俸，只有在羊等牲畜在部族经济中占突出地位时才能实现，可见迭剌部以及后来分析而成的五院部、六院部仍以畜牧业为主业。契丹以及辽境内各民族的经济生活方式，决定了这些部族的分布地就是畜牧业生产区域。

三、官牧场

见于《辽史·百官志》记载，执掌国家官牧场的官员有：西路群牧使司、倒塌岭西路群牧使司、浑河北马群司、漠南马群司、漠北滑水马群司、牛群司，这六个群牧司既是六个司掌群牧的职官，同时也是六个官牧场。浑河北马群司所领养的马场在东京道南部，倒塌岭位于西京道，其余三大牧场均在上京道境内[③]，牛群司所在地不可考。官牧场是专门为政府提供战马及其他用马的重要场所，因此也深得政府重视。"自太祖及兴宗垂二百年，群牧之盛如一日。天祚初年，马犹有数万群，每群不下千匹"，

[①] 贾敬颜：《东北古代民族古代地理丛考》，中国社会科学出版社，1994年。
[②] 《辽史》卷八一《耶律室鲁传》。
[③] 林荣贵：《辽朝经营与开发北疆》，中国社会科学出版社，1995年。

图7-1 内蒙古克什克腾旗二八地1号辽墓石棺内绘画:契丹人草原放牧图(《辽代壁画选》)

总额达数千万匹。隶于群牧的官马大致分派三类用途,一部分牧放于雄、霸、清、沧一带,"以备燕云缓急",其数达数万匹;另一部分供诸斡鲁朵"四时游畋"之用,数额亦达数万匹;其余则归五大群牧司"分地以牧"[1](图7-1)。

  由于官牧场是战马的主要供给地,战鼓一旦偃息,马场的经营就相应被忽视。如《辽史》中所载:"太祖及兴宗垂二百年,群牧之盛如一日。"这二百年正是辽王朝对外扩张的极盛时期。圣宗"澶渊之盟"前,辽军事力量专意用于对中原王朝的战事,"澶渊之盟"后则把主要兵力投入北部边疆的稳定中,频繁的战事推动着官牧业不断发展。圣宗以后无论对南对北都没有大的战事,除"四时游畋",马匹的供应已不如以前紧迫,官牧场的经营也随之衰落。道宗咸雍初年萧陶隗任马群太保时,群牧已"名存实亡",数额已在百万之下,且"群牧以少为多,以无为有,上下相蒙,积弊成风"[2]。经萧陶隗及后任群牧官员的整顿,群牧之业稍振。其后东丹国岁供马千匹,女真万匹,直不古等国万匹,阻卜及吾独婉、惕德各二万匹,西夏、室韦各三百匹,越里笃、剖阿里、奥里米、蒲奴里、铁骊等部各三百匹,由此"群牧滋繁"[3]。道宗大安二年"牧马蕃息多至百万",

---

[1] 《辽史》卷六〇《食货志下》。
[2] 《辽史》卷九〇《萧陶隗传》。
[3] 《辽史》卷六〇《食货志下》。

成为一件可贺之事，由道宗出面亲自赏赐群牧官[1]。

四、私人牧场及养畜业

私人牧场及养畜业也是辽王朝畜牧业经济的一个重要组成部分。如乌州为大王拨剌占为牧地，遂州为南王府放牧之地，丰州为遥辇氏僧隐放牧之地，闾州为罗古王牧地，松山州为普古王牧地，豫州为陈王牧地，宁州为管宁王牧地等[2]。道宗大康元年（1075年），耶律乙辛请皇帝赏赐牧地，当时出任群牧林牙之职的耶律引吉为此奏曰："今牧地褊狭，畜不蕃息，岂可分赐臣下。"[3]耶律乙辛请赐牧地，正说明了私人牧场的存在。道宗朝正值群牧业低落时期，官牧自身尚不可保，自然不能再削弱牧场赐予臣下。

除贵族的牧场外，民间私营养畜业也很普遍。贾师训任锦州永乐县令时，曾处理过这样一件讼案，州帅将自己家中的牛、羊、马匹，寄放在永乐县民户中牧养，不时遣人观视肥瘠，稍不合意，动辄取民钱物，以致引起公愤，最初一二人，以后数十人，最终三百余人前来县府告状，州帅仓促收回家畜，以致多有遗漏，反被饲养者所获[4]。州帅家畜寄养处多至三百余家，这些都应是以畜牧为生的牧民。州帅之案外，可再引一例，萧蒲奴本为奚王楚不宁之后，家道中落，"幼孤贫，佣于医家牧牛"[5]。从这些事例中可见牧养牲畜不仅牧户独有，以他业为生者也兼营畜牧。

"辽国以畜牧、田渔为稼穑"[6]，畜牧业中无论官牧、私牧，还是斡鲁朵、部族都采取"随阳迁徙，岁无宁居"的游牧生活[7]。"马群动以千数，每群牧者才二三人而已，纵其逐水草。"[8]"羊以千百为群，纵其自就水

---

① 《辽史》卷二四《道宗纪四》。
② 《辽史》卷三七《地理志一》。
③ 《辽史》卷九七《耶律引吉传》。
④ 《全辽文》卷九《贾师训墓志铭》。
⑤ 《辽史》卷八七《萧蒲奴传》。
⑥ 《辽史》卷四八《百官志四》。
⑦ 《辽史》卷三一《营卫志上》。
⑧ [宋]苏颂：《苏魏公文集》卷一三《契丹马》。

草，无复栏栅，而生息极繁。"①这样的游牧生活直接影响到国家的政治、军事。"辽国兵制，凡民年十五以上，五十以下，隶兵籍。每正军一名，马三匹，打草谷、守营铺家丁各一人……人马不给粮草，日遣打草谷骑四出抄掠以供之。"②长期游牧生活不仅使战斗部队需要携牧群而行，而且还需将"从军老小车乘就粮于后"③。由于这样的原因，就出现战败之后，牛羊俱为战利品的结果。这样的记载比比皆是，神册二年太祖率众围幽州，兵败，"委弃车帐、铠仗、羊马满野"④。宋太宗太平兴国八年（983年）三月，辽军进犯宋境，丰州刺史王承美"击败其众万余，追北百有余里，至青冢，斩首二千余级，降者三千帐，获羊马兵仗以万计"⑤。

契丹等游牧民族在长期的放牧生涯中，不但掌握了"秋冬违寒，春夏避暑"⑥，因季节更易，而辨识水草牧地，转徙随时的游牧生产方式，而且针对不同情况，也结合厩舍进行精饲料畜养。宋人吕颐浩曾在河北、陕西一带就任官职，对契丹人牧放牲畜的情况颇为了解。沿边地带的契丹马群常需"入淀"。所谓"淀"，"乃不耕之地，美水草之处，其地虚旷宜马"。"入淀之后，禁人乘骑，八月末各令取马出淀，饲以粟豆。"⑦经过"入淀"，以及出淀后用粟豆这种精饲料饲养的马匹，正可谓秋高马肥，可应对战时之需了。这里有一点需要强调，吕颐浩所讲的"饲以粟豆"的饲养方式，在辽广大草原牧区并不普遍，这是因为，与吕颐浩任职的河北、陕西相邻的就是故燕云十六州，这里的气候条件与草场状况，都无法与塞外草原相比，这里的马群如果单靠放牧畜养，就会出现羸弱不堪的体质，很难胜任战时之需，必须加以精饲料，才能弥补草场植被不佳之憾。

畜牧业虽是辽王朝的立国之本，但这时的畜牧方式还处于"靠天吃饭"的阶段，一遇天灾，势必造成重大损失。太祖天赞三年（924年）春，

---

① [宋]苏颂:《苏魏公文集》卷一三《北人牧马》。
② 《辽史》卷三四《兵志上》。
③ 《契丹国志》卷一二《天祚帝下》。
④ 《契丹国志》卷一《太祖》。
⑤ 《续资治通鉴长编》卷二四，太平兴国八年三月壬申。
⑥ 《辽史》卷三二《营卫志中》。
⑦ 《三朝北盟会编》卷一七六，绍兴七年正月十五日丁丑。

"大雪弥旬,平地数尺,人马死者相属"①。道宗大康九年夏四月,"大雪平地丈余,马死者十六七"②。天祚帝乾统年间,"大风伤草,马多死"③。这些文献记载的都是大灾之后,草原畜牧业的衰败之状。总之这时的畜牧经济还很脆弱,天灾人祸都会造成重大打击。

长期的游牧生活决定了非农业民族的饮食结构中,粮食仅占很小的一部分,主要食品为肉类。宋使路振出使辽国时,对契丹等游牧民族的饮食习俗留下了这样的记载:"虏食先荐骆糜,用杓而啖焉。熊肪、羊、豚、雉、兔之肉为濡肉,牛、鹿、雁、鹜、熊、貉之肉为腊肉。"④沈括出使辽国也有类似的记载,"行则乘马,食牛羊之肉酪,而衣其皮,间啖麨粥"⑤。王曾则言契丹人"食止糜粥麨糒"⑥。沈括所说的"麨粥"与王曾所说的"麨糒",都与现代游牧民族喜欢食用的炒米相类,即将粟米炒熟,放入热水或热奶中浸泡一会儿,就可以食用,其作用相当于汉地的粥,不属于主要食品。游牧民族的食品以肉食为主,黑龙江龙江县合山乡辽墓的出土物品中,有盛放食品的陶罐,经化验里面的食品是以蛋白质为主要成分食品,应属于肉类⑦。有些辽墓壁画也反映了契丹人的饮食习俗,从壁画中可以看到大锅煮肉,用刀分割熟肉的画面⑧,都可形象地说明契丹以及其他游牧民族的饮食习俗(图7-2)。

以上事实表明,辽代畜牧业是包括迭剌部在内的契丹人以及其他非农业民族共同从事的主要生产部门,各部族的活动地就是畜牧业的分布地区。畜牧业在辽代社会中的重要地位,不但影响到人们生活习俗的各个方面,同时也直接关联到国家政治、军事制度。

---

① 《契丹国志》卷一《太祖》。
② 《辽史》卷二四《道宗纪四》。
③ 《辽史》卷一〇一《萧陶苏斡传》。
④ [宋]路振:《乘轺录》,贾敬颜疏证本。
⑤ [宋]沈括:《熙宁使契丹图抄》,见贾敬颜:《〈熙宁使契丹图抄〉疏证稿》,载《文史》第22辑,中华书局。
⑥ 《契丹国志》卷二四《王忻公行程录》。
⑦ 《黑龙江龙江县合山乡的辽代石室墓》,《北方文物》,1989年第4期。
⑧ 《辽代壁画选》,上海人民出版社,1984年。

图 7-2　内蒙古昭乌达盟敖汉康菅子辽墓壁画：契丹奴仆备食图（《辽代壁画选》）

第二节　非农业生产部门的地域结构

辽是一个以非农业民族为主的多民族国家，在其一百多年的历史中，大部分民族保持着传统生产形式，少部分民族在与农业民族的交融过程中，掌握了新的生产手段，从而造成与辽初不同的生产地域结构。

一、奚人的定居生活及半农半牧生产形式

辽境土内的各民族中，除主体民族契丹人之外，奚是仅居其次的重要民族。辽建国前奚与契丹人有着基本相似的生产形式和生活习俗，唐五代时期，经过与中原民族的长期接触，逐渐接受了农耕文明的影响，由畜牧、狩猎向半农半牧生产形式转变。在草原上形成与契丹人完全不同的人文风貌，其主要表现如下：

1.奚人以定居生活为主：辽以前，奚人一直保持五部的组织结构，只是不同时期名称不同。辽建国后，奚族出现"六部五帐分"的部落组织。

第七章　辽代的畜牧业、狩猎业与非农业生产部门的地域结构　/　131

图7-3　内蒙古克什克腾旗二八地1号辽墓石棺内绘画：契丹人驻地生活小景（《辽代壁画选》）

所谓六部五帐分，就是在五部的基础上又增设堕瑰门部，形成六部结构。六部中，原来的五部仍是奚族的核心，故称六部五帐分。辽代奚族的组织结构虽然仍保持着部落形式，但生活方式已与游牧部落完全不同。《新唐书·北狄传》载，奚人早期逐水草畜牧，"居毡庐，环车为营"，过着完全具有游牧特点的生活。入辽以后，奚人的游牧民族生活特点逐渐消失，定居成为主要特征。其民皆屋居，虽然房屋营建得都很简陋，"无瓦者墁上，或苫以桦木之皮"①，或居"草庵板屋"②，但定居的生活形式基本确定下来。定居生活不但改变了奚人的人文风貌，而且与契丹人的游牧生活形成鲜明反差。"奚人自作草屋住，契丹骈车依水泉。"③与奚人不同，契丹人"广荐之中，毡庐数十，无垣墙沟表，至暮，则使人坐草，褰庐击柝。"④"春来草色一万里，芍药牡丹相间红。大胡牵车小胡舞，弹胡琵琶调胡女。一春浪荡不归家，自有穹庐障风雨。"⑤"庐帐冬住沙陀中，索羊织苇称行宫。从官星散依冢阜，毡庐窟室欺霜风……礼成即日卷庐帐，钓鱼射鹅沧

---

① [宋]沈括：《熙宁使契丹图抄》，贾敬颜：《〈熙宁使契丹图抄〉疏证稿》，《文史》第22辑，中华书局。
② [宋]王曾：《上契丹事》，载《续资治通鉴长编》，大中祥符五年十月。
③ [宋]苏辙：《栾城集》卷一六《出山》。
④ [宋]沈括：《熙宁使契丹图抄》，贾敬颜：《〈熙宁使契丹图抄〉疏证稿》，《文史》第22辑，中华书局。
⑤ 《全辽文》卷十二《契丹风土歌》。

海东。秋山既罢复来此，往返岁岁如旋蓬。"①这些诗文描述的都是契丹人的游牧生活方式，与奚人的定居生活完全不同（图7-3）。

2.奚人的生产形式为半农半牧型：农耕生产是保证定居生活的前提，在奚人的经济生活中所占比例越来越重，耕牧并重成为奚地的重要人文特色。对此宋人使辽留下许多记载。"自古北口即奚疆也，皆山居谷汲，耕牧其中，而无城郭"②。出古北口北行，会不断看到"当路牛羊眠荐草"③，"依稀村落有乡风"④，这样农牧混杂的人文风貌。

在奚土上从事农耕业的，除奚人外，汉人也占很大比例，苏颂使辽途中，见奚土"耕种甚广，牛羊遍谷，问之皆汉人佃奚土"⑤。

二、契丹人与狩猎业

"朔漠以畜牧射猎为业，犹汉人之勤农，生生之资于是乎出。自辽有国，建立五京，置南北院，控制诸夏，而游田之习，尚因其旧。"⑥这就是说，即使在辽建国后，畜牧、田猎对于契丹人来说，具有同样重要的地位。

皇族的田猎多重于游幸，除由国家设有围场专供行猎外，以斡鲁朵形式"四时游畋"，是其重要内容。见于《辽史·游幸表》所载，从太祖初年到天祚帝天庆七年，除了个别年份，各朝皇帝每年都要进行大型游畋活动，田猎地点遍及五京，又以上京道内山川湖泊为主，猎获物有虎、熊、狼、鹿等各类动物。太祖天赞三年（924年），一次"猎寓乐山，获野兽数千"⑦。"平沙软草天鹅肥，胡儿千骑晓打围"⑧，记述的就是千骑围猎的壮观场面。四时捺钵是皇帝田猎的代表，见于《契丹国志》记载："每岁

---

① ［宋］苏辙：《栾城集》卷一六《虏帐》。
② ［宋］刘敞：《公是集》卷二八《古北口》。
③ ［宋］苏颂：《苏魏公文集》卷一三《次行奚山》。
④ ［宋］苏颂：《苏魏公文集》卷一三《奚山道中》。
⑤ ［宋］苏颂：《苏魏公文集》卷一三《牛山道中》。
⑥ 《辽史》卷六八《游幸表》。
⑦ 《辽史》卷二《太祖纪下》。
⑧ 《全辽文》卷十二《契丹风土歌》。

正月上旬，出行射猎，凡六十日。然后并挞鲁河凿冰钓鱼，冰泮，即纵鹰鹘以捕鹅雁。夏居炭山，或上陉避暑。七月上旬，复入山射鹿，夜半，令猎人吹角效鹿鸣，既集而射之……每秋则衣褐裘，呼鹿射之。"

皇室贵族行猎以游幸为主，一般部民的狩猎活动则是谋生的重要手段，如《辽史·营卫志》所载："有事则以攻战为务，闲暇则以畋猎为生。"概括了狩猎对于契丹人的重要意义。狩猎是契丹人的普遍生活方式，考古成果可以证明，辽境内各地，包括燕云十六州，都发现有箭镞、箭囊等狩猎工具。

三、沿边地带非农业生产的地域特征

西拉木伦河流域是辽王朝的政治经济核心区，也是辽建国后人文风貌改变最大的地区，与这里不同的是，沿边地带虽然也是辽政治统辖区的组成部分，但受各地自然条件与人文背景的影响，生产形式保持相对稳定。下面对沿边地带的有关问题一一进行论述。

（一）西南疆

西南疆指西京道南部，云、应各州附近地区。云、应一带属于半农半牧区，这里的百姓在经营农业的同时，还兼营畜牧业。唐天复二年（902年）太祖率兵四十万伐河东、代北，"获生口九万五千，驼、马、牛、羊，不可胜纪"[1]。河东、代北是一个农牧混交地带，故战利品中主要是驼、马、牛、羊等牲畜。辽建国后这一地区分属宋、辽两国，但生产结构却没有根本的改变。太平兴国年间，北宋朝臣张齐贤针对河东、代北一带的军事问题在奏文中这样说道："岚、宪、忻、代未有军寨，〔契丹〕入侵则田牧顿失。"[2]奏文中将田、牧并言，可见农耕与畜牧业在这里具有同样重要的地位。边境北侧，辽境土内也同样具有农牧混交的特点。宋真宗咸平年间府州驻军入"契丹五合川，破巴罕太尉寨，尽杀敌众，焚其帐千五百余

---

[1] 《辽史》卷一《太祖纪上》。
[2] 《续资治通鉴长编》卷二一，太平兴国五年十二月辛卯。

所，获战马、牛、羊万计"①。景德年间驻府州宋兵，再次"自火山军入契丹朔州界，前锋破大狼水寨，杀戮甚众，生擒四百余人，获马牛羊、铠甲数万计"②。战争的俘获品证明了畜牧业生产在这一地区的重要地位。河东、代北一带，多山地丘陵，少平原沃土，气候又较寒冷，农业生产仅存于低平的河谷地带，山区丘陵基本为畜牧业区，生活在这里的百姓都具有兼营农牧业的特点，这里是典型的农牧混交区。

(二) 东北疆

辽代生活在东北疆的主要是女真人，据有关学者研究，女真人起源于黑水靺鞨。渤海国覆灭后，这部分原隶于渤海国的黑水靺鞨陆续以女真名世③。辽建国后，太祖为防止女真为患，将部分女真人迁离他们的原居地，并把他们编入直接管辖的户籍内，号熟女真，未入籍者称为生女真。熟女真与生女真之间大体以混同江（今第二松花江）为界，此界以北为生女真，以南即熟女真④。女真的生产形式基本以渔猎、畜牧为主，杂有简单的农耕活动。熟女真"皆杂处山林，尤精弋猎，有屋舍……耕凿与渤海人同"。生女真"居民屋宇、耕养、言语、衣装与熟女真国并同"⑤。女真人的畜牧业颇具规模，统和四年（986年），辽军队"讨女直，所获生口十余万，马二十余万及诸物"⑥。统和二十八年"女直进良马万匹"⑦。除畜产品外，女真人生活的长白山区，盛产蜜蜡、人参、松实、白附子等，这些均成为女真人进行商贸交往的重要物品⑧。麋、鹿、野狗、白鼹、青鼠、貂鼠则是深受人们喜爱的猎获物，在各类猎获物中，海东青尤其为人称道，是女真人每年向辽政府进贡的主要物品⑨。

---

① 《续资治通鉴长编》卷四五，咸平二年十二月丁卯。
② 《续资治通鉴长编》卷五八，景德元年十月甲申。
③ 孙进己：《东北民族源流》，黑龙江人民出版社，1987年。
④ 《契丹国志》卷九《道宗天福皇帝》。
⑤ 《契丹国志》卷二二《四至邻国地里远近》。
⑥ 《辽史》卷一一《圣宗纪二》。
⑦ 《辽史》卷一五《圣宗纪六》。
⑧ 《契丹国志》卷一〇《天祚皇帝上》。
⑨ 《契丹国志》卷二六《诸藩国杂记》。

第七章　辽代的畜牧业、狩猎业与非农业生产部门的地域结构　/　135

图 7-4　巴林左旗查干哈达苏木阿鲁召嘎查滴水壶辽墓壁画：调羹图（《内蒙古辽代壁画》）

除女真人外，生活在东北疆的还有兀惹、铁骊、靺鞨等部族，其中兀惹、铁骊"皆杂处山林"，"衣装、耕种、屋宇、言语与女真人异"，物产以大马、蛤珠、青鼠皮、胶鱼皮、蜜蜡等物为主。靺鞨"微有耕种，春夏居屋室中，秋冬则穿地为洞，深可数丈而居之，以避其寒"。平日以"细鹰鹘、鹿、细白布、青鼠皮、银鼠皮、大马、胶鱼皮等与契丹交易"[①]。圣宗时，曾"命东北越里笃、剖阿里、奥里米、蒲奴里、铁骊等五部岁贡貂皮六万五千，马三百"[②]。可见这些民族狩猎业的规模是很大的。

（三）北疆

辽北疆主要分布有室韦、乌古、敌烈、阻卜等部族，他们基本都是游牧民族，室韦的生产中杂有简单的农业，乌古、阻卜都有规模很大的畜牧

---

① 《契丹国志》卷二二《州县载记》。
② 《辽史》卷一六《圣宗纪七》。

业。《辽史》记载，圣宗开泰八年（1019年）"诏阻卜依旧岁贡马千七百，驼四百四十，貂鼠皮万，青鼠皮二万五千"[①]。兴宗重熙十七年（1048年）"阻卜献马、驼二万"[②]。这里有一个问题需要说明，青鼠、貂鼠均为森林动物，这些动物毛丰绒厚，皮板柔韧轻便，毛色美观富有光泽，是理想的御寒物品。阻卜所在辽西北疆属于温带半干旱草原，这里的生境并不适宜貂的生存，因此阻卜所贡青鼠、貂皮是否与乌隈于厥岁贡"貂鼠、青鼠皮非土产，皆于他处贸易以献"[③]一样，也属贸易中所得，在此存疑。

四、辽土内各类生产形式地域结构

辽建国后各地的生产形式与建国前有所不同，其中变化最大的是西拉木伦河流域。从整体上看主要的农业类型区域可分为这样几带：燕蓟地区属于农业区；以西拉木伦河流域为中心的上京道南部、中京道全部、东京道西部，属于农牧混杂区。农牧混交带从西拉木伦河流域向南延伸至燕山山脉，西经今山西大同地区、内蒙古河套平原与宋为界。在此范围之内，除今张北坝上一带为放牧区外，人们的生产形式均为半农半牧型，农业开垦区与定居聚落均呈插花形式。半农半牧区以北分布着契丹人以外的非农业民族，他们所持的生产形式与经济文化类型，与辽建国前基本相仿，所不同的是部族的族属与名称有所更易。概括起来，分布在大兴安岭以东森林及森林草原区的各部族，包括室韦、女真、鞑靼、铁骊等都兼营畜牧、渔猎及少量农耕业，在地域上形成畜牧、狩猎、农耕混交区；大兴安岭以西为半干旱草原，乌古、阻卜、敌烈等部族分布在这里，他们的生产形式以放牧为主，狩猎仅占很小的一部分。

辽境土内以燕山山脉为界，农业生产区域由农耕区、半农半牧区向畜牧、狩猎区的变化特征，早为古人所注意。故元人修撰《辽史》时称："长城以南，多雨多暑，其人耕稼以食，桑麻以衣，宫室以居，城郭以治。

---

① 《辽史》卷一六《圣宗纪七》。
② 《辽史》卷二〇《兴宗纪三》。
③ 《辽史》卷一二《圣宗纪三》。

图7-5 辽代农业生产类型区

大漠之间,多寒多风,畜牧畋渔以食,皮毛以衣,转徙随时,车马为家。"[①]这一记载应是元人对辽土自然环境与生产地域结构的总结,这一总结在今天看,仍然十分精辟。

---

① 《辽史》卷三二《营卫志中》。

第八章　金本土女真人的经济生活与人口迁移

本文涉及的金本土是指燕山以北，原辽本土以及金在黑龙江流域新开拓的土地，相当于今东北三省的全部、内蒙古的一部分，以及今俄罗斯境内外兴安岭以南及乌苏里江以东地区。本文将这一地区定为金本土与政治概念无涉，金王朝的主体民族女真人最初的活动地区仅局限在长白山及第

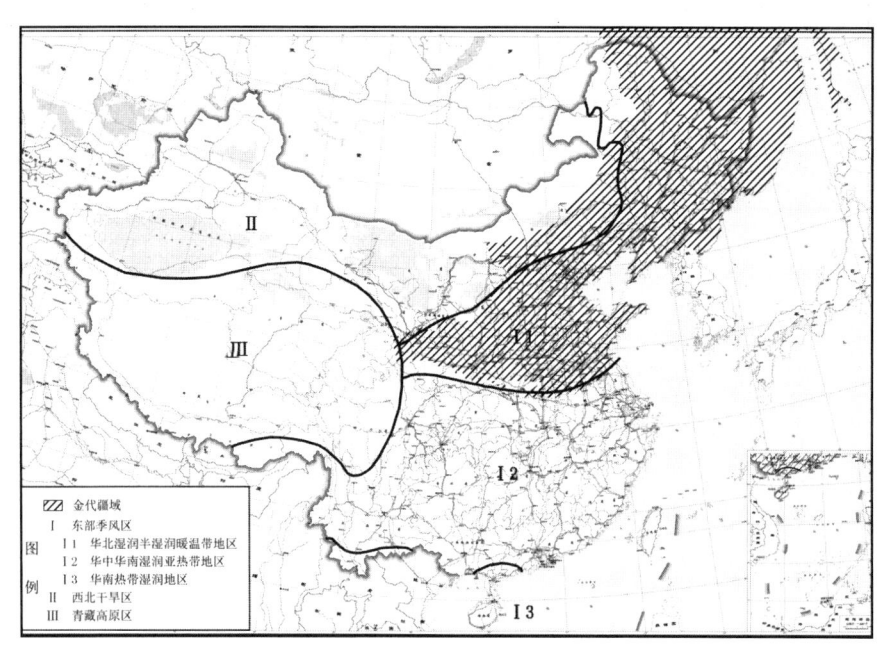

图8-1　现代自然区划中金代疆域的位置

二松花江流域，随着部落的强大，活动地区逐渐向松花江、黑龙江流域发展，并以此为基础形成灭辽之势，先后占领辽上京、东京、中京地区，进而囊括原辽本土的全部。女真人势力范围向东、向北、向西扩展，是随时间的推移而逐步实现的，因此燕山以北、外兴安岭以南的所谓金本土，既不是女真人的初兴之地，也不是金立国后统辖区的全部，本文只是为了在论述中保持自然地理单元的完整性，将这一地区称为金本土（图8-1）。

第一节　女真人早期的经济生活

女真人的部落构成虽很复杂，但大体上可分为熟女真和生女真两类，对此文献中有这样几种记载：《金史·世纪》载：五代时契丹尽取渤海地，而"黑水靺鞨附属于契丹，其在南者籍契丹，号熟女直，其在北者不在契丹籍，号生女直。"关于女真各部，宋人徐梦莘留下进一步的记载，他说："阿保机虑女真为患，乃诱其强宗大姓数千户，移置辽阳之南，以分其势，使不得相通，迁入辽阳著籍者，名曰合苏款，所谓熟女真者是也。"[①]由此看来著籍与否是熟女真与生女真之间的重要区别，居住地接近辽控制区，被正式列为辽在籍编户的，就是熟女真。相对熟女真，那些在形式上附属辽王朝，但没有直接接受管理的属于生女真。除隶属关系外，生熟女真在地理分布上也不同。洪皓认为"居混同江之南者谓之熟女真，以其服属契丹也；江之北为生女真，亦臣于契丹"[②]。"自咸州之东北分界入山谷，至于粟沫江中间所居，隶属咸州兵马司者，许与本国往来，非熟女真，亦非生女真也。居粟沫江之北，宁江之东北者，地方千余里，户口十余万，散居山谷间，依旧界外野处，自推雄豪为酋长，小者千户，大者数千户，则谓之生女真。又有极边远而近东海者，则谓之东海女真。多黄发，鬓皆黄，目睛绿者，谓之黄头女真。"[③]这几类女真人中，被视为非生非熟女真

---

① 《三朝北盟会编》卷三，重和二年正月十日丁巳。
② [宋]洪皓：《松漠纪闻》卷一〇。
③ 《三朝北盟会编》卷三，重和二年正月十日丁巳。

的部落比较特殊，他们与辽王朝的关系介于生熟之间，既接受辽王朝设在东北边疆的军事机构的号令，又没有著籍，保持着本部族原有的社会组织，地域上属于生女真与熟女真的过渡地带。

各类文献对于女真地理分布的记载不完全相同。宋人洪皓认为混同江（即今松花江）是一条重要界线，江以南为熟女真，江以北为生女真。徐梦莘则指出，辽阳以南为熟女真，咸州（今辽宁开原老城镇）及粟沫江（第二松花江）中间为非生非熟女真，粟沫江之北，宁江（今吉林扶余县东）东北为生女真。表面看洪、徐二人的记载有很大的不同，实际两者间并没有本质的区别，洪皓所说的混同江一线，是把熟女真的概念扩大了，混同江以南既包括熟女真本身，也包括部分接受辽王朝号令的非生非熟女真，与《松漠纪闻》所述相比，徐梦莘的记载则更为具体、详细。从这些记载来看，生、熟女真的划分，不是依据各部族的族源、社会经济状况等指标，而是方位概念与隶属关系的混合体，是辽王朝对边疆民族实际控制能力的反映。随着边疆民族居住地与辽王朝政治核心地带距离的加大，从著籍编户到同时接受双方管理，再到仅保持名义上的附属，隶属关系逐渐松弛。

金王朝的建立者出自生女真中的完颜部。"世居混同江之东，长白山、鸭绿水之源。"[1]依现代地理学划分，混同江之东，长白山、鸭绿水之源这一地区，基本位于东北东部山地范围之内，分布有长白山、老爷岭、张广才岭、吉林哈达岭等多条山脉，受山地的抬升作用，这里降水量普遍偏高，一般可达600~800毫米之间，冷湿是这里最重要的气候特征。与气候特征吻合，植被以森林为主。在这样的自然环境下，生活在这里的女真人，"旧俗无室庐，负山水坎地，梁木其上，覆以土"，居住形式具有明显的穴居野处特点。他们"夏则出，随水草以居，冬则入处其中，迁徙不常"[2]，过着半定居式生活。主要生产行为是渔猎，女真人"好渔猎，每见野兽之踪，蹑而求之，能得其潜伏之所，又以桦皮为角，吹呦呦之声，

---

[1] 《三朝北盟会编》卷三,重和二年正月十日丁巳。
[2] 《金史》卷一《世纪》。

呼麋鹿而射之"①。渔猎之外，女真人也兼营畜牧业及简单的农业。

女真人由东北东部山地向阿什河一带河谷平原北迁，是金献祖绥可时的事。《金史·世纪》载："献祖乃徙居海古水……自此遂定居于安出虎水之侧矣。"贾敬颜认为，安出虎水为今黑龙江阿城县之阿什河，海古水亦在阿城附近②。献祖为金之四世祖，其率部徙居海古水之事，大约发生在辽圣宗初期③。金献祖为什么率部北迁，文献中没有留下任何记载，根据迁徙时间判断，很可能与辽圣宗时期经营北部边疆有关。

与东北东部山地林区相比，阿什河流域为缓丘河川地带，自然条件发生了明显的变化。面对自然条件的改变，女真人的社会经济也有了相应的变化。进入阿什河后，农业经济的地位逐渐提高。阿什河是松花江诸多支流中一条较小的支流，没有松花江等大河夏季汹涌的洪水威胁，却有河川平原肥沃的土地，因此利用这里的自然条件发展农业生产是女真人的必然选择。故献祖"徙居海古水，耕垦树艺"④，"种植五谷"⑤，成为北迁后一项重要举措。

适应平原环境及农业生产的需要，女真人摆脱了以往穴居野处的居住方式，在地面上建立起木构架的房屋。《金史·世纪》载献祖徙居海古水后，女真人"始筑室，有栋宇之制，人呼其地为纳葛里……汉语居室也"。这时居室建筑比较简单，"联木为栅，屋高数尺，无瓦，覆以木板，或以桦皮，或以草绸缪之，墙垣篱壁率皆以木，门皆东向，环屋为土床，炽火其下，相与寝食起居其上，谓之炕"⑥。农业的发展是促进女真人由半定居生活向定居生活转变的关键，而木构架房屋的出现，就是定居生活的重要标志，自此女真人"遂定居于安出虎水之侧"⑦。

---

① 《大金国志》卷三九《初兴风土》。
② 贾敬颜：《东北古代民族古代地理丛考》，中国社会科学出版社，1994年。
③ 《金史·世纪》载，献祖传位昭祖，昭祖传景祖，景祖于辽太平元年（1021年）生，据此推测，北迁之事，在辽圣宗初年，即984年前后。
④ 《金史》卷一《世纪》。
⑤ 《三朝北盟会编》卷一八，宣和五年六月引《神麓记》。
⑥ 《三朝北盟会编》卷三，重和二年正月十日丁巳。
⑦ 《金史》卷一《世纪》。

在定居生活的基础上，女真社会的经济实力也不断增强。据载献祖绥可"教人烧炭炼铁，刳木为器，制造舟车，种植五谷，建造屋宇"①。实际上女真社会经济这一系列变化，并不都发生在献祖时期，只因始迁之功，后人才将这一切都归于献祖。据《金史·世纪》所载，献祖之后，昭祖在部落中"稍以条教为治，部落浸强"，为后来女真各部统一号令起了很大作用。昭祖之后，景祖时"稍役属诸部，自白山、耶悔、统门、耶懒、土骨论之属，以至五国之长，皆听命"。景宗得以役属诸部的基础，除昭祖时始兴以条教为治外，铁器的大量使用也加强了自身的综合实力。"生女直旧无铁，邻国有以甲胄来鬻者，倾赀厚贾以与贸易"。除购买铁器外，这一时期部落内部烧炭炼铁也有了起色，"得铁既多，因之以修弓矢，备器械，兵势稍振，前后愿附者众"。景祖之后，为肃祖、穆祖，穆祖为太祖的叔父，亦被女真人称为杨割太师，"金人至杨割太师始雄诸部"。在穆祖称雄诸部的同时，金人取代辽王朝的大志也随之而生。为了完成这一志愿，"力农积粟"，成为与之相伴的必要举措。

金太祖完颜阿骨打继兄之后，袭女真都勃列极之位，正值辽天庆四年（1114年），距献祖北迁阿什河流域约130年。这130年是女真人一个重要发展时期，此时的女真社会已不仅仅独重渔猎，农业从最初的附属地位，逐渐上升，成为实现兴国大志的基础。这里有一点应该指出，女真是一个以渔猎为传统生产形式的民族，无论金建国前，还是金中期举国南迁中原内地后；无论皇亲贵族，还是猛安、谋克户，打猎行畋都是他们生活中的重要组成部分，农业生产地位的上升，并不意味着女真人抛弃传统。故"金之初年，诸部之民无它徭役，壮者皆兵，平居则听以佃渔射猎为劳事"②。女真人固有的朴实、简朴的传统，不但体现在生产与经济生活中，而且也保留在社会生活中。"国初无城郭，四顾茫然，皆茅舍以居。"③ "国主晟尝浴于河，牧于野，屋舍、车马、衣服、饮食之类与其下无

---

① 《三朝北盟会编》卷一八，宣和五年六月引《神麓记》。
② 《金史》卷四四《兵志》。
③ 《大金国志》卷三《太宗》。

异。"①至太宗天会二年（1124年）"方营大屋数千间"，但这时金王朝的宫廷生活与中原天子仍不同，至金熙宗时"左右诸儒……教以宫室、服御、妃嫔、禁卫之盛"，中原王朝的宫仪、礼制才搬到塞外草原。

第二节　金建国后中原人口向金本土的移民

中原人口向塞外草原地区的迁移，对于推动塞外农业生产发展有着十分重要的意义。由于历史传统与自然环境的差异，中原农业人口往往是先进生产技术与生产工具的拥有者，因此他们的迁入，应将农业生产在横向发展的基础上向纵向进程上推进一步。

将战争俘虏大量迁向草原地区，是自辽代开始，北方王朝为充实本土实力所采取的重要措施。与辽相比，金从中原地区迁徙人口的规模与次数都小得多。虽然文献中亦有"太祖每收城邑，往往徙其民以实京师"之语②，但见于记载的，主要有这样几次：

1.金"天辅六年（1122年），既定山西诸州，以上京为内地，则移民实之……七年，以山西诸部族近西北二边，且辽主未获，恐阴相结诱，复命皇弟昂与孛堇稍喝等以兵四千护送，处之岭东，惟西京民安堵如故。"③由山西迁往金本土的人口数额没有留下任何记载。

2.天辅六年"时国主自入燕以后，所掳中原士大夫之家姝姬、丽色、光美、娟秀凡二三千人北归其国"④。

3.天辅七年（1123年）取燕京路。四月"尽徙六州氏族、富强、工技之民于内地"⑤，"金人既大得所欲，号职官、富户，因尽括六州之地，上户几二三万，起发由松亭关，去燕中"⑥。

---

① 《大金国志》卷一〇《熙宗》。
② 《金史》卷一三三《张觉传》。
③ 《金史》卷四六《食货志一》。
④ 《大金国志》卷二《太宗》。
⑤ 《金史》卷四六《食货志一》。
⑥ 《三朝北盟会编》卷一六，宣和五年四月引《北征纪实》。

4.天辅七年"且闻天祚北走鞑靼,经营擒之。乃遣左企弓等部所得燕山职官、富户,东取榆关,平滦路以归"①。

5.宋靖康二年(1127年)四月,"金人以帝及皇后、皇太子北归"②。

6.金大定十七年(1177年):"诏曰:'大石在夏国西北。昔窝斡为乱,契丹等响应,朕释其罪……遣使徙之,俾与女直人杂居,男婚女聘,渐化成俗,长久之策也。'于是……徙西北路契丹人尝预窝斡乱者上京、济、利等路安置。"③

7.大定十七年"又以西南、西北招讨司契丹余党心素狠戾,复恐生事,它时或有边隙,不为我用,令迁之于乌古里石垒部及上京之地"④。

对于上述文献中关于中原人口北迁的记载,有一点需要说明,这就是金人强迫中原人口北迁的行动,并不是每次都获成功,其中左企弓等监押燕山府人口北迁未遂,就是一例。

继宋金"海上之盟"后,金人攻下燕蓟地区,即与宋人相约"燕地人民尽归南朝,契丹、奚、渤海等人民,皆属金国"⑤。这一协议本来对这里的汉人并无大碍,但有一件事不好解决,那就是常胜军的问题。常胜军是辽后期由渤海、契丹等民族组成的一支军队,后降宋。这时的北宋朝廷正苦于本国战斗力不足,"燕山一路有常胜军五万……中国虽有戍兵,唯九千人,无能为业"⑥,十分欢迎常胜军的降服。金人协议中所及契丹、奚、渤海归金之议,直接关系到常胜军的去留。故有人给当时在河北统兵的童贯、王黼献计,"不若以燕地富户税产多者,皆与金去,却得其田宅,足以赡常胜军,则不烦朝廷钱粮,又得留常胜军一军为用",贯、黼二人竟然认可,于是导致燕山一路职官、富户北迁之举⑦。

燕民北迁分两路。由松亭关出塞一路尚安,而由榆关经平滦路的燕

---

① 《三朝北盟会编》卷一七,宣和五年五月十四日丙寅。
② 《宋史》卷二三《钦宗纪》。
③ 《金史》卷八八《唐括安礼传》。
④ 《金史》卷四四《兵志》。
⑤ 《三朝北盟会编》卷一六,宣和五年四月引《北征纪实》。
⑥ 《三朝北盟会编》卷三一,靖康元年正月引《北征纪实》。
⑦ 《三朝北盟会编》卷一六,宣和五年四月引《北征纪实》。

民，行至平州时，成功地策动平州刺史张觉反金归宋，张觉诱杀了左企弓、曹勇义等降金辽将，"榜谕燕人惟留战马外，尽放复业"①。这部分燕人虽然未成北迁之行，但"田宅悉为常胜军所有"，竟成为"无宿食之地"之人②。虽然朝廷闻"燕民之归，诏王安中詹度加恤，录士大夫之可用者，复百姓田租三年"③，但并没有解决回归燕民的根本问题。

金代北迁人口的次数与规模一般都低于辽代。几次人口迁移中，只有经由松亭关的燕民留有数额，为二三万户。这一数字与辽代动辄整州、整县席卷北去相比，可以说是规模较小的。金代北迁人口除数量少外，人口的职业与民族构成也与前代有所不同。主要有这样几方面：

1. 非农业民族人口占一定比例。天辅七年（1123年）迁往内地的山西诸部，以及大定十七年（1177年）迁往上京、济、利等州的山西路契丹人，均为非农业民族。

2. 城市人口所占比例较重。天辅七年经由松亭关迁入金内地的燕民，多为当地的官员、富户以及工技之民。天辅六年掳入北地的姝姬等，基本都是城市妇女。"靖康之难"中，随同徽、钦二帝而行的主要是教坊乐工、皇族及宗室眷属、后宫才人、内侍、僧道、秀才、监吏、裁缝、阴阳，以及各色工匠。各色工匠中又包括：画工百人，医官二百人，诸般百戏一百人，教坊四百人，木匠五十人，竹瓦泥匠、石匠各三十人，走马打球弟子七人，鞍作十人，玉匠一百人，内臣五十人，街市弟子五十人，学士院待诏五十人，筑毬供奉五人，金银匠八十人，吏人五十人，八作务五十人，后苑作五十人，司天台官吏五十人，弟子帘前小唱二十人，杂戏一百五十人，舞旋弟子五十人④。

北迁人口的民族与职业构成表明，他们或为非农业民族，或者虽属农业民族，但并不以农耕生产为生，基本为城市人口。虽然后来金人也将宋

---

① 《三朝北盟会编》卷一七，宣和五年五月引《北征纪实》。
② 《三朝北盟会编》卷一八，宣和五年六月五日丙戌。
③ 《三朝北盟会编》卷一七，宣和五年六月一日壬午。
④ 《三朝北盟会编》卷七八，靖康二年正月二十七日丁巳。

室皇族迁至通塞州,"给地十五顷,令种莳以自养"①。宋宗室的种莳自养与辽初大量中原农户北迁,具有完全不同的意义,前者是被迫性的生存行为,后者则是发展农业生产的真正动力。在这些中原北迁人口中,工匠数额虽然不多,但应该肯定的是,他们中间的宫廷技师与京都匠人,都是当时最高工艺技术的代表者与拥有者,他们携带的技术,对促进金本土生产工具的改革与新技术应用必然起了一定作用。

第三节　金本土内部的移民

从女真人伐辽至金建国后,金本土内的人口迁移相当频繁,依《金史》所载有如下几次:

1.金收国元年(1115年)正月,"上自将攻黄龙府,进临益州,州人走保黄龙,取其余民以归"。

2.收国二年正月,诏曰:"自破辽兵,四方来降者众,宜加优恤。自今契丹、奚、汉、渤海、系辽籍女直、室韦、达鲁古、兀惹、铁骊诸部官民,已降或为军所俘获,逃遁而还者,勿以为罪,其酋长仍官之,且使从宜居处。"

3.收国二年,"分鸭挞、阿懒所迁谋克二千户,以银术可为谋克,屯宁江州"②。

4.天辅二年(1118年)三月,"以娄室言黄龙府地僻且远,宜重戍守。乃命合诸路谋克,以娄室为万户镇之"③。"太祖取黄龙府,娄室请曰:'黄龙一都会,且僻远,苟有变,则邻郡相扇而起,请以所部屯守。'太祖然之,仍合诸路谋克,命娄室为万户,守黄龙府。"④

5.天辅二年六月,"辽通、祺、双、辽等州八百余户来归,命分置诸

---

① 《三朝北盟会编》卷一一六,建炎二年三月二十六日庚午。
② 《金史》卷七二《完颜银术可传》。
③ 《金史》卷二《太祖纪》。
④ 《金史》卷七二《完颜娄室传》。

部,择膏腴之地处之"。

6. 天辅二年七月,"辽户二百来归,处之泰州"。

7. 天辅五年二月,"遣昱及宗雄分诸路谋克之民万户屯泰州,以婆卢火统之,赐耕牛五十"。"其居宁江州者,遣拾得、查端、阿里徒欢、奚挞罕等四谋克,挈家属、耕具,徙于泰州,仍赐婆卢火耕牛五十。"①

8. 天会元年(1123年)九月,"发春州粟,赈降人之徙于上京者"。

9. 天会元年十一月,"徙迁、润、来、隰四州之民于沈州"。

10. 天会二年二月,"命徙移懒路都勃堇完颜忠于苏频水"。

11. 天会二年四月,"诏赎上京路新迁宁江州户口卖身者六百余人"。

12. 天会九年正月,"命以徒门水以西,浑疃、星显、僰蠢三水以北闲田,给曷懒路诸谋克"。

13. 大定十七年(1177年),"又以西南、西北招讨司契丹余党心素狠戾,复恐生事,它时或有边隙,不为我用,令迁之于乌古里石垒部及上京之地"②。大定十七年,"诏西北路招讨司契丹民户,其尝叛乱者已行措置,其不与叛乱及放良奴隶,可徙乌古里石垒部,令及春耕作"③。

14. 大定二十一年正月,上问宰臣曰:"奚人六猛安,已徙居咸平、临潢、泰州,其地肥沃,且精勤农务,各安其居。女直人徙居奚地者,菽粟得收获否?"④

15. 大定二十四年十一月,"尚书省奏徙速频、胡里改三猛安二十四谋克以实上京"。

16. 大定二十五年四月,"诏于速频、胡里改两路猛安下选三十谋克为三猛安,移置于率都畔窟之地,以实上京"。

从上述文献记载来看,金代本土内的移民基本表现为两个趋势,一为以拱卫、充实金政治核心上京为目的的移民,另一则是以其他政治、军事

---

① 《金史》卷四六《食货志一》。
② 《金史》卷四四《兵志》。
③ 《金史》卷七《世宗纪中》。
④ 《金史》卷四七《食货志二》。

要地为目的的移民，移民所至之处多为交通冲要。

上京会宁府（今黑龙江省阿城县白城）是金前期的都城，为了充实这里的政治、经济实力，同时也有对降户就近看管之意，最初的移民主要集中在这里。虽然文献中没有留下有关移民数额的明确记载，但从各类遗迹的出土器物来看，当时这里的经济是比较发达的，没有相当数额的劳动力，不可能有这样的成果。金太祖、太宗时期，上京会宁府一带始终是金本土经营的重点，海陵王迁都后，上京一带受到冷落，不但大量猛安、谋克被迁入中原地区，而且原来的宫殿也被毁掉[1]。至世宗时期重倡女真传统，上京才受到重视，在重修宫殿的同时，又将胡里改、速频两路猛安、谋克迁至这一地区。据考胡里改路治所在今黑龙江省依兰县马大屯，速频亦作恤品，为今绥芬河流域[2]，均在金王朝的东北边疆。前后两次从胡里改、速频两路共迁54谋克，依金初制度300户为一谋克，约16 200户。将这些女真人移置上京一带，明显具有加强实力的意图。

与上京移民相伴，泰州一带也是金本土内主要移民充实之地。金代泰州有新、旧之分，旧泰州即辽代的泰州，新泰州即辽代的长春州[3]，金代移民应是新泰州，位于今吉林省白城子。朝廷除了将降户安置在这里，也将宗人旧部迁移至此。天辅五年，"以境土既拓，而旧部多瘠卤，将移其民于泰州"。为了确保这部分旧部族人对新居地满意，迁移前派一名皇弟及族人宗雄"按视其地"，经过实地踏勘，认为其地"可种植"，于是以宗人婆卢火为都统，迁猛安、谋克万余家于此。同时又将原居于宁江州的拾得、查端、阿里徒欢、奚挞罕等四谋克，并家属、耕具一并迁于泰州，仍由婆卢火统管。太祖时规定"诸路以三百户为谋克，十谋克为猛安"[4]。由宁江州移至泰州的四猛安，约12 000户，加之女真旧部宗人万户，共约22 000户在这里从事农业生产。

---

[1] 《金史》卷二四《地理志上》。
[2] 贾敬颜：《东北古代民族古代地理丛考》，中国社会科学出版社，1994年。
[3] 李健才：《关于金代泰州、肇州地理位置的再探讨》，《北方文物》，1996年第1期。
[4] 《金史》卷二《太祖纪》。

金代大规模移民泰州并不是偶然之举,其中起重要作用的是这里的交通位置。泰州既处于金上京会宁府与辽故上京临潢府之间的交通线上,又是控制洮儿河流域的冲要之地。洮儿河流域是通往大兴安岭的交通要道,在军事上具有十分重要的意义。天辅元年女真人取泰州,次年就开始向这里移民,后来为了确保这里的安全,又将统领东北边疆军事的东北路招讨司设置在这里。

金代除移民上京、泰州两地外,移迁、润、来、隰四州民于沈州也是当时著名的移民举措。这次移民活动发生在太宗初年,这时正值金基本控制了本土各地,继续对燕京、西京用兵之际,此四州正当金本土与中原地区进行交通往来的必经之路,迁移的原因文献中未载,根据金占领辽东京、上京各州后,辽旧部屡有反叛之事推测,担心类似事件发生,影响军队往来通行,可能就是其中的原因。与泰州、沈州移民目的相同,金初向宁江州、黄龙府移民也都与政治、军事有关。宁江州、黄龙府都处于上京与东京交通往来的冲要地带,"苟有变则临郡相扇而起",故先后将女真猛安、谋克户迁移至此。

兴州是大凌河流域重要的城镇,为了防范这里的契丹人,并加强对北方的警备,金王朝曾迁梅坚河、徒门必罕、宁江速马剌三猛安于此①。据考梅坚河猛安原居于上京梅坚河附近,徒门必罕猛安原居于今图门江附近,宁江速马剌猛安的原居地则在辽故宁江州一带,三猛安原居地都在上京路②。

综上所述,金本土内部移民在人口民族与职业构成上,主要表现出两方面的特点:

1.以女真猛安谋克户为主。

2.被迁移的女真猛安谋克户具有一定的农业基础。

天辅五年(1121年)迁往泰州的猛安、谋克户都是具有一定农业传统的女真人,因此迁至泰州以后,均以屯田耕垦为业。原居于牡丹江下游及

---

① 《金史》卷二四《地理志上》。
② (日)三上次男:《金代女真研究》,黑龙江人民出版社,1984年。

绥芬河一带的胡里改、速频各猛安，最初的生产形式虽不见载于史书，但他们迁至上京会宁府一带以后，很快习于农耕生产，金章宗明昌三年，"上京、蒲与、速频、曷懒、胡里改等路，猛安、谋克民户计一十七万六千有余，每岁收税粟二十万五千余石"①。赋收粮食说明这些女真人已经具有一定的农业基础。

古代人口与劳动力往往对一个地区农业生产发展起重要作用。大量农业人口向上京以及各交通冲要地带移动，逐渐打破了自辽代以来形成的农业地理格局，主要农业开发区从辽上京临潢府、中京大定府一带逐渐向东移动，进而构成新的农业地理特征。

第四节　金本土迁出人口与农业开发核心区的转移

金与辽虽然都是由非农业民族在塞外建立的政权，但在国家政治的发展过程中，却有着不同的历程。辽建国后，国家政治中心一直在塞外，金却将政治中心从塞外移向中原地区。伴随政治中心的移动，金本土的人口也作了相应的迁移。

从1114年九月金太祖完颜阿骨打开始发动灭辽战争，至1117年四月攻取西京、燕京，在不到三年的时间内，金前后取得辽全部国土，同时继续将战火引向宋王朝的北方境土。金灭辽、灭北宋，是在不太长的时间内完成的，新占领土地内的稳定与管理，是金廷所考虑的重要问题。为此，北宋覆灭不久，绍兴三年（1133年），即金太宗天会十一年，金王朝即将本土内大量女真猛安、谋克迁入中原，以充实新辟土地。宋人宇文懋昭在其所著《大金国志》中是这样记述这段历史的："女真一部族耳，后既广汉地，恐人见其虚实，遂尽起本国之土人棋布星列，散居四方。令下之日，比屋连村，屯结而起。"②这次女真人南迁规模极大，"金左副元帅宗维（宗翰）悉起女真土人，散居汉地。惟金主及将相亲属卫兵之家得

---

① 《金史》卷五〇《食货志》。
② 《大金国志》卷八《太宗皇帝》。

留"[1]。关于这次人口迁移的年代,日本学者三上次男认为文献中记录的天会十一年,可能只是笼统指出移出的中心时代,实际上女真人的南迁一直持续到熙宗天眷、皇统年间[2]。继这次人口南迁之后,就是海陵王完颜亮移都燕京时进行的人口迁移,但这次规模无法和前次相比,只有十二个猛安被迁入中原。

在两次人口南迁过程中,迁移对象主要是女真人。金代女真人基本隶属于猛安、谋克组织,猛安、谋克各有特定的冠称,冠称不仅是猛安、谋克统率者的称呼,同时还表示猛安、谋克户的籍贯。所以通过冠称可以了解他们的居住地、故乡、移住地等事实。

日本学者三上次男曾对这一问题作了大量工作,此处将其根据《金史》及有关记载所作统计列为一表。表中包括金本土及中原各路的猛安、谋克,由于此处只研究女真人进入中原前的迁出地,因此分析的重点,也侧重于这方面。根据表8-1的分析,可有如下结论:

表8-1 各路猛安、谋克冠称

		各路猛安、谋克冠称	资料来源
上京路	上京路	扎里瓜猛安	《金史》卷六六《完颜隈可传》
		宋葛屯猛安	《金史》卷八六《夹谷胡剌传》
		速速保子猛安	《金史》卷九九《徒单镒传》
		牙塔懒猛安	《金史》卷一〇四《纳坦谋嘉传》
上京路	黄龙府路	奥吉猛安	《金史》卷七二《完颜谋衍传》
		和团猛安烈里没世袭谋克	《金史》卷七三《完颜宗宁传》
		和术海鸾猛安涉里斡设谋克	《金史》卷八二《仆散浑坦传》
		移里闵斡鲁浑河世袭猛安	《金史》卷八四《完颜奔睹传》

---

[1] 《建炎以来系年要录》卷六八,绍兴三年秋。
[2] 〔日〕三上次男:《金代女真研究》,黑龙江人民出版社,1984年。

续表

		各路猛安、谋克冠称	资料来源
		合懒合兀主猛安	《金史》卷一〇四《蒲察思忠传》
		曷懒兀主猛安敌骨论窟申谋克	《金史》卷八二《颜盏门都传》
		曷懒兀主猛安	《金史》卷八六《夹谷查剌传》
		夺古阿邻猛安	《金史》卷一二〇《徒单绎传》
	蒲与路	屯河猛安	《金史》卷七三《完颜宗尹传》
		火鲁火疃谋克	《金史》卷二四《地理志上》
		奴古宜猛安乌古耶古河谋克	《呼兰府志·地理志》
	胡里改路	胡里改猛安	《金史》卷一三〇《完颜阿鲁真传》
		合重混谋克	《柳边纪略》卷一一
		吊同圭阿邻谋克	《宁安县志》卷三《古迹》
		合里宾忒千户	《金史》卷二四《地理志上》
	速滨路	宝邻山猛安	《金史》卷七〇《完颜思敬传》
		哲特猛安	《金史》卷八六《乌延蒲离黑传》
		曷懒合打猛安	《金史》卷一〇三《完颜铁哥传》
	曷懒路	乌古敌昏山猛安	《金史》卷八〇《乌延蒲卢浑传》
		爱也窟谋克	《金史》卷八二《乌延胡里改传》
		婆朵火河谋克	《金史》卷八二《乌延胡里改传》
		泰申必剌猛安	《金史》卷一〇三《完颜阿里不孙传》
		可陈山谋克	（和龙县出土）
咸平府路		宁打浑河谋克	《金史》卷八一《阿勒根没都鲁传》
		忽土猛安	《金史》卷八二《完颜光英传》
		毕沙河猛安	《金史》卷八八《移剌道传》
		钞赤邻猛安查不鲁谋克	《金史》卷九一《移剌成传》

续表

	各路猛安、谋克冠称	资料来源
	酌赤烈猛安莎果歌仙谋克	《金史》卷一二一《石抹元毅传》
	伊改河猛安	《金史》一二一《纳兰淖赤传》
	咸平路猛安	《金史》卷一二二《陀满斜烈传》
	胡底千户寨	《辽东行部志》
	南谋懒千户寨	《辽东行部志》
	松瓦千户寨	《辽东行部志》
	和鲁夺徒千户	《辽东行部志》
	叩畏千户营	《辽东行部志》
	鼻里合土千户营	《辽东行部志》
	混里海巴哈谋克	《昌图府志·古迹》
东京路	斡底必剌猛安	《金史》卷一二八《蒲察郑留传》
	别里卖猛安奚屈谋克	《金史》卷九五《粘割斡特剌传》
	本得山猛安	《金史》卷一〇四《斡勒合打传》
	按春猛安	《金史》卷一二一《乌古论仲温传》
	复州千户	《辽阳宣武将军高松哥墓志》
	曷苏馆猛安	《金史》卷五《海陵本纪》
	合厮罕猛安	《金史》卷六六《完颜齐传》
	获火罗合打猛安	《金史》卷九三《完颜琮传》
	温甲海猛安	《金史》卷一〇三《纥石烈桓端传》
	图鲁屋猛安黄蠡谋克印	（朝鲜平安北道满蒲镇发现）
北京路	筈栢山猛安	《金史》卷六六《完颜阿喜传》
	窟白猛安陀罗山谋克	《金史》卷九四《瑶里孛迭传》
	讹鲁古必剌猛安	《金史》卷一〇〇《完颜伯嘉传》

续表

		各路猛安、谋克冠称	资料来源
		宋阿答阿猛安	《金史》卷一二四《术甲脱鲁灰传》
		烈虎等五猛安	《金史》卷二四《地理志上》
		胡土虎猛安	《金史》卷一二八《石抹元传》
		徒门必罕、宁江、速马剌三猛安	《金史》卷二四《地理志上》
		曷吕斜鲁猛安	《金史》卷八六《蒲察斡论传》
		赫沙阿世袭猛安	《金史》卷九三《仆散揆传》
		昏斯鲁猛安	《金史》卷一三二《徒单贞传》
		斜剌阿猛安	《金史》卷一三二《徒单阿里出虎传》
		颜河世袭谋克	《金史》卷八七《纥石烈志宁传》
		乌连苦河猛安	《金史》卷一〇四《移剌福僧传》
		按出虎割里罕猛安	《金史》卷一二二《蒲查娄室传》
西京路	西北路	没里山猛安	《金史》卷一二〇《唐括德温传》
		宋葛斜斯浑猛安	《金史》卷一二七《温迪罕斡鲁补传》
		宋葛斜忒浑猛安	《金史》卷二四《地理志上》
		梅坚必剌猛安	《金史》卷二四《地理志上》
		王敦必剌猛安	《金史》卷二四《地理志上》
		拿怜术花速猛安	《金史》卷二四《地理志上》
	西南路	忽论宋割猛安	《金史》卷一〇三《纥石烈桓端传》
		胡论宋葛猛安	《金史》卷八八《纥石烈良弼传》
		按出灰必剌罕猛安	《金史》卷一〇三《完颜蒲剌都传》
		延晏河猛安	《金史》卷九四《完颜安国传》

续表

		各路猛安、谋克冠称	资料来源
中都路		胡土霭哥蛮猛安	《金史》卷八五《完颜永成传》
		胡土爱割蛮世袭猛安	《金史》卷九三《仆散揆传》
		胡土爱哥蛮猛安	《金史》卷一〇二《仆散安贞传》
		和鲁忽土猛安	《金史》卷一四《宣宗纪上》
		和鲁忽土猛安忽邻河谋克	《金史》卷七六《完颜檀奴传》
		胡鲁土猛安	《金史》卷九七《移剌益传》
		火鲁虎必剌猛安	《金史》卷一〇一《仆散端传》
		昏得浑山猛安曷速木单世袭谋克	《金史》卷六四《钦怀皇后传》
		浑特山猛安	《金史》卷一二〇《徒单铭传》
		迭鲁猛安	《金史》卷一四《宣宗纪上》
		迭鲁都世袭猛安蒲鲁吉必剌谋克	《金史》卷九九《徒单镒传》
		不扎土河猛安	《金史》卷九二《徒单克宁传》
		蓟州猛安	《金史》卷一二一《术甲法心传》
		乌独浑谋克	《金史》卷一二〇《徒单思忠传》
		中都路猛安	《金史》卷一二二《尼厖古蒲鲁虎传》
南京路		南京路猛安	《金史》卷七四《完颜文传》
		按出虎猛安	《金史》卷九二《曹望之传》
河北东路		算注海猛安	《金史》卷一一《章宗纪三》
		算术海猛安	《金史》卷九四《丞相襄传》
		算主海猛安	《金史》卷一二〇《徒单公弼传》
		洮委必剌猛安	《金史》卷一〇三《完颜仲元》
		胡剌温猛安	《金史》卷七《世宗纪中》

续表

	各路猛安、谋克冠称	资料来源
河北西路	爱也窟河世袭猛安阿里门河谋克	《金史》卷八二《乌古论三合传》
	山春猛安	《金史》卷一二二《纥石烈鹤寿传》
	吾直克猛安	《金史》卷一二八《女奚烈守愚传》
	河北西路猛安	《金史》卷一〇一《乌古论庆寿传》
山东东路	胡剌温猛安	《金史》卷七《世宗纪中》
	合里哥阿邻猛安	《金史》卷一一《章宗纪三》
	把鲁古猛安	《金史》卷八五《完颜永成传》
	把鲁古必剌猛安	《金史》卷八五《完颜永德传》
	忒黑河猛安蘸合谋克	《金史》卷四四《兵志》
	移里闵斡鲁浑猛安付母温山谋克	《金史》卷四四《兵志》
	移里闵斡鲁浑猛安下翕浦谋克	《金史》卷四四《兵志》
	因闵斡鲁浑猛安	《金史》卷九三《完颜宗浩传》
	郑家塔割剌讹没谋克	《金史》卷一〇一《完颜承晖传》
	益都猛安	《金史》卷一〇三《乌古论礼传》
山东西路	瑶落河猛安	《金史》卷七《世宗纪中》
	移马河猛安	《金史》卷七《世宗纪中》
	三屯猛安	《金史》卷一五《宣宗纪中》
	三土猛安益打把谋克	《金史》卷九四《夹谷衡传》
	蒲底山挈兀鲁河谋克	《金史》卷六五《完颜斡者传》
	徒毋坚猛安	《金史》卷七四《完颜齐传》
	把鲁古世袭猛安	《金史》卷八五《完颜永功传》
	按必出虎必剌猛安	《金史》卷八五《完颜永升传》
	盆买必剌猛安	《金史》卷八五《完颜永成传》

续表

	各路猛安、谋克冠称	资料来源
	吾改必剌世袭谋克	《金史》卷一一二《完颜合达传》
	斡可必剌谋克	《金史》卷一二四《郭虾蟆传》
	东平路猛安	《金史》卷一三二《纥石烈执中传》
大名府路	怕鲁欢猛安	《金史》卷一〇三《纳兰胡鲁剌传》
	纳邻必剌猛安	《金史》卷一〇四《乌林答与传》
	纳邻河猛安	《金史》卷一二〇《乌林答晖传》
	海谷忽申猛安	《金史》卷一六《宣宗纪下》

1.西北路招讨司：最初设治于抚州，后治桓州（今内蒙古正蓝旗），分布在其辖内的猛安中，宋葛斜斯混猛安、梅坚必剌猛安、王敦必剌安、拿怜术花速猛安均来自上京路。

2.西南路招讨司：大定前设治丰州，后置应州。其辖内的猛安中，胡论宋葛猛安、按出灰必剌罕猛安均来自上京路。

3.中都路：辖于此路的猛安中，胡土爱割蛮世袭猛安原居地在今吉林省扶余县石碑崴子，和鲁忽土猛安原居地为今辽宁省西丰县，昏得浑山猛安原居咸平路，迭鲁都猛安、火鲁虎必剌猛安原居地在呼兰河流域。

4.南京路：按出虎猛安原居地为上京。

5.河北东路：胡剌温猛安原居地为上京。

6.河北西路：爱也窟河猛安原居地为今图门江上游。

7.山东东路：胡剌温猛安、合里哥阿邻猛安、忒黑河猛安、移里闵斡鲁浑猛安、把鲁古必剌猛安原居地为上京。

8.山东西路：瑶落河猛安、移马河猛安可能是奚、契丹户。三屯猛安原住地在辽宁省海龙附近，蒲底山挐兀鲁河谋克原居涞流河、混同江中间，徒毋坚猛安、把鲁古猛安、按必出虎必剌猛安、盆买必剌猛安原居地均为上京。

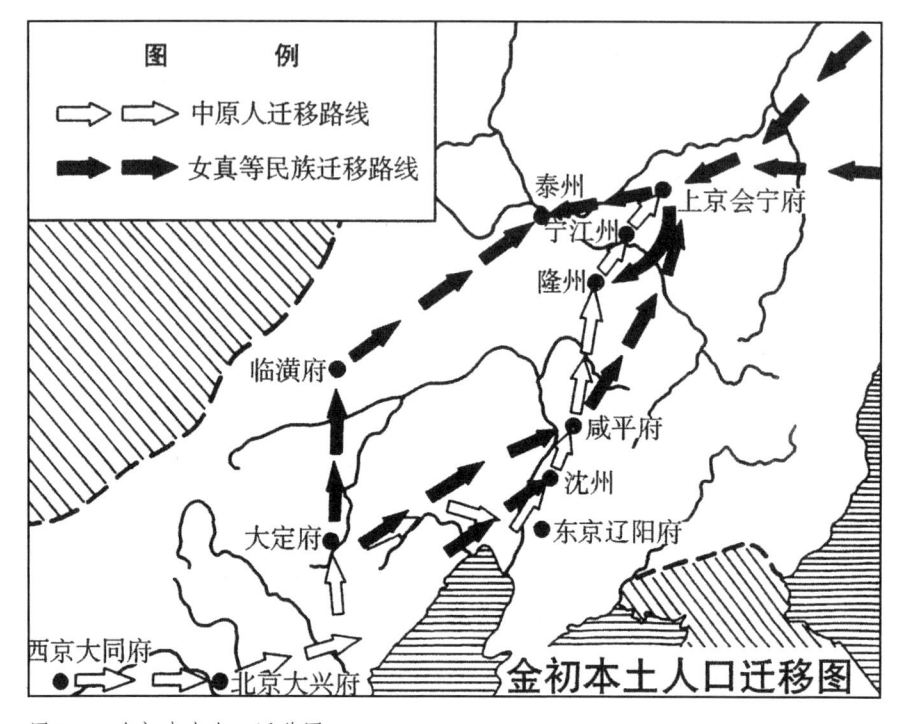

图 8-2 金初本土人口迁移图

9.大名府路：怕鲁欢猛安原居地在今吉林省农安一带，纳邻必刺猛安、海谷忽申猛安原居地均为上京[1]。

南迁的女真人主要来自上京路、东京路、咸平路，其中来自上京路的数量最大。在南迁的猛安、谋克中也有一定量的契丹、奚以及渤海人。金初攻取契丹、奚人原居地后，立即实行猛安、谋克制，令当地原住居民组织猛安、谋克部，"所谓渤海军，则渤海八猛安之兵也；所谓奚军者，奚人遥辇昭古牙九猛安之兵也"就是这样的现象[2]（图8-2）。

人口迁移本身对农业开发与布局会造成一定影响，而这种影响的大小

---

[1]〔日〕三上次男：《金代女真研究》，黑龙江人民出版社，1984年。
[2]《金史》卷四四《兵志》。

直接取决于移民的人口规模。以女真为主的猛安、谋克户大量南迁是一件毋庸置疑的事实，但迁移人口数量却是一个未知数。日本学者外山军治认为从金初至海陵王迁都燕京之日，前后移居中原的女真人数逾百万[①]。这仅是一个大致的估计，更确切的数字还需要进一步讨论。

见于《金史·食货志》记载，大定二十三年（1183年）全国有猛安202，谋克1 878，户615 624，口6 158 636，以口而论占全国人口13.7%。这一猛安、谋克户口数应不仅限于中原地区，是金本土与中原地区所有猛安、谋克户口的总和。若依这一数据考察猛安、谋克南迁规模，必须首先弄清大定前后金本土内猛安、谋克数额，然后再进行逆向推算。有关这一问题《金史·食货志》中留下了这样一个线索，明昌四年（1193年）十月"尚书省奏：'今上京、蒲与、速频、曷懒、胡里改等路猛安、谋克民户计一十七万六千有余'"。明昌四年距大定二十三年达十年，依7.1‰的人口增殖率计算[②]，上述五路大定二十三年应有猛安、谋克户164 026户。但这仅是上京五路的数字，除此之外，金本土还包括东京、咸平、临潢、北京等路，为了补齐这一数字，还需要进一步的研究。根据表8-1中所录猛安、谋克的冠称，可以看出来自于不同籍贯的猛安、谋克在中原地区出现的频度。上京等路是女真人的主要居住地，也是南迁时人口迁出最多的地方，其他如东京、咸平、临潢、北京等路南迁人口数额都相形见低。经过统计上京等路与东京、咸平两路，北京、临潢两路猛安、谋克在中原地区的出现频度为6∶3∶1。假定当初各路猛安、谋克户移居中原地区时，在总人口中就是基本按照这一比例进行迁移的，那么留居在原地的也应维持这一比例。如果这一说法成立的话，那么将金本土人口看作十分，上京五路164 026户，在其中占六分，东京、咸平、临潢、北京等处猛安、谋克户则占四分，为109 351户，两处加在一起，金本土内猛安、谋克户共计273 377户，用《金史·食货志》所载大定二十三年全国猛安、谋克总户数615

---

① 〔日〕外山军治：《金朝史研究》，黑龙江朝鲜民族出版社，1988年。
② 据刘浦江研究，"大定二十三年至泰和七年，猛安、谋克户口增长率分别为7.1‰与9.4‰"，见《金代户口研究》，《中国史研究》，1994年第2期。

624减去金本土的户额，中原各路居住的猛安、谋克则为342 247户，占55.6%。中原地区的猛安、谋克就是在南迁猛安、谋克户的基础上发展起来的。大定二十三年（1183年）距猛安、谋克户始迁年天会十一年（1133年）为50年，依下列公式进行计算，天会十一年南迁猛安、谋克户达241 019户，猛安、谋克户均人口都较多，依每户6口计，可达140多万口。这样大数额的人口迁移，不但对中原地区农业生产发展造成的影响是十分巨大的，而且也抑制了迁出地的开发速度，同时又一次造成农业地理布局的变化。

$$人口数^{初} \times (1+r)^{相隔年数} = 人口数^{末}$$

（r为人口增殖率，此处取r值为7.1‰）

金代户口记载与历代相比，可称详备、精确，从《金史·食货志》的记载来看，不但有明确的户籍登记对象，有以保伍法为基础的户籍管理体制，还实行"三年一籍"的户籍申报期限，这一切都进一步增加了金代户口资料的真实性。《金史·地理志》是金代户口资料中唯一系之于州的记载，对于《地理志》所载户口的时间问题，学术界持有不同见解，其中泰和七年之说，基本成为共识[1]。泰和七年（1207年）已近金朝后期，因此《金史·地理志》所反映的基本是女真猛安、谋克户南迁以后，各地的分布状况。具体情况见表8-2。

表8-2 《金史·地理志》记载金本土内户口[2]

路	州府	户	口	人口密度人/km²	路	州府	户	口	人口密度人/km²
上京路	会宁府	31 270	187 620	1.5	北京路	利州	21 296	127 776	25.5
	肇州	5 375	32 250	1.0		锦州	39 123	234 738	52.1

---

[1] 韩光辉：《〈金史·地理志〉户口系年正误》，《中国史研究》，1988年第2期。刘浦江：《金代户口研究》，《中国史研究》，1994年第2期。

[2] 因金代户均人口都较多，表8-2人口依每户6口计算而得。

续表

路	州府	户	口	人口密度人/km²	路	州府	户	口	人口密度人/km²
	隆州	10 180	61 080	3.7		瑞州	19 953	119 718	22.8
	信州	7 359	44 154	12.2		义州	30 233	181 398	66.0
咸平府路	咸平府	56 404	338 424	36.0		广宁府	43 161	258 966	23.9
						懿州	42 351	254 106	16.0
	韩州	154 12	92 472	16.0		兴中府	40 927	242 562	43.1
						建州	11 439	68 634	68.6
东京路	辽阳府	40 604	243 624	33.7	北京路	大定府	64 047	384 282	5.1
	澄州	11 935	71 610	24.7		全州	9 319		
	沈州	36 892	221 352	27.8		临潢府	67 907		
	贵德州	20 896	125 376	15.7		庆州	2 007	592 242	2.9
	盖州	18 456	110 736	11.8		兴州	15 970		
	复州	13 950	83 700	19.3		泰州	3 504		

从表8-2可以看出，金后期本土内人口主要集中分布在辽西、辽东两个地区。这两个地区既构成了人口的集中分布区，也成为农业生产的主要发展区域。

在古代的生产力条件下，人口的分布与数量是决定农业开发的关键。纵观金代人口变化，可以初步复原当时农业开发的地域特征与发展进程。如前所述，金本土人口变化可分为前后两个阶段。金前期人口移动方向以上京路、东京路等东部地区为主的第一个阶段维持的时间很短，在10～30年之间。在这一阶段中，由于东部地区人口增多，特别是中原人口的北上，以及代表当时最高工艺水平的宫廷技师及京都匠人的出现，对促进这一地区生产工具改革与新技术应用，起了很大的推动作用，直接影响农业生产面貌。这一时期金本土农业生产的核心区域主要在东部地区，西部地区相对滞后，原上京临潢府附近落差最大。

金本土内以东部地区为核心的农业开发维持时间并不长，从金太宗天会十一年（1133年）前后，大量猛安、谋克户纷纷南迁，南迁人口中虽然也有部分来自临潢、北京等路，但占多数的仍是上京路及东京、咸平两路，《金史·地理志》反映的正是大量猛安、谋克户南迁后的人口分布格局。这时应属人口变化的第二个阶段，在这一阶段中，临潢府一带继续显示出萧条冷落，与之相伴的则是上京会宁府一带昙花一现式的繁荣之后随之而至的衰落。农业开发的重点地区由整个东部转向辽东、辽西地区，特别是海陵王完颜亮迁都南京后，中原地区与金本土的联系，主要依靠傍海道这条交通要道[①]，道路两侧的辽东、辽西更为重要，经济地位随之上升，不但人口聚集程度最高，也是农业开发的核心地带。

---

① 辛德勇：《古代交通与地理文献研究》，中华书局，1996年。

第九章 金本土的农业开发

金建国以来,金本土以女真为首的民族,在渔猎、畜牧旧有经济生活外,逐渐拓展农耕业,金本土内农业生产有了一定发展。

金本土内农业生产发展,主要表现有这样几个方面:1.农业垦殖区域有较大幅度的扩展,除西拉木伦河流域、辽河流域之外,农业垦殖区向北扩展到松花江流域。虽然这时的农业开垦仍呈插花制形式,但农田的分布范围大大向北扩展了。2.农耕技术有较明显的提高。从文物考古的成果看,目前已发现的金代铁制农具不仅数量与地点有所增加,而且属于精耕环节的工具也时常可见。3.农业生产已不仅仅是汉、渤海等农业民族的生产形式,女真、契丹、奚等民族也相继投入农耕生产的行列中。4.金本土出现了粮食生产基地,成为金王朝建都于松花江流域的物质基础。

导致金本土农业生产这些重大变化的原因是多方面的,其中最重要的是辽代已经形成的农业开拓与耕垦基础。正如前几章所述,辽王朝建立之前,东北草原地区的各民族中,虽然也存在简单的农业种植活动,但还不能算作一个独立的生产部门。辽王朝的一切物质创造、技术摸索,以及由此而形成的技术储备、劳动力储备,都为金代农业生产的发展建立了良好的基础。

第一节 金上京以及毗邻地区农业生产特点及地域扩展

金本土内农业开垦仍呈插花制形式,插花田主要分布在城邑周围。根据文物考古部门的调查,以上京会宁府为中心的女真原居地,留下许多金代城址,这些城址与《金史·地理志》所载州县共同显示了这一地区农业生产的空间结构特征。下面依黑龙江文物考古所王永祥等对黑龙江地区金代古城所作统计,列为表9-1。

表9-1 黑龙江地区金代古城遗址[①]

地貌位置	地点	规模
阿什河畔	金上京古城:阿城市西白城村	为南北二城,周长共10 873米
拉林河右岸二级台地	唐家崴子古城:双城县长胜村唐家崴子古城	周长500米
拉林河畔台地	前对面古城:双城县宏光乡红光村	周长1 640米
拉林河畔台地	后对面古城:双城县宏光乡红星村	周长720米
拉林河畔	汤家窝铺古城:双城县韩甸乡宏城村	周长1 360米
拉林河畔	小半拉城子古城:双县城韩甸乡宏城村	周长580米
拉林河畔台地	东家城子古城:双城县兰陵乡靠山村	周长700米
拉林河畔台地	石家崴子古城:双城县兰陵乡新农村	周长1 500米
拉林河台地	花园古城:双城县韩甸乡花园村	周长200米
拉林河台地	胜勤古城:双城县前进乡胜勤村	周长680米
拉林河台地	金钱屯古城:双城县前进乡金钱村	周长1 300米
拉林河台地	正永古城:双城县单城乡正永村	周长1 300米
拉林河台地	元宝古城:双城县公正乡民旺村	周长1 500米
拉林河台地	永胜古城:双城县永胜乡永胜村	周长1 400米
拉林河台地	万斛古城:双城县青岭乡万斛村	周长1 330米
拉林河台地	杏山古城:双城县杏山双合村	周长1 330米
拉林河台地	跃进古城:双城县跃进乡良种村	周长1 000米

① 王永祥等:《黑龙江金代古城述略》,《辽海文物学刊》,1988年第2期。

续表

地貌位置	地点	规模
拉林河台地	北土城子古城:五常县双桥乡	周长1 200米
拉林河台地	西城子古城:五常县红旅乡西城子村	周长1 000米
拉林河台地	东城子古城:五常县红旅乡东城子村	周长1 200米
拉林河台地	北城子古城:五常县冲河乡北城子村	周长2 700米
拉林河台地	南城子古城:五常县冲河乡南城子村	周长2 800米
拉林河台地	营城子古城:五常县营城子乡营城子村	周长1 430米
拉林河二级台地	南土城古城:五常县营城子乡南土城村	周长1 440米
拉林河二级台地	半里城古城:五常县西	周长1 000米
柳板河左岸	仁和古城:宾县新甸乡仁和村	周长1 220米
柳板河畔	长安古城:宾县常安乡古城村	周长860米
柳板河畔	启新城子山古城:宾县民和乡启新村	周长1 600米
柳板河畔	红石砬子古城:宾县鸟河乡红石砬子村	周长650米
柳板河畔	城子屯古城:宾县鸟河乡红石砬子村	周长1 040米
柳板河畔	韩城古城:宾县满井乡先锋村	周长1 300米
柳板河畔	大城子山古城:宾县民和乡北山屯大城子	周长400米
柳板河畔	永宁古城:宾县满井乡永宁村	周长1 300米
柳板河畔	下甸子古城:呼兰县石人甸子村	周长980米
柳板河畔	团山子古城:呼兰县孟家乡团山子村	周长1 500米
柳板河畔	新农古城:呼兰县康金乡新农村	
柳板河畔	石人古城:呼兰县石人乡古城村	周长1 000米
柳板河畔	裕丰古城:呼兰县副业乡裕丰村	周长1 122米
松花江左岸台地	腰堡古城:呼兰县腰包乡	周长1 760米
松花江左岸台地	太平屯古城:通河县太平屯	周长1 400米
松花江左岸台地	城子山古城:木兰县	周长1 000米

续表

地貌位置	地点	规模
松花江左岸台地	蒙古山古城:木兰县蒙古山	周长2 500米
松花江左岸台地	少陵河古城:巴彦县驿马乡	周长1 400米
松花江左岸台地	城子沟古城:巴彦县城子沟屯	周长1 400米
五岳河畔	小城子古城:巴彦县西南	周长1 400米
五岳河畔	万宝古城:哈尔滨道外	周长1 500米
五岳河畔	平乐古城:哈尔滨平房区	周长1 350米
松花江右岸	松山古城:哈尔滨道里区太平乡	周长1 000米
松花江右岸	莫里街城:哈尔滨香坊区幸福乡	周长1 120米
松花江右岸	郎家津西古城:汤原县振兴乡	周长1 370米
松花江右岸	郎家津东古城:汤原县振兴乡	周长700米
松花江南岸	瓦里霍屯古城:桦川县悦兴乡万里河村	周长3 400米
松花江南岸	希尔哈古城:桦川县新城乡古城村	周长3 200米
松花江右岸	奥里米古城:绥滨县	周长3 224米
松花江右岸	中兴古城:绥滨县中兴乡高力村	周长1 490米
松花江右岸	霍屯吉里古城:富锦县西	周长2 750米
松花江右岸	老城子古城:饶河县小佳河乡	周长1 200米
松花江右岸	团结小城子古城:同仁县乐业乡	周长1 447米
松花江右岸	勤得利古城:勤得利码头	周长1 928米
汤旺河畔	固木纳古城:汤原县西	周长2 500米
汤旺河畔	依兰五国城:依兰县	周长2 210米
牡丹江左岸	土城子古城:依兰县土城子乡土城子村	周长3 345米
牡丹江左岸	城子山古城:抚远县	周长1 000米
小兴安岭东麓	邵家店古城:鹤岗市北	周长1 800米
牡丹江畔	三道通古城:林口县三道通乡	周长2 900米

续表

地貌位置	地点	规模
乌斯浑河入牡丹江处	乌斯浑河古城:林口县	周长2 700米
乌斯浑河入牡丹江处	城子后山古城:宁安县	周长3 000米
穆棱河左岸	临河古城:密山县三棱通乡临河村	周长800米
穆棱河左岸	半拉子古城:密山县柳毛乡半拉城子村	周长800米
穆棱河左岸	安兴古城:虎林县安兴农场	周长410米
山顶	轴水砬子城:东宁县河西屯	周长1 500米
乌斯浑河左岸	古城子古城:林口县建堂乡	周长400米
乌斯浑河左岸	新城古城:林口县新城乡	周长2 000米
乌斯浑河左岸	白虎哨古城:林口县三道通乡曙光村	周长460米
乌斯浑河左岸	西营城子古城:宁安县沙兰乡营城子村	周长631米
乌斯浑河左岸	杏花古城:宁安县兴隆乡杏花村	周长1 200米
乌斯浑河左岸	东营城子古城:宁安县沙兰乡	周长710米
乌斯浑河左岸	南湖头山城:宁安县镜泊湖	周长432米
海浪河右岸	萨尔浒古城:海林县东南	周长800米
海浪河右岸	满城古城:海林县旧街满城屯中	周长1 000米
海浪河右岸	南山城古城:牡丹江市郊	周长2 040米
海浪河右岸	郝家城子古城:兰西县长江乡双城村	周长3 940米
海浪河右岸	下城子古城:兰西县榆林镇村下城屯	周长1 332米
海浪河右岸	小城子古城:兰西县远大乡民主村	周长1 000米
海浪河右岸	锄力城子古城:兰西县城郊	周长1 545米
海浪河右岸	簸拉火烧古城:兰西县北安乡朝阳村	周长2 800米
呼兰河左岸台地	女儿城古城:兰西县东凤乡	周长1 000米
呼兰河左岸台地	半拉子古城:绥化县兴福乡万合村	周长1 000米
呼兰河左岸台地	小城子古城:兰西县太阳乡临安村	周长3 000米

续表

地貌位置	地点	规模
呼兰河左岸台地	水头古城:望奎县卫星乡水头村	周长1 400米
呼兰河左岸台地	通江古城:望奎县通江乡通江村	周长1 000米
松花江左岸台地	八里城古城:肇东县四站乡	周长4 000米
松花江左岸台地	土城子古城:肇源县义川乡永光村	周长1 980米
松花江左岸台地	仁和堡古城:肇源县头台乡仁和堡村	周长760米
松花江左岸台地	梅信屯古城:肇源县富兴乡义觉村	周长750米
松花江左岸台地	他代海古城:肇源县民意乡健民村	周长1 240米
松花江左岸台地	西南德根古城:肇源县古龙乡永胜村	周长984米
松花江左岸台地	二站古城:肇源县二站裕民乡	周长1 200米
松花江左岸台地	新站古城:肇源县新站乡古城村	周长946米
松花江左岸台地	富强古城:肇源县富强乡富强村	周长700米
松花江左岸台地	大青山古城:肇源县古龙乡德胜村	周长800米
松花江左岸	望海屯古城:肇源县三站乡	周长3 000米
松花江左岸	沙家子古城:齐齐哈尔市	周长1 360米
松花江左岸	蒲与路古城:克东县金城屯	周长2 842米

表中所列金代古城共106处,其中除克东与齐齐哈尔两处遗址位于蒲与路内,其他均位于上京、胡里改、速频三路之内。

王永祥依据城址周长,将其分为六级:

1. >7 500米　　　　　京城
2. 4 000~5 000米　　路所在地的州府城
3. 2 500~3 500米　　州城
4. 1 500~2 500米　　县城或猛安
5. 1 000~1 750米　　谋克
6. 400~750米　　　　边堡

若按此分级，104个古城中，除一个规模不清外，六级城20个，五级城57个，四级城8个，三级城15个，二级城2个，一级城1个。若四级城为县级城址，那么县以下城占总数的75%。这些城镇大多沿江河分布，其中沿阿什河沿岸有十几座金代城址，间距10~15华里不等，拉林河右岸有17座古城，间距10~20华里，呼兰河沿岸有12座古城，间距20~30华里，松花江沿岸则排列着40多个大小不等的金代城邑，一直延伸到黑龙江口[①]。农业虽然不是城镇的产物，但城镇的选址却与农业有直接关联。江河既是最便捷的交通线，也是农业生产可以依仗的灌溉之源。江河两岸的阶地上，既可利用江河水源，又很少水患之扰；既是建城筑寨的可选之处，又是发展农业的有利之地，故大量村寨都以城市为依托，形成以城镇为中心的插花式农田。最初女真人俗不筑城，城的出现已在金太宗时期了。这时候的城，虽多以政治、军事功能为主，但城址附近，一般都分布大面积遗址，居住在这里的就是以农业为主要生产形式的平民。他们平日在城外从事农业生产，战时则入城，参加守城之战。

金代的农田在分布形式上仍具有插花制特征，较大的农业开垦地都以城邑为依托，在城外形成一定规模的农田。许多城址周围都发现了农业生产工具。如兰西县双榆树屯出土的器物中有铁锅、铁犁[②]。位于阿什河附近的成高子一带则有铁铲、铁镰等金代生产工具出土[③]。肇东县八里城遗址出土了犁铧、犁碗子、耨头、锄、钁、镰、手镰、锹、铡草刀、垛叉、渔叉等农业及渔猎工具五十多件[④]。吉林农安市万金塔乡发现铧、镐，三宝乡宝城村发现铁镰、铧，新阳乡发现铁铧、犁镜等农具[⑤]。吉林省前郭县发现金代犁铧[⑥]。吉林省德惠县布海乡发现犁铧、镐、镰，这些农具制作技术大多与中原地区接近[⑦]。

---

① 王永祥等：《金代黑龙江古城述略》，《辽海文物学刊》，1988年第2期。
② 《黑龙江兰西县发现金代文物》，《考古》，1962年第1期。
③ 《哈尔滨东郊的辽、金遗址和墓葬》，《考古》，1960年第4期。
④ 《黑龙江肇东县八里城清理简报》，《考古》，1960年第2期。
⑤ 庞志国：《金代东北主要交通路线研究》，《北方文物》，1994年第4期。
⑥ 《吉林省前郭县出土的金代犁铧》，《东北考古与历史》，1982年第1期。
⑦ 《吉林省德惠县后城子金代古城发掘》，《考古》，1993年第8期。

上京等路出土的金代农业生产工具种类齐全，有耕翻工具、收获工具，也有中耕除草工具。这些农具中最应注意的仍是锄，锄的发现表明这一带已有精耕农业的萌芽。

上京等路的城址虽多，但各类农业生产工具出土最多的仍在上京会宁府及周围地区，这里是金源地内农业生产发展程度最高的地区。金前期设都于此，海陵王时虽迁都燕京，但世宗以后，仍视这里为"内地"或"金源地""国家兴王之地"①，在政治、经济上都给予很大重视。为了尽可能维持这一地区农业生产的稳定，朝廷曾针对这里的特点在各类政策上进行了调整，其中令女真人与汉人杂居，农忙时实行互助就是一例。

上京等路是女真人的"金源地"，因此在民族构成上，女真人保持着相当的优势。金前期居住在这里的"本户"和"汉户"是分地而居的②，女真人以猛安、谋克为单元聚居在一处，汉人另居一处。大定二十年（1180年）"上京路女直人户，规避物力，自卖其奴婢，致耕田者少，遂以贫乏"③。物力钱是金代杂税之一，其内容是按照民间田园、邸舍、车辆、牲畜、树林的价值和收藏金银的多少征税。遇到临时差役，往往按照所缴物力钱数额排定户等，征发差役。金初对民户三年一籍，金世宗大定四年（1164年）以贫富变更，赋役不均，始行通检。大定二十年，在猛安、谋克人户内也开始进行推排，先自中都路起，然后于二十二年八月向外推行，办法是"集耆老，推贫富，验土地、牛具、奴婢之数，分为上、中、下三等"④。由于奴婢数额是确定户等的重要依据之一，为了躲避物力钱，上京一带的女真人往往卖掉奴婢，这样就使农业生产失掉大量劳动力，造成土地荒芜、耕地减少。针对这样的现象，朝廷又规定了"猛安、谋克人户，兄弟亲属若各随所分土，与汉人错居，每四五十户结为保聚，农作时

---

① 《金史》卷七《世宗纪中》。
② 《金史》卷四六《食货志一》载："今如分别户民，则女直言本户，汉户及契丹，余谓之杂户。"
③ 《金史》卷四六《食货志一》。
④ 《金史》卷四六《食货志一》。

令相助济"①。这一规定的实行，在一定程度上打破了各民族分居的现象，促进了民族融合以及农业生产的发展。由于各方面的努力。金代上京会宁府及周围地区的农业生产，虽因都城的南迁，一度中衰，但与其他地区相比，仍显示出明显的优势。世宗大定三年（1163年），临潢府一带饥荒，朝廷诏令"临潢汉民逐食于会宁府、济、信等州"②。临潢府百姓长途至会宁府等地逐食，说明的正是这里较高的农业生产发展水平及稳定程度。

辽黄龙府，金先后更名济州、隆州，是上京路内次于会宁府的又一重镇，这里正值上京与东京交通往来的冲要之处，从金初就屡次移民于此。天辅元年，完颜娄室率民攻下川、成、徽三州，随即"徙其民于咸州黄龙之地"③。天辅二年（1118年），完颜娄室认为黄龙府"宜重戍守"，太祖"乃命合诸路谋克，以娄室为万户镇之"④。辽代黄龙府一带的经济基础本来就不错，金初的移民更加强了这里的实力。海陵王天德三年（1151年），将上京路都转运司设在济州（即辽黄龙府），说明济州对上京一带不仅有着重要的交通作用，同时也有一定的经济意义。世宗大定三年（1163年），临潢府一带饥荒，朝廷诏令"临潢汉民逐食于会宁府"的同时，亦将饥民引向济、信等州，这一切说明了这里的经济实力。

黄龙府北即辽宁江州，金初曾向这里进行过一定数额的移民。天会二年（1124年）四月，太宗曾诏令"赎上京路新迁宁江州户卖身者六百余人"⑤。被卖身者应是其中的一部分，实际移民不只这些。劳动力增加提高了这里的经济实力，太宗时期"发宁江州粟赈泰州民被秋潦者"就是一例⑥。

与辽相比，金本土内农耕区的范围有了大幅度扩展，农耕区北界一直延伸到乌裕尔河流域。乌裕尔河是黑龙江省境内的内陆河，全长426公

---

① 《金史》卷四六《食货志一》。
② 《金史》卷六《世宗纪上》。
③ 《金源郡壮义王完颜娄室神道碑》，《黑龙江区域考古学》,中国社会科学出版社,1991年。
④ 《金史》卷二《太祖纪》。
⑤ 《金史》卷三《太宗纪》。
⑥ 《金史》卷三《太宗纪》。

里，发源于小兴安岭山地，向西南流经克东、克山、依安、富裕、齐齐哈尔、杜尔伯特等市县，尾闾汇为沼泽。乌裕尔河处于松嫩平原的北端，位于北纬48度附近，气温较低，≥10℃活动积温为2 400℃~3 100℃，持续期为120~170天，年雨量可达500~600毫米，水热条件能够满足农作物一年一熟的生长需要，只是低温灾害成为农业开发的最大障碍。

金代乌裕尔河流域属蒲与路，主要生活着以猛安、谋克为组织形式的女真人。考古调查表明，这里的金代遗址很多，遗址中有城址、村落和墓葬。这些遗址多分布在河岸台地上。乌裕尔河沿岸台地切割较轻，仍保持着广阔的平坦面。这里的土壤以黑土为主，黑土具有良好的理化特性，自然肥力也较高，具有发展农业生产的良好基础。分布在这里的金代遗址，距河道远者约1 500米，近者只有150米。沿河流北岸，自东向西连成一线，彼此距离远者5公里，近者只有1.5~2.5公里，具有相当的密度。这些遗址在黑龙江省北安市附近比较集中，其中位于胜利乡4个，东胜乡2个，自民乡5个，城郊5个[1]。此外克东县一带也出现许多金代遗址，据考金代蒲与路即设治于今黑龙江省克东县金城乡一带。北安、克东都位于乌裕尔河上中游，与这里相比下游的遗址就很少了，这是因为这里地势较低，坡降很小，地面径流排泄不畅，低湿地广布，并有明显的沼泽化、盐碱化现象。这样的自然条件不但成为农业生产的巨大障碍，也影响了人们的定居生活。

乌裕尔河上游地区构成金代农业开发的北界，金初在这里置万户，海陵王时改置为路[2]。从政区的设置看，当时乌裕尔河流域的人口不在少数，这些人对流域的农业开发与环境改造起着很大的作用。克东城发现的金代遗物与生产工具很多，其中主要有铁甲片、铁锅、车钏、三角形铁器、铁犁尖、铁镞、铁铲以及石弹[3]。这些工具可分为三类，一类为生活用具，另一类为农业生产工具，第三类为渔猎工具。由此可知生活在乌裕尔河流

---

[1] 景爱：《乌裕尔河上游的金代遗址》，《东北亚历史与文化》，辽沈出版社，1991年。
[2] 《金史》卷二四《地理志上》。
[3] 《黑龙江克东县金代蒲与路故城发掘》，《考古》，1987年第2期。

域的女真人，选择距河不远的台地作为定居之地，是经过认真考虑的，这里的自然景观属于森林草原地带，草原上有各类动物可供猎取，平坦台面上可发展耕作业，河沼中又可获得鱼类等水生物。这样的自然条件既满足了女真人兼营农业、渔猎双重生产形式的需要，也保证了定居生活的前提。

金代农业生产分布地域较以往有所扩展，其扩展地区主要分布在女真人的活动地区，即辽东至长白山、阿什河、乌裕尔河一线，辽代这一地区是以渔猎为主要生产方式的区域。金初由于国家的政治中心建立在阿什河流域，促进了这一地区经济由原来的渔猎、畜牧向农耕生产转型。在这一背景下，农耕活动不但在阿什河流域大范围展开，而且随着民族之间、部落之间的经济与文化交流，逐渐向北推向乌裕尔河流域，并在此形成金代农耕垦殖的北界。这一界线与辽代相比，已大大向北推移了。

第二节　东京、咸平路的农业生产

金上京、东京等路均为典型的森林草原地区，森林草原下发育的土壤是黑土，由于天然植被以多年生草本为主，生草过程很旺盛，基本没有灰化或钙化，夏季高温多雨，草木植物生长繁茂，根系发达；冬季严寒，土壤冻结时间长，每年积累大量有机质，形成深达30~100厘米的黑土层。黑土层有良好的理化和生物特性，自然肥力高，生产潜力很大。这里的土壤，特别在开发初期，生产能力更高，故由上京沿松花江、第二松花江、拉林河至东京、咸平一带，形成"金源地"重要的经济开发区。

据《金史·地理志》记载，泰和七年东京、咸平路共有214 549户，约有人口1 287 297口。这两路城镇主要集中在辽东一带，与城镇分布吻合，人口也集中在这一地区。以东京辽阳府为中心的辽东地区是金本土内人口密集区之一，辽金两代这里的城镇分布都很密集。辽代塞北与中原地区间的交通，以松亭关、古北口两条道路最为重要，金代沿辽西走廊而形成的傍海道地位逐渐提高，傍海道基本以辽、金沈州（今沈阳）为中心，道分两支，西面的一支经行辽西，东面的一支就是通往辽东的主要道路，两条路在沈州汇合，向北指向上京会宁府。道路沿线不但聚居了大量人口和城镇，也是辽东一带重要的农业区。

从文物考古工作的成果来看，在这条道路沿线多处金代遗址中发现有农业生产工具。其中今大连市附近发现铁镰、铁铧、犁镜、耥头、铜铧范、铜犁镜范、铜耥头范①。各类铜范的出土说明，这里不但是农业生产的重要区域，而且有工具制作作坊。吉林市郊发现铧子、铧溜子、犁镜、耥头等农业生产工具，据考这批工具的铸造和使用当在大定十一年（1171年）之前，其制作水平与中原地区的农具基本相同②。吉林省梨树县偏脸古城发现耥头、犁锅等农具③。这些农业生产工具的生产地几乎无一例外，都位于辽东至上京交通沿线的城镇周围，再次证明了农业垦殖区与城镇间的依托关系。

东京、咸平一带的自然条件利于农业生产，金初许亢宗使金，"离咸州即北行"，途中所见"州地平壤，居民所在成聚落，新稼殆遍，地宜穄黍"④。这就是当时由农业生产形成的基本人文风貌。辽代东京一带农业生产对上京、南京等地曾起到很大的支持作用，金代再次将辽东路转运司设置在咸平府⑤。在朝廷的统一安排下，辽东一带的粮食被转运到各地。天会元年（1123年）十二月，太宗诏令"咸州以南，苏、复州以北，年谷不登，其应输南京军粮免之"⑥。此条虽系免粮之诏，但由此可知，定期由辽东向南京一带输粮已成定制。大定年间武都为户部郎中时，曾依诏"由海道漕辽东粟赈山东"⑦。金代辽东一带的农业生产始终显示出很大的优势，明昌三年（1192年），尚书省奏："辽东、北京路米粟素饶，宜航海以达山东，昨以按视东京近海之地，自大务清口并咸平铜善馆，皆可置仓

---

① 《旅大市发现金元时期文物》，《考古》，1965年第2期。
② 《吉林市郊发现的金代窖藏文物》，《文物》，1982年第1期。
③ 《吉林梨树县偏脸古城复查记》，《考古》，1963年第11期。
④ 《宣和乙巳奉使金国行程录》。
⑤ 《金史》卷二四《地理志上》。
⑥ 《金史》卷三《太宗纪》。
⑦ 《金史》卷一二八《武都传》。

贮粟以通漕运，若山东、河北荒歉，即可运以相济"，此奏被准①。贞祐三年（1215年）肇州（今黑龙江肇东市八里城）被契丹叛军所围，"食且尽，有粮三百船在鸭子河，去州五里不能至"，当时为肇州武兴军节度使的纥石烈德组织人力，挖人工运渠一条，使粮船顺利到达城下②。贞祐二年，迫于蒙古大军的压力，金将都城再一次南迁至汴京，次年五月蒙古大军攻陷中都，占领河北、山东。金室被逼到黄河以南，百万随迁人口的口粮已使朝廷百般筹措，更不会有余力支援塞北。据考肇州位于今黑龙江肇东市八里城③，这里是松花江上两条重要通道的汇合处，一条沿松花江至今大安、洮安等县直指上京，另一条则从第二松花江或拉林河南下，至辽东各地。金末聚居在临潢一带的契丹人基本已脱离了金廷的制约，以留哥为首的叛军甚至直接围攻上京、东京的城镇，当然不会有粮船来自那里，因此粮船的来地只能是辽东地区。虽然金末朝政动荡，但辽东一带仍能显示出经济优势，平时这里更应是燕北最富庶的地方，正因为这样金人称"上京、辽东，国家重地"。

第三节　北京路的农业生产以及西北边境地区的农业开发

金初曾分置北京、临潢府两路，大定年间合为北京路，其辖境大致相当辽中京道的全部和上京道西拉木伦河流域。见于《金史·地理志》记载，北京路共有41万余户，合人口246万元，总数似乎比辽更高一些。但辽金两代户口统计制度不同，辽只将从事农耕业的定居人口作为户口统计对象，而金的户口统计则包括猛安、谋克在内的各族人民。若农业民族与非农业民族各占一半的话，那么农业民族只有120多万口。仅从劳动力条件来看，金代北京路的农业生产规模不但不比前朝大，反而有缩小的趋势。

---

① 《金史》卷二七《河渠志》。
② 《金史》卷一二八《纥石烈德传》。
③ 李健才：《金元肇州考》，《北方文物》，1986年第2期。

金代北京路人口主要集中于辽西一带，其中义州、锦州、兴中府、建州人口密度最高，在50～60人/平方公里。如果看一下地图，不难发现这几州或处在傍海道上，或位于大凌河沿岸，都地处交通冲要。交通因素对这里经济发展起着重要作用。无论金前期以上京为都，还是海陵王迁都燕京之后，"内地"与中原地区的交通往来主要行经这里，频繁的交通往来，促进了交通沿线的人口集中与农业开发。从文物考古的成果来看，临潢、北京两路各类农具的发现仍以辽西一带为多。辽宁新民县前当铺金代遗址发现铧、镰等农具及聚落遗址[1]，法库县包家屯乡刘邦屯村金代遗址发现铁铧、铁犁镜、耥头等农具[2]，绥中县城后村发现金代铧、犁盌、耥头、铁犁牵引、铁锄、镰等农具[3]。此外在临潢路境内，今内蒙古巴林右旗宝日勿苏镇老房身村发现金代大犁铧、小犁铧、犁镜、锄形器、锄钩、锄板、镰，从这些农具的形制看，与黑龙江肇东市八里城、辽宁绥中县城后村、新民县前当铺、吉林辑安县钟家村等金代遗址发现的农具基本一致[4]，都具有较高的工艺水平。

辽西之外北京路其他地区农业生产的发展强度都不如前朝，如大定府一带原奚人居住区，本是辽代塞外经济发展程度最好的地方，金代国家政治中心由西拉木伦河流域转向阿什河流域，原来塞北与中原地区的交通多取道大定府一线，金代傍海道成为南北来往的主要通道，大定府失去原有的区位优势，经济地位自然要下降。金前期虽曾将奚人六猛安"徙居咸平、临潢、泰州"等地，而将女真人迁至奚地，但这样的迁移主要出自政治上的考虑，对于当地经济发展并没有起到实质性的作用。

与辽代相比，北京路临潢府一带农业生产最低落。金初曾设置临潢府路（后并入北京路），其辖境与辽上京道的核心区域基本相似，路下只置3州府，即临潢府、庆州、泰州，下辖7县。省去原12行政州、16头下州、

---

[1] 王增新：《辽宁新民县前当铺金元遗址》，《考古》，1960年第2期。
[2] 《法库刘邦屯出土金代窖藏文物》，《辽海文物学刊》，1994年第1期。
[3] 王增新：《辽宁绥中县城后村金代遗址》，《考古》，1960年第2期。
[4] 《巴林右旗老房身金代窖藏文物》，《辽海文物学刊》，1994年第1期。

31县的规模。金对临潢府一带州县的省并是经过一番考虑的，被省并的或与辽祖先传说有关，或是辽祖先的重要活动地点，或是辽祖陵所在地。这些地方并不是发展农业生产最有利的地方，如永州、龙化州均在沙碛之中。通过这样一番省并，使农业开垦区更向临潢府附近集中。州县数额削减，人口与劳动力也相应减少。辽代以临潢府为核心的西拉木伦河流域，仅农业人口就有40万人左右，金代包括非农业人口在内的全部人口不过42万人。人口锐减必然影响土地开垦量，并造成农业生产衰落。而农业生产衰落使人们抗御自然灾害的能力更差，因此在金代文献中屡屡见到赈济临潢饥民的记载。大定三年（1163年）金遭遇饥荒，世宗诏令"临潢汉民逐食于会宁府、济、信等州"[①]。临潢府一带的汉民是从事农耕生产的主要农业人口，饥荒发生后，附近地区的收成同样不景气，才被迫令这里的农民到数百里之外的会宁府去觅食，可见这里的农业生产水平是较差的。大定九年又逢饥荒，朝廷再次诏令赈济临潢等地猛安、谋克户[②]。饥荒年景不说，正常年份临潢之民也常自给不足，所欠粮食"藉北京等路商贩给之，倘以物贵或不时至，则饥饿之徒将复有如曩岁，杀太尉马，毁太府瓜果，出忿怨言，起而为乱者"，可谓屡见不鲜[③]。

　　劳动力减少本来已经滞缓了农业发展进程，大量非农业性的劳役又进一步干扰了正常农业生产。明昌四年（1193年）大理卿董师中上疏道：临潢一带"民有养马、签军、挑壕之役，财力大困，流移未复，米价甚贵"[④]。从董师中的疏文可知，临潢诸路的百姓主要困于三样重役，这就是养马、签军、挑壕，在这些重役的压力下，不但当地财力大困，而且也不断造成人口流移。

　　所谓养马是朝廷将国家官马的牧养地设在这里，辽代上京道即设有牧场，金袭辽制，初有五群牧所，世宗时改置为七，除合鲁椀、耶鲁椀两牧

[①]《金史》卷六《世宗纪上》。
[②]《金史》卷六《世宗纪上》。
[③]《金史》卷九五《董师中传》。
[④]《金史》卷九五《董师中传》。

群在临潢、泰州以及大定府武平县境①，大多数群牧设置处所不可考。但有一点可以肯定，即临潢一带应占很大的比重。女真语称群牧所为"乌古鲁"，提控诸乌古鲁的是主管群牧的主要官员。明昌四年（1193年）以庆州刺史石扶员兼任此官，庆州在临潢府附近，以庆州刺史兼此职，说明群牧所在临潢路内最集中，否则就不会形成如此兼职之例了。

签军则是金代的临时征兵制度，每遇军事征伐或边事，便下令签发青壮年男子当兵。签发对象不仅限于女真人，也包括其他民族，如《金史·兵志》中载"凡汉军，有事则签取于民，事已则或亦放免"。由于签军的对象都是壮年成丁男子，故往往由于大量劳动力的签发，而影响农事。

挑壕则是更甚于养马、签军的一项重役。金中期为了防御来自蒙古草原游牧民族的侵扰，沿大兴安岭、阴山山脉一线修筑了长达万里的边壕。边壕是一项浩大、宏伟的工程，当时所耗费的人力、物力是十分巨大的。临潢诸路邻近边壕，无论人，还是物的征发，都是最繁重的，对农业生产的影响更是不言而喻。

金代所修筑的万里边壕既是一道军事防御体系，同时沿边壕也构成小范围的农业垦殖区。金边壕东北起于今内蒙古莫力达瓦达斡尔族自治旗尼尔基镇以北8公里嫩江西岸的前七家子边堡，沿大兴安岭东麓西南行，西越阴山抵黄河。大兴安岭是中国自然地理的一条重要界线，大兴安岭以东降水量较多，基本属于半湿润草原及森林草原地区，大部分地区可以发展农业生产。大兴安岭以西逐渐进入半干旱、干旱草原地带，降水量少成为发展农业生产的障碍因子。因此金边壕的走向不仅是人为意志的选择，也是持不同生产方式的两种民族，根据长期的实践，自然形成的区域界线。

为了成功地利用边壕防御外敌入侵，除在冲要地带设置复线外，沿边壕内侧每隔10或20公里，均筑有边堡，凡边壕穿越大河处，则设有较大的城②。临潢路内共置二十四堡，这些边堡均需戍卒镇守。金代沿边镇堡

---

① 《金史》卷四四《兵志》。
② 米文平：《金代呼伦贝尔诸部及界壕》，《东北亚历史与文化》，辽沈书社，1991年。

采取即屯即戍制，金制规定"堡置户三十"①，勘查表明，这一记载是基本属实的②。以户为单位戍守边堡，意味着这些戍卒具有长期固定戍边的性质。在这一制度实行之前，戍卒属番戍性质，即定期轮换。对此世宗曾对臣下说："北边番戍之人，岁冒寒暑往来千里，甚为劳苦。"番戍的结果，不仅使轮番人"甚为劳苦"，而且"夺其农时，不得耕种"。针对这一问题世宗希望能有更好的解决办法，当时官任左宰相的良弼认为"北边之地，不堪耕种，不能长戍，故须番戍耳"。对于这样的答复，世宗很不满意，再次提出"若以贫户永屯边境，使之耕种，官给粮廪，则贫者得济，富户免于更代之劳，使之得勤农务"，并诏令乌古里石垒部及临潢、泰州等路分定保戍③。大定二十一年，评事移剌敏针对边堡的屯戍问题又提出"东北及临潢所置，土瘠樵绝，当令所徙之民姑逐水草以居，分遣丁壮营毕，开壕垒以备边"④。移剌敏所指的令民逐水草以居，是针对世宗"永屯边境"之语，而强调戍卒居住地应选择自然条件较好的地方，并非以牧代农之意。这正如王国维先生的话"边堡之役，得择水草便利处置"⑤。戍卒的数量虽然有限，定居下来即屯即戍，不但使农耕区的西界一直延伸到大兴安岭东麓，而且使边壕两侧人文景观形成了明显的差异。

沿边戍卒的民族构成虽然不同，但戍边屯垦的内容却没有变化。从各边堡所发现的大量金代农具即可说明这一点，阿伦河古城及麒麟河边堡都发现有金代铁犁片⑥。坐落于边壕侧畔的金代古城吐列毛杜，位于今内蒙古科右中旗西北部，这里曾发现大量金代生产工具与生活用具，其中生产工具有铁犁铧、铁锄等⑦。今内蒙古霍林河矿区的金边堡也发现铧、犁镜等农具⑧。在这些遗址中，特别应该强调的是吐列毛杜古城，据考这里的

---

① 《金史》卷二四《地理志上》。
② 《内蒙古霍林河矿区金代界壕边堡发掘报告》，《考古》，1984年第2期。
③ 《金史》卷四四《兵志》。
④ 《金史》卷二四《地理志上》。
⑤ 王国维：《观堂集林》卷一五《金界壕考》。
⑥ 《金东北路界壕边堡调查》，《考古》，1960年第2期。
⑦ 张柏忠：《吐列毛杜古城调查试掘报告》，《文物》，1982年第7期。
⑧ 《内蒙古霍林河矿区金代界壕边堡发掘报告》，《考古》，1984年第2期。

戍卒以乌古、敌烈人为多[1]，可见即使像乌古、敌烈这样的游牧民族成卒，也必须依制就地屯戍。

在政治因素的影响下，金本土的农业开发，表现出明显的地区不平衡，金上京、东京以农业生产技术提升与空间扩展为主，而北京一带即辽上京、中京等地则呈现衰落之象，并在整体上具有由西向东推进之势。

---

[1] 张柏忠：《吐列毛杜古城调查试掘报告》，《文物》，1982年第7期。

第十章　金代中原地区的人口迁移与农业生产新格局的形成

金代中原地区有过几次大规模人口迁移。这几次人口迁移，不但影响到国家经济重点依托地区的变动，而且直接导致农业地理新格局的形成。

金代中原地区的人口迁移，按时段可分为三期。这三期人口迁移的地点与民族构成都不同，对农业生产造成的地域影响也不同，下面分期进行讨论。

第一节　金初的战争破坏与人口迁移

金初的战争破坏导致的人口迁移过程，持续时间最短，基本就是金初灭辽、灭北宋的战争阶段。当淮河以北为金朝平复以后，由于战争而造成的人口迁移随即停止，并随着战后安抚工作的进行，一些地区出现了人口回迁。

金占领燕山以北辽本土及燕云十六州之后，于天会三年（1125年）开始对宋土发动进攻。这年十月"诏诸将伐宋"，兵分数路。一路"以谙班勃极烈杲兼领都元帅，移赉勃极烈宗翰兼左副元帅先锋，经略使完颜希尹为元帅右监军，左金吾上将军耶律余睹为元帅右都监，自西京入太原"。另一路以"六部路军帅挞懒为六部路都统，斜也副之，宗望为南京路都统，阇母副之，知枢密院事刘彦宗兼领汉军都统，自南京入燕山"[1]。两路大军的进军路线基本如下，以宗翰为首的西路军，先后攻下朔州、代州、威胜军、隆德府、泽州，并围太原。东路军以宗望为首循真定、汤阴、黎阳、滑州一线入汴。长期生活在塞外的女真人，面对迅速发展的战果，无意就此长期占领中原，故此次军事行动，仅以"许宋修好，约质，割三镇地，增岁币，载书称伯侄"告止[2]。

天会四年（1126年）八月，太宗皇帝再次诏令"左副元帅宗翰、右副元帅宗望伐宋"。仍以宗翰、宗望分别主持东西两路大军，分兵南下。以宗翰为首的西路军从西京出发，先后攻下文水、太原、平遥、灵石、孝义、介休、汾州、石州、平定军、辽州、威胜军、隆德府、泽州，东出天井关，直指宋都汴梁。东路军以宗望为首，从保州出发，先后攻下雄州、中山、新乐、井陉、天威军、真定、临河、大名、德清、开封府、怀州，渡河亦趋汴梁。金太宗天会四年，即宋钦宗靖康元年，金人用不到四个月的时间，东西两路汇合于汴梁。金人屠开封城后，即俘徽钦二帝北归，这就是历史上著名的"靖康之难"[3]。"靖康之难"的结果彻底宣告了北宋王朝的灭亡，同时也终止了黄河以北地区大规模军事对抗行动。

在金人对宋的两次大规模用兵中，中原各地饱受战争之苦，其中被攻各城之中，太原可称最为难攻。从天会三年（1125年）十二月宗翰首次率兵围攻太原未下，次年三月银术可再次围攻太原，九月攻克此城，前后用兵达半年多。守城之中"百姓自十五以上，六十以下，皆籍为兵。屋舍皆拆去壁，令所在相通。贫富均食如一，相持半年，救兵不至，粮食既尽，杀老弱饷军"。城破之日，金帅"纵兵入城，无问老幼皆杀之，焚烧屋舍，夷其城郭，太原自此遂邱墟矣"[4]。战争摧毁的不只太原一城，北宋覆灭之前，宋臣李若水"深入金人乱兵中，转侧千余里"，但见"官舍民庐悉

---

[1] 此处南京为平州，见于《金史·太祖纪》所载，于天辅七年，升平州为南京。
[2] 《金史》卷三《太宗纪》。
[3] 《金史》卷三《太宗纪》。
[4] 《三朝北盟会编》卷五三，靖康元年九月引《靖康遗录》。

皆焚毁，瓶罂牖户之类无一全者，惟井陉、百井、寿阳、榆次、徐沟、太谷等处仅有名存"①。河北一带所受的摧残不在河东之下，"自京师至黄河，数百里间，井然萧然，无复烟爨，尸骸之属，不可胜数"②。金人攻下开封后，"纵兵四掠，东及沂、密，西至曹、濮、兖、郓，南至陈、蔡、汝、颍，北至河朔，皆被其害，杀人如刈麻，臭闻数百里，淮泗之间亦荡然矣"③。在此期间，宋人庄绰"由许昌以趋宋城，几千里无复鸡犬"④，惨景可见一斑。

面对战争的摧残，百姓的选择只有离乡避难。随着宋金双方战线的推移与战争形势的起落，避难移民的基本流向以南下为主。在金人灭北宋的战争中，首受其害的是河东、河北两地百姓，故最先逃离家乡的也是这里的人民。靖康元年（1126年），金人第二次攻打河东诸州时，"汾州、威胜、隆德、晋、绛、泽州民扶携老幼，渡河南奔者，钜万计，诸州县井邑皆空"⑤。渡河南来的百姓并没有就此找到避难的安全地，数月之后，汴京亦被金人攻下。城破之日，仅"自京师赴行在，都人随而行者"就达数万⑥，加上其他州县，南下避难的人口就更多了，进而形成金初以南下为基本特征的人口迁移过程。

金人统一了北方以后，国家政治的重点，由前期的军事对抗，转为战后安抚。招抚流亡，恢复生产，是安抚工作中最重要的方面，由于这样的原因，自天会五年（1127年）开始，一部分流亡人口出现了北归的趋势。这时的人口北归可分为两种情况，一为金对南宋战争中的战俘，另一种就是原北方逃难人口回归故里。

金人统一北方后，面对民情与环境并不熟悉的黄河流域，并无心实际经营，于天会五年三月，立张邦昌为大楚皇帝⑦，将黄河以南地区交给这

---

① 《三朝北盟会编》卷五七，靖康元年十月六日戊戌。
② 《三朝北盟会编》卷三六，靖康元年九月引《靖康遗录》。
③ 《建炎以来系年要录》卷四，建炎元年四月庚申，《丛书集成》本。
④ [宋]庄绰：《鸡肋编》卷上。
⑤ 《三朝北盟会编》卷五一，靖康元年八月十六日己酉。
⑥ 《三朝北盟会编》卷一三二，建炎三年八月十四日庚寅。
⑦ 《金史》卷三《太宗纪》。

个傀儡政权管理。张楚政权维持的时间很短，仅几十天。继张邦昌之后，金又推出刘豫，建立了伪齐政权，并将黄河旧道以南至淮河以北，以及陕西、陇东划为齐统治区。日本学者外山军治认为，齐实际成为宋金之间的前卫国。楚、齐两傀儡国的建立，使金人在中原地区直接经营的地区只有黄河以北，河北、河东等地。而河北、河东，又因环境条件及与金本土的联系，而以河北为重。由于这样的原因，金人所取汉俘，以迁移至河北为多。从文献记载来看，金人在黄河以南地区所俘汉人，凡情愿归降者，均发遣至河北，而其他"不愿归降人"则"遣令还乡"[1]。由河南向河北移民，所及范围很广，天会六年（1128年）二月，"迁洛阳、襄阳、颖昌、汝、郑、均、房、唐、邓、陈、蔡之民于河北"[2]，几乎河淮之间各州府都有移民河北之户。

在以河北为中心的移民北上过程中，招抚淮南宋境流民，也是金王朝在这一时期采取的重要政策。为此金廷一再在致宋帝官书中，声明招抚流亡的基本态度。皇统元年（1141年）宗弼在《上宋高宗第三书》中指出："淮北、京西、陕西、河东、河北自来流亡在南者，愿归则听之。"[3]随后在下一次官书中，宗弼再次申明，"所有海州、泗州、涟水军，今岁流移在南百姓，比及新正，窃望发过淮北，庶不废一年耕作之计"[4]。渡淮南下的流民，虽然相当一部分就此定居下来，不复北归，但南方地狭人稠的状态，并没有为所有南渡百姓提供安身之处，故在金方的一再表述下，也有少量流民回归故里。在宗弼的同一份官书中，就提到"当使民各安其业，已遣濠州、楚州、昭信、盱眙等县新归附户口数千，连其家赀，并复本土"。由此看来，部分北人回归故里，不仅存于官方文书的交涉中，实际已成为一定事实。

---

[1] 《金文最》卷五一，宗翰《送范仲熊归宋书》。
[2] 《金史》卷三《太宗纪》。
[3] 《金文最》卷五三，宗弼《上宋高宗第三书》。
[4] 《金文最》卷五三，宗弼《上宋高宗第四书》。

第二节　金中期猛安、谋克户迁入中原与人口分布特点

金中期形成以原居于塞北的女真猛安、谋克户为主，兼有奚、渤海、契丹等民族人口，大规模迁移至中原地区的移民活动。这次移民的起始时间在天会十一年（1133年），断断续续延续近二十年，至海陵王完颜亮时才基本停止。

这一阶段猛安、谋克户向中原地区的迁移，可以分为这样几个阶段，下文将分别讨论。

一、金初塞外移民进入中原地区的迁入地

自金太祖天辅元年（1117年），经整个太宗时代所进行的对辽、对宋战争中，参战军人不断来到关内。这些参战人员，不仅限于女真人，还包括其他民族成员。宋人范仲熊《北记》中就有对宋战争中金人军队民族成分的记载，靖康元年（1126年）十一月，"范仲熊贷命令往郑州养济途中，与燕人同行，因问此中来者是几国人，共有多少兵马，其番人答言，比中随国相来者，有达靼家、有奚家、有黑水家、有小戎芦家、有契丹家、有党项家、有黠嘎斯家、有火石家、有回鹘家、有室韦家、有汉儿家"[①]。由于各种原因这些诸多民族的兵卒，有一部分留在中原各地。如范承吉为顺天军节度使时（约在天会年间），就有"奚卒散居境内，率数千人为盗"[②]这样的记载。

金人参战部队成员留居中原地区，只是塞外人口北迁的一个序幕。以女真人为主的猛安、谋克户大规模南迁在天会十一年（1133年）。见于《大金国志》记载，天会十一年"秋，起女真国土人散居汉地"。至于金廷将女真人迁离本土的原因，宇文懋昭认为"女真一部族耳，后既广汉地，恐人见其虚实，遂尽起本国之土人，棋布星列，散居四方。令下之日，比

[①]　《三朝北盟会编》卷九九，靖康中帙七四引《北记》。
[②]　《金史》卷一二八《范承吉传》。

屋连村，屯结而起"。关于金人猛安、谋克南迁之事，同样的记载亦来自宋人文献，"金人既复取河南地，犹虑中原士民怀二王之意，始创屯田军及女真、奚、契丹之人，皆自本部徙居中州，与百姓杂处，计其户口，授以官田，使自播种……凡屯田之所，自燕之南，淮陇之北，俱有之，多至五六万人，皆筑垒于村落间"①。

  人口大规模迁移本身对农业生产开发与布局会造成一定的影响，而在迁移过程中，迁出地与迁入地是受影响最大的两个地区。金中期猛安、谋克户的迁出地均在塞北金本土，这一问题已在前一章进行过讨论，此处不再赘述。迁入地则主要集中在华北各地，是本章论述的重点。

  屯田军就是迁入华北地区的猛安、谋克户，关于这一问题，中外学者基本形成共识。其中日本学者三上次男《金代女真研究》、张博泉《金史论稿》都肯定了屯田军与猛安、谋克户的一致性。对于屯田军即猛安、谋克户的分布，《建炎以来系年要录》记为："凡屯田之所，自燕之南，淮陇之北，俱有之"，范围包括金所统治的全部中原地区。《三朝北盟会编》则进一步在这一范围内，指明猛安、谋克户具体迁入的路府。这就是"大名路、山东东西路、河北东西路、南京路、关西路"②。在这数路之中，又以河北、山东、大名府以及中都路最为集中。在对这一问题的进一步研究中，猛安、谋克的冠称又一次成为深入问题的切入点。三上次男将金代文献所记各路具有冠称的猛安、谋克进行了罗列，这些留有记载的猛安、谋克虽然只是其中的一部分，但据常情推测，一路之内所屯猛安、谋克越多，在文献中出现的概率也应越大。根据这样的分析，在三上次男的统计中，中原各路载有冠称的猛安、谋克共38个，其中大名府路2个，河北东路2个，河北西路4个，山东东路5个，山东西路7个，中都路8个，西京路9个，南京路1个。从分布看河北诸路（含中都路、大名府路）共占总数的42.1%，山东两路占31.6%，西京路占23.7%，南京路仅占2.6%，由金本土迁移至中原的猛安、谋克近73.7%被安置在河北、山东一带。

---

① 《建炎以来系年要录》卷一三八，绍兴十年十月己亥。
② 《三朝北盟会编》卷二四四，炎兴下帙一四四引《金虏图经》。

二、海陵王时期猛安、谋克户的迁入地

贞元元年（1153年）海陵王完颜亮将国都从上京会宁府迁至燕京，同时改燕京为中都[1]。迁都燕京是金朝史上的一件大事，在迁都的同时，为了防止宗室贵族留在国家发祥地，对迁都后的金王朝造成威胁，海陵王随即"徙上京路太祖、辽王宗干、秦王宗翰之猛安、谋克，并为合札猛安，及右谏议乌里补猛安、太师勗、宗正宗敏之族，处之中都。斡论、和尚、胡剌三国公，太保昂、詹事乌里野、辅国勃鲁骨、定远许烈、故杲国公勃迭八猛安处之山东。阿鲁之族处之北京，按达族属处之河间"[2]。这次猛安、谋克的迁移规模无法和前次相比，只有十二个猛安、谋克被迁入中原。这些宗室贵族除阿鲁之族被迁至北京，即原中京大定府外，其余与前次移民一样，也主要被迁至中都、河北、山东等地。

贞元初，在"起上京诸猛安于中都、山东等路安置"的同时[3]，又"请凡四方之民欲居中都者，给复十年，以实京城"[4]，这样的优惠政策对于稳定人心起了很大的作用。

海陵王完颜亮时期，除宗室贵族向中原地区的迁移外，正隆三年（1158年）九月，"迁中都屯军二猛安于南京"[5]，也是这一时期的重要人口迁移活动。

金代以猛安、谋克户为主体的第二次人口大规模迁移中，南下猛安、谋克人口数额，始终是学术界关注的问题，据上章分析，这一时期迁至中原地区的猛安、谋克人口约140万口。

三、中原地区猛安、谋克户的二次移民

大量猛安、谋克从塞北迁至中原各路，由于迁移工作是在很短的时间

---

[1] 《金史》卷五《海陵纪》。
[2] 《金史》卷四四《兵志》。
[3] 《金史》卷八三《纳合椿年传》。
[4] 《金史》八三《张浩传》。
[5] 《金史》卷五《海陵纪》。

内完成的,对中原各地农业生产环境与社会状况又不甚了解,因此对于各部猛安、谋克户的安置多有草率之处,突出表现在两个方面:其一,干扰了当地百姓的正常生产和生活。大定初,任西京留守的曹望之就指出:"山东、河北猛安、谋克与百姓杂处,民多失业。"①其二,则是猛安、谋克户因迁入地土地贫瘠,无法正常从事农业生产活动,因此而导致贫困。关于女真猛安、谋克户贫困的议论很多,如"南路女直户颇有贫者"②,"女直人户自乡土三四千里移来,尽得薄地"③。为了扭转这一局面,大定二十年前后,世宗开始对中原地区猛安、谋克户的住地进行重新调整,进而出现了在中原地区内部,以猛安、谋克户为主体的人口迁移。

猛安、谋克户在中原地区的迁移是从大定十九年(1179年),按出虎等八猛安,自河南徙置大名、东平之境开始的④。接着次年七月"徙遥落河、移马河两猛安于大名、东平等路安置"⑤。大定二十一年三月,"遣大兴尹完颜迪古速迁河北东路两猛安"⑥,据考这两猛安的迁入地也应是大名、东平一带⑦。大定二十二年九月,"遣刑部尚书移剌愓于山东路猛安内摘八谋克民,徙于河北东路酬斡、青狗儿两猛安旧居之地"⑧。"其弃地以山东东路忒黑河猛安下蘸答谋克、移里闵斡鲁浑猛安下翕浦谋克、什母温山谋克九村人户徙于刘僧、安和二谋克之旧地。"⑨十月"徙河间宗室于平州"⑩。上述文献记载的是大定年间几次重要的猛安、谋克迁移情况,从几次迁移活动来看,迁出地为河南、山东等地,而迁入地主要集中在大名、东平一带,就地域特征来讲,更向经济核心地区移动。

大定年间也有一定量的军队从塞外迁入中原。如大定二年(1162年)

---

① 《金史》卷九二《曹望之传》。
② 《金史》卷八八《唐括安礼传》。
③ 《金史》卷四七《食货志二》。
④ 《金史》卷八九《移剌愓传》。
⑤ 《金史》卷七《世宗纪中》。
⑥ 《金史》卷四四《兵志》。
⑦ 〔日〕三上次男:《金代女真研究》,黑龙江人民出版社,1986年。
⑧ 《金史》卷四七《食货志二》。
⑨ 《金史》卷四四《兵志》。
⑩ 《金史》卷八《世宗纪下》。

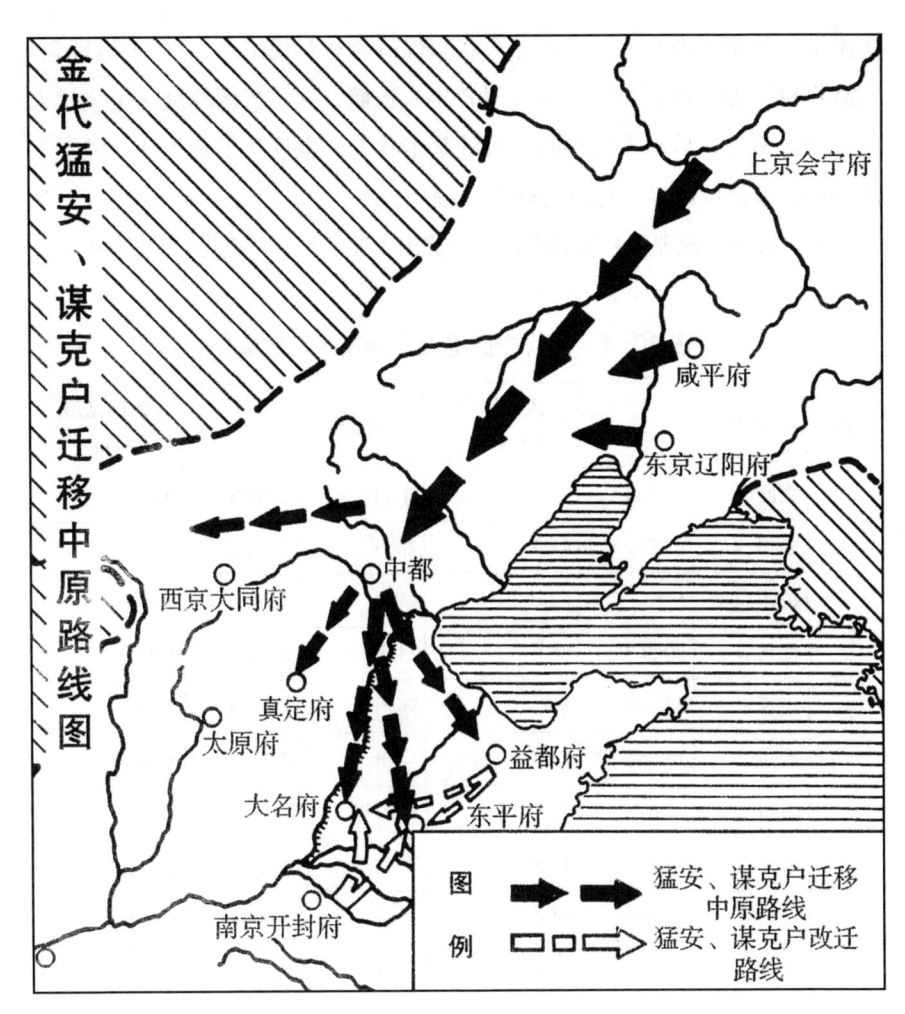

第十章 金代中原地区的人口迁移与农业生产新格局的形成 / 189

图 10-1 金代猛安、谋克户迁移中原路线图

正月,"咸平、济州军二万入屯京师"①,大定十三年,"徙东北等戍边汉军于内地"②,都属于这类迁移(见图 10-1)。

金世宗时期人口的第二次迁移基本结束,从这时起,直到金末蒙古大

---

① 《金史》卷六《世宗纪上》。
② 《金史》卷四四《兵志》。

军南下，几十年内，人口空间分布状态保持着相对稳定。《金史·地理志》所载户口，为金章宗泰和七年（1207年）数额，这一数额既反映了金代人口第二次南迁以后，人口空间分布的基本状态，也反映了金代社会经济发展盛期，各地区的经济地位与开发进程。

依《金史·地理志》所载户额，计算出中原各地人口密度，列表10-1。

表10-1 金代中原地区户额及人口密度[①]

路	州府	户	人口密度（人/km²）	州府	户	人口密度（人/km²）
西京路	大同府	98 444	22.4	丰州	22 683	9.6
	弘州	22 002	41.3	净州	5 938	9.6
	桓州	578	6.0	抚州	11 380	6.0
	德兴府	80 868	86.6	昌州	1241	6.0
	宣德州	32 147	6.0	朔州	44 890	73.1
	武州	13 851	26.0	应州	32 977	58.8
	蔚州	56 674	42.5	云内州	24 868	12.8
	宁边州	6 072	17.5	东胜州	3 531	16.5
中都路	大兴府	225 592	94.2	通州	35 099	168.4
	蓟州	69 015	53.4	易州	41 577	55.4
	涿州	114 912	162.2	顺州	33 433	50.9
	平州	41 748	45.0	滦州	69 806	106.4
	雄州	20 411	103.0	霸州	41 276	113.0
	保州	93 021	446.5	安州	30 532	195.4
	遂州	11 174	214.5	安肃州	12 980	155.7

---

① 表10-1中人口密度的计算，首先依《金史·地理志》的户额记载，以每户六口计算人口数额，再根据《中国历史地图集》第六册利用方格法计算各州面积，最后取单位面积上的人口数额。除此表外，本书其他处人口密度均以此法获得。

续表

路	州府	户	人口密度（人/km²）	州府	户	人口密度（人/km²）
南京路	开封府	1 746 210	868.6	睢州	46 360	74.2
	归德府	76 389	73.3	单州	65 545	78.6
	寿州	8 677	8.3	陕州	41 010	78.7
	邓州	24 989	7.7	唐州	11 031	6.8
	裕州	8 300	27.0	河南府	55 635	35.4
	嵩州	26 649	21.3	汝州	35 254	20.9
	许州	45 587	58.3	钧州	18 510	37.0
	亳州	60 535	264.9	陈州	26 145	26.4
	蔡州	36 093	14.0	息州	9 685	14.1
	郑州	45 657	79.7	颍州	16 714	9.2
	宿州	55 058	24.5	泗州	8 092	7.8
河北东西路	河间府	31 691	101.4	蠡州	29 797	190.7
	莫州	22 933	146.7	献州	50 632	162.0
	冀州	3 670	4.5	深州	56 340	120.2
	清州	47 875	91.9	沧州	104 774	67.0
	景州	65 828	86.6	真定府	137 137	76.0
	威州	8 310	38.0	沃州	38 185	47.6
	邢州	80 292	66.4	彰德府	77 276	92.7
	磁州	63 417	101.5	中山府	83 490	76.0
	祁州	23 382	132.0	浚州	29 319	41.7
	洺州	73 070		卫州	90 112	
	滑州	22 570				

续表

路	州府	户	人口密度（人/km²）	州府	户	人口密度（人/km²）
山东东西路	益都府	118 718	83.8	潍州	30 989	45.8
	滨州	118 589	189.7	沂州	24 035	18.4
	密州	11 082	7.0	海州	30 691	18.4
	莒州	43 240	18.9	棣州	82 303	158.0
山东东西路	济南府	308 469	211.5	淄州	128 622	154.0
	莱州	86 675	39.6	登州	55 913	68.8
	宁海州	61 933	51.3	东平府	11 8046	89.9
	济州	40 484	47.3	徐州	44 689	37.6
	邳州	27 232	13.0	滕州	49 009	43.9
	博州	88 046	153.7	兖州	50 099	80.3
	泰安州	31 435	31.8	德州	15 053	39.0
	曹州	12 677				
大名府路	大名府	308 511	269.0	恩州	99 119	198.0
	濮州	52 948	118.0	开州	33 836	70.6
河东北南路	太原府	16 5862	61.7	忻州	32 341	70.6
	平定州	18 296	24.4	汾州	87 127	128.8
	石州	36 528	24.0	葭州	8 864	9.7
	代州	57 690	34.3	隩州	7 592	36.4
	宁化州	6 100	16.3	岚州	17 557	20.6
	岢岚州	5 851	14.0	保德州	3 191	19.1
	管州	5 881	26.9	平阳府	136 936	101.1
	隰州	25 445	18.8	吉州	13 324	

续表

路	州府	户	人口密度（人/km²）	州府	户	人口密度（人/km²）
	河中府	106 539	170.0	绛州	131 510	157.0
	解州	71 232	75.1	泽州	59 416	40.0
	潞州	79 232	50.7	辽州	15 850	15.2
	沁州	18 059	15.2	怀州	86 756	166.6
	孟州	41 649	124.9			
京兆府路	京兆府	98 177	34.3	商州	3 999	2.0
	虢州	10 022	9.6	乾州	26 856	64.5
	同州	35 561	29.7	耀州	50 211	80.7
	华州	53 800	86.0			
凤翔路	凤翔府	62 303	32.9	德顺州	35 449	40.0
	平凉府	31 033	38.7	镇戎州	10 447	21.0
	秦州	40 448	17.3	陇州	16 442	21.0
鄜延路	延安府	88 994	34.8	丹州	13 078	19.9
	保安州	7 340	10.2	绥德州	12 720	7.4
	鄜州	62 931	62.9	坊州	20 746	31.6
庆原路	庆阳府	46 171	25.0	环州	9 504	7.3
	宁州	34 757	52.9	邠州	47 291	60.5
	原州	17 800	23.7	泾州	26 290	47.6
	边将所管	1 1205				
临洮路	临洮府	19 721	21.8	积石州	5 185	5.2
	洮州	11 337	5.4	兰州	11 360	15.6
	巩州	36 301	19.2	会州	8 918	6.3
	河州	14 942	23.9			

194 / 辽金农业地理

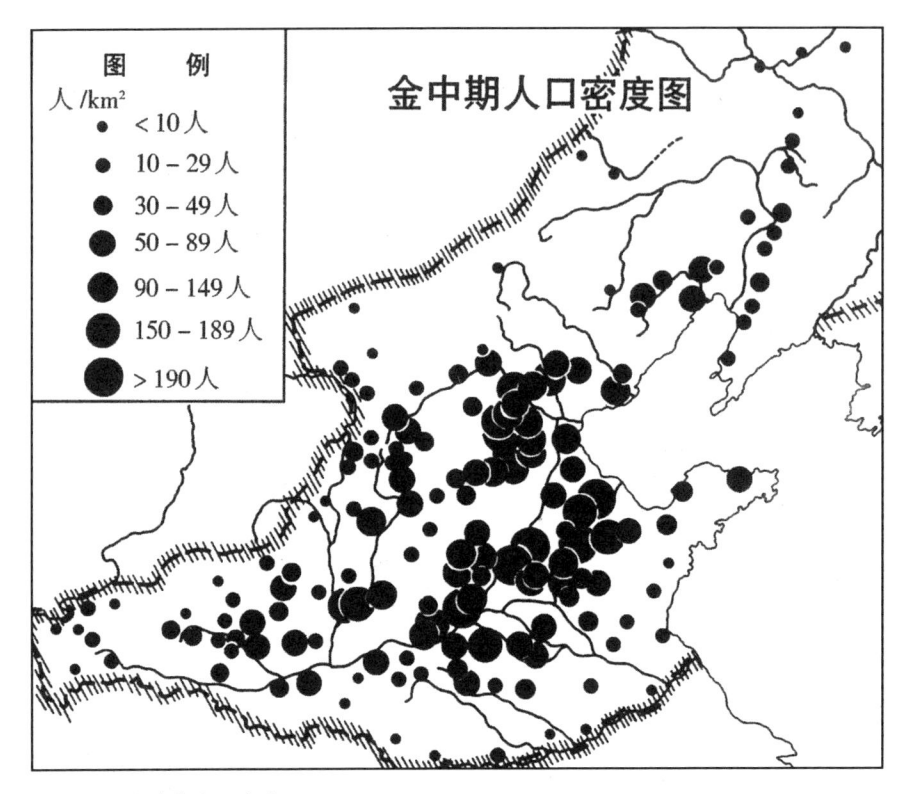

图 10-2　金中期人口密度图

金代各州人口密度清楚地显示出中部人口密集、四周人口稀疏这一人口分布的基本特点。中都路、河北东路、大名府路、河北西路东部、山东东路西部共同构成人口密集区。在人口密集区四周各路除个别州府，人口相对比较稀少，至宋、金、夏沿边地带，人口密度不足10人每平方公里，具有明显自中心向四周递减趋势，这样的人口分布特征与金中期经济发展的地区差异是完全吻合的。金后期蒙古大军的南下，打破了这一局面，战争的结果，造成全国性的破坏，与人口向河南的高度集中，进而构成与金

中期完全不同的人口分布特征与经济倚重区（见图10-2）[①]

第三节　金后期蒙古大军南下与人口迁移

12世纪中叶，蒙古人崛起于蒙古高原，成为金王朝北边的一个强大民族。从熙宗时代蒙古军队就开始对金境构成威胁，为了阻挡外族的入侵，金人在沿边地带修筑了长达万里的边壕，但这一切并没有阻挡住蒙古人的东进步伐。1206年成吉思汗统一了蒙古各部，并发动了对西夏、对金的一系列军事进攻。金卫绍王大安三年（1211年）蒙古军队兵临中都，并分兵数路对河北、山东、山西各州府同时发动进攻，至贞祐二年（1214年）四月，"山东、河北诸郡失守，惟真定、清、沃、大名、东平、徐、邳、海数城仅存而已，河东州县亦多残毁"。面对如此局势，五月宣宗"决意南迁，诏告全国"[②]。次年七月中都破，此时的河北、山东等地除数座孤城外，大多为蒙古人攻破。伴随蒙古人南下的攻城掠地，平民百姓又一次陷入战争的灾难中。"自贞祐元年冬十一月，至二年春正月"，蒙古军队"凡破九十余郡，所过无不残灭。两河、山东数千里，人民杀戮几尽，金帛子女牛羊马畜皆席卷而去，屋庐焚毁"[③]。

在金王室宣告迁都南京的同时，朝野士庶为避战祸，也纷纷南迁，渡河而下，由此构成了金代人口第三次大规模迁移。这一次人口迁移分

[①] 《金史·地理志》所载各州府户额有两处需要推敲，其一，开封府户额记载过高。开封府虽被设为南京，但贞祐南迁之前，这里的政治、经济地位并没有与河南其他州府之间形成悬殊的差距，因此人口数额应与相邻州府基本相近。据《金志》所载，归德府辖县平均户额为12 731户，河南府为6 181.6户，惟开封府县均户额为49 749户，不但高于河南诸州府，而且高于金廷赖以生存的中都及河北路所辖州府。这一数据显然不应是泰和七年统计数额，而应为贞祐二年以后的数据，关于这一问题的研究可参见韩光辉《〈金史·地理志〉户数系年正误》。其二，冀州下辖县平均户额为734户，又显太少。与冀州相邻，自然条件相仿的各州中，献州县均户25 316户，深州11 268户，蠡州29 797户，都远高于冀州。金人称"冀为重镇，并统深州，幅员千数百里，合二州十一县，地大民众"（《金文最》卷六五，张亿《创造文庙学校碑》）。从道理上讲，冀州户额不应反在深州之下，故疑冀州户额有脱文。

[②] 《金史》卷一一四《宣宗纪上》。

[③] 《建炎以来朝野杂记》乙集卷一九《鞑靼款塞》。

别以河北、山东、山西为迁出地，迁入地基本是共同的，即南京附近的河南地区。

以河北为迁出地的移民包括军户与平民百姓两类。这里所说的河北泛指故黄河以北地区，包括河北东西路、中都路、大名府路以及山东东西路。

军户是河北移民中的主体。贞祐三年（1215年），"朝廷议徙河北军户家属于河南"，此项决定虽然有朝臣反对，但还是立即付诸实行。在同年十月朝臣高汝砺的奏文中就说道："今河北军户徙河南者几百万口，人日给米一升，岁率三百六十万石。"①依给米数额计算，所徙军户当在一百万口上下。这一推测与陈规奏章中所言"比者徙河北军户百万余口于河南"是吻合的②。为了安置这些南迁军户，朝廷"置河北东路行总管府于原武、阳武、封丘、陈留、延津、通许、杞诸县，以治所徙军户"，"置大名府行总管府于柘城县，以治所徙军户"③。各总管府所置之地，应该就是河北军户主要集中屯驻地。除了贞祐年间河北军户的大规模南迁，后来几年，也陆续有小规模的迁移。兴定四年（1220年）八月"以随路诸军户徙河南、京东、西、南路"。十一月"山东东路军户徙许州"④。这些均是宣宗后期几次河北军户南迁的记录。

除军户外，南下避难百姓，也构成了河北南迁人口的重要部分。贞祐四年行三司使侯挚在奏文中讲道："近历黄陵岗南岸，多有贫乏老幼自陈本河北农民，因敌惊扰故南迁以避。"⑤平民百姓的南迁从贞祐初一直延续到宣宗末年，兴定五年八月，宣宗又一次告谕枢密"河北艰食，民欲南来者日益多，速令渡之"⑥。百姓的南迁与军户不同，不是在官方组织下进行的，很难在文献中找到明确的数额记载，但有一点可以肯定，其数额也

---

① 《金史》卷一〇七《高汝砺传》。
② 《金史》卷一〇九《陈规传》。
③ 《金史》卷一四《宣宗纪上》。
④ 《金史》卷一六《宣宗纪下》。
⑤ 《金史》卷一〇八《侯挚传》。
⑥ 《金史》卷一六《宣宗纪下》。

是非常可观的。

山西流民以平民百姓为主。从有关记载来看,避难百姓是逐步南下迁移的。贞祐三年"朝廷以为应州已破,朔为孤城,其势不可守,乃迁朔之军民九万余口分屯于岚、石、隰、吉、绛、解之间"[1]。贞祐四年"山西、河东老幼,俱徙河南"[2]。

中原各路之中,最后受到蒙古军队攻击的是陕西、河南两地。贞祐年间由河北、山东、山西等处进入河南的流民,已对当地造成巨大的人口压力,粮食问题成为朝廷与百姓都十分关注的问题。为了缓解河南的压力,元光元年(1222年)二月,宣宗"诏徙中京、唐、邓、商、虢、许、陕等州屯军及诸军家属,赴京兆、同、华就粮屯"[3]。移民陕西的措施实行的时间并不长,蒙古军队于正大年间攻下陕西。正大八年(1231年)"凤翔陷,两行省遂弃京兆,与牙古塔起迁居民于河南"[4],元太宗"亲统大兵入陕西,〔正大〕八年,迁民于河南"[5],避难百姓又一次涌向河南。

金代最后一次人口迁移,是在哀宗天兴年间。蒙古人兵临南京城下,为作守城之备,"起近京诸色军家属五十万口入京"[6]。天兴二年(1233年)南京失守,哀宗及皇室成员又移向蔡州。天兴三年"蔡州城陷,金运遂绝"。

在古代的生产方式下,人口数额与分布状况,往往对农业生产的发展进程及布局形式发生重要影响。金代人口数次大规模迁移,先后在河北、河南两地形成人口密集区。如果说河北一带是金前期至中期的经济重心,那么河南就成为金后期的经济重心。经济重心从河北向河南的移动,与金代的政治、军事形势,以及人口流动有直接关系。以河北为主的经济重心的形成,与金人的经营意图有直接关系。而河南新经济重心的形成,则是

---

[1] 《金史》卷一二二《吴僧哥传》。
[2] 《金史》卷一〇八《胥鼎传》。
[3] 《金史》卷一六《宣宗纪下》。
[4] 《金史》卷一一四《白华传》。
[5] 《金史》卷一一一《纥石烈牙吾塔传》。
[6] 《金史》卷一七《哀宗纪上》。

蒙古大军兵临城下的结果。因此两地的农业发展也不能同日而语，河北等路是金王朝数十年之内，全力维护的经济依凭之地，而河南则是皇室、军户渡河之后苟延之所，朝廷至此，但求维持，已全无经营之意，故金后期的河南，与其说是经济重心，不如说是供粮之地或避难之地更妥。

  金代人口迁移所形成的几个阶段，与金人进入中原后的政治形势相吻合。金初与海陵王时期大量猛安、谋克户迁入中原，是金人逐步将政治中心从塞外转向中原的对应措施；而大量猛安、谋克进入中原引发的人地矛盾以及由此带来的社会问题，导致中原地区出现二次移民；金朝晚期，蒙古人南下，推动人口呈现整体南移，并聚集在河南。三次不同背景下的移民，在金代社会发展与农业生产中的意义并不一致，其中最后一次人口南迁，带来的社会效益并不显著。

第十一章　金代中原地区农业生产的区域特征

金代人口迁移特点与分布形式清楚地反映了国家的经济倚重区在河北、山东两地，与经济倚重区对应的是分布在这一地区四周的西京、河东、陕西、河南诸路。经济倚重区与四周各路是对国家政治、经济具有不同意义的两类地区，经济倚重区既是国家政治中心，也是经济重心；四周各路的政治、经济地位都较低，对于中心地区起辅翼作用。

第一节　猛安、谋克户在中原地区的经济行为与农业生产

猛安、谋克户迁入中原后被集中安置在河北、山东一带并不是偶然的，这与女真人经营中原地区的战略重点直接相关。

金初，女真人虽然以始料未及的速度灭辽、北宋，"但并没有确保中原的信心，因为金军占领的是孤城开封，至于河北、山东、河东一带，只是在南下时顺路而过，还没腾出手来经略这些地方。况且勤王军也有增加的趋势，金军担心勤王军切断后路"[①]。针对这样的局面，金人决定建立由中原汉人执政的傀儡政权。张邦昌所建的楚与刘豫所建的齐，都是这样的政权。楚、齐两国大致位于黄河故道以南、淮河以北，后来金人攻下陕

[①]　（日）外山军治：《金朝史研究》，黑龙江朝鲜民族出版社，1988年。

西，也将这里归于齐地。傀儡国的建立既使金人从容积累治理中原地区的经验，培养信任合用的官吏，同时也将直接控制的重点定在河北、山东一带。

金人将重点经营地区选在河北、山东西部，是有其道理的。地理上这里距塞北金本土最近，金本土对于女真人无论是情感上的联系，还是政治上的需要，都非同寻常。因此政治中心与金本土的交通联系问题，是金人必须考虑的问题。在中原诸路中，河北、山东无疑是符合这一选择的唯一地区。仅从交通条件看，陆路"易州西北乃金坡关，昌平之西乃居庸关，顺州之北乃古北口，景州东北乃松亭关，平州之东乃榆关"①，数条道路均可出塞。海路则由山东沿海直抵辽东。由于有便利的交通，若山东、河北荒歉，即可运辽东、北京粟以相济，充分说明了河北、山东一带与塞北本土缓急有助、进退可依的关系。

河北北部，即金中都路一带，辽时为南京路，这里的居民民族构成虽然仍以汉人为主，但长期以来华戎相杂，汉民族意识已逐渐淡化，故北宋末年，宋人议及河北时，有人认为："自唐末至于今，数百年间，子孙无虑已易数世，今则尽为蕃种，岂复九州中国旧民哉。"②正由于这样的原因，以金代辽在人们心理上不会造成太大的影响，所以这里在政权管理上比其他地方要便利得多。

金王朝确立了以河北、山东为政治、经济重点经营地区以后，采取的重大措施之一，就是将原居于塞北的200多万猛安、谋克人口迁移至此。大规模迁移猛安、谋克户进入中原地区是在天会十一年（1133年），废刘豫伪齐政权在天会十五年。猛安、谋克户的南迁说明，金在废齐之前，已开始做直接统治中原地区的准备。

由塞北迁移至中原地区的猛安、谋克户约73.1%居住在河北山东一带，依总数140万口计算，共计100多万口，这部分人口对农业生产的恢复和发展，本应是数量不小的劳动力，但事情的发展与最初的设计有一定

---

① 《大金国志》卷二《太祖》。
② 《三朝北盟会编》卷八，宣和四年六月三日庚寅。

的偏离。

女真人千里迢迢，离开长期生活的东北森林草原，来到自然、人文环境都陌生的中原地区，为了适应环境，必须改变原来的生产方式与生活习俗。这一切对于他们，本来就十分困难，加之朝廷安置方式的失当以及沉重的兵役，都成为女真猛安、谋克户在短时期内转变为中原农民的障碍。下面就这些问题一一进行分析。

（一）猛安、谋克户"自本部族徙居中土，与百姓杂处，计其户口给官田，使自播种，以充口食"①。计口授田是朝廷安置猛安、谋克户的基本措施，文献中没有留下最初拘括地情况的记载，海陵王时期的情况却可以从《金史·食货志》中得到反映。"海陵正隆元年（1156年）二月，遣刑部尚书纥石烈娄室等十一人，分行大兴府、山东、真定府，拘括系官或荒闲牧地，及官民占射逃绝户地，戍兵占佃宫籍监、外路官本业外增置土田，及大兴府、平州路僧尼、道士、女冠等地，盖以授所迁之猛安、谋克户。"②从这一记载来看，拘括地带有极大的勉强性，因而到手的土地大多瘠薄不可耕种。这一问题至世宗大定年间，才逐渐为朝廷所知。大定十七年世宗获知，"近都猛安、谋克所给官地，率皆薄瘠"，为此他愤怒地责问参知政事张汝弼："先尝遣问女直土地，皆云良田，及朕出猎，因问之，则谓自起移至此，不能种莳。"土地薄瘠直接影响到猛安、谋克户的农业生产积极性，也正是由于这一原因，许多人失去本业。"斫芦为席，或斩刍以自给。"③而"腴田皆豪民久佃，遂专为己有"④。针对这一现象，世宗告谕主管官员："官地非民谁种？然女直人户自乡土三四千里移来，尽得薄地，若不拘刷良田给之，久必贫乏"⑤，应立即"拘官田在民久佃者与之"⑥。

---

① 《三朝北盟会编》卷二四四，绍兴三十一年十一月引《金虏图经》。
② 《金史》卷四七《食货志二》。
③ 《金史》卷四七《食货志二》。
④ 《金史》卷八二《张汝弼传》。
⑤ 《金史》卷四七《食货志二》。
⑥ 《金史》卷八三《张汝弼传》。

中都附近猛安、谋克所授地瘠薄之事，成为世宗关心其他南迁女真人土地问题的起因。为了解决猛安、谋克户土地贫瘠问题，大定二十年前后，世宗开始对中原地区猛安、谋克户的住地，进行重新调整。调整的结果，迁出地为河南、山东等地，而迁入地主要集中在大名、东平一带。猛安、谋克户居住地的移动，就是为了解决土地贫瘠问题，因此与徙居之户相伴行的是"无牛者官给之"，"土薄者易以良田"之举①。这样的举措对于改变猛安、谋克户土地状况问题，可能起到一些积极作用，但大规模的移民、择地本身，对中原地区农业生产的正常进行，就是一种干扰。

（二）最初迁入中原的猛安、谋克户与当地人混居在一起，这样的情况在许多记载中可以看到。"金人既复取河南地，犹虑中原士民怀二王之意，始创屯田军，及女真、奚、契丹之人，皆自本土徙居中州，与百姓杂处，计其户口，授以官田，使自播种"②。这些屯田户"所居止处皆不在州县，筑寨处村落间。千户、百户虽设官府，亦在其内"③。猛安、谋克户"与百姓杂处"的状态，至世宗时期有所改变，山东猛安、谋克户住地的变动就是其中一例。"初，猛安、谋克屯田山东，各随所受土地，散处州县。世宗不欲猛安、谋克与民户杂处，欲使相聚居之。"在世宗的指令下，各地官员对猛安、谋克户住地重新进行调整，"遂以猛安、谋克自为保聚，其田土与民田犬牙相入者，互易之"④。

将山东猛安、谋克户田土与民户互易之事，是在纥石烈良弼、完颜思敬等官员的主持下进行的。山东屯田地调整后，左丞完颜守道又提出："近都两猛安，父子兄弟往往析居，其所得之地不能赡，日益困乏。"针对这一奏文，纥石烈良弼认为："必欲父兄聚居，宜以所分之地与土民相换易，虽暂扰，然经久甚便。"虽然右丞石琚提有不同意见"百姓各安其业，不若依旧便"，但世宗最终还是听从纥石烈良弼的意见，采取了易地之

---

① 《金史》卷四七《食货志二》。
② 《建炎以来系年要录》卷一三八，绍兴十年。
③ 《三朝北盟会编》卷二四四，绍兴三十一年十一月引《金虏图经》。
④ 《金史》卷七〇《完颜思敬传》。

策①。大定二十年（1180年），世宗再次申明："猛安、谋克人户，兄弟亲属若各随所分土，与汉人错居，每四五十户结为保聚，农作时令相助济，此亦劝相之道也。"②

对于猛安、谋克户居住形式的变化，日本学者三上次男认为，女真人向来是以家长制的共同体作为社会构成单位，因而耕作也是靠集体劳动。迁入华北以后，授田位置决定了他们只好和汉户杂居，而他们的耕作技术不如汉人，又不能像过去那样集体耕作，生产效率自然不高。正由于这样的原因，世宗才决定猛安、谋克户恢复女真人固有的聚居生活与集体生产形态③。三上次男的看法是很有道理的，但从另一角度看，女真猛安、谋克聚族而居，实际限制了与中原汉人之间文化与生产技术的交流，进而滞缓了女真人后来的经济发展进程。

（三）女真人是金朝的主体民族，猛安、谋克部民在赋税、土地和其他许多方面都享有特权。这些特权不仅令猛安、谋克部民滋长了优越感，而且漫生了惰农之风。许多猛安、谋克部民基本不事耕耘之业，这一切正如宋人所说的那样"金人北军，一家莳地不下数顷，既无赋税，春则借农以种，夏则借人以耘，秋则借人以收"④，这样的记载在《金史》中更多。大定二十一年（1181年）世宗"闻山东、大名等路猛安、谋克之民，骄纵奢侈，不事耕稼"⑤。同年六月世宗又说："近遣使阅视秋稼，闻猛安、谋克人惟酒是务，往往以田租人，而预借三二年租课者，或种而不耘，听其荒芜者。"⑥大定二十二年"以附都猛安户不自种，悉租与民，有一家百口，垄无一苗者"⑦。从常理所推，民间杂情，不到一定程度不会通达到帝王处，可见这时猛安、谋克户惰农弃本已是一件不可忽视的普遍现象了。针对这样的情况，世宗反复诏谕："自今皆令阅实各户人力，可耨几

---

① 《金史》卷八八《纥石烈良弼传》。
② 《金史》卷四六《食货志一》。
③ （日）三上次男：《金代女真研究》，黑龙江人民出版社，1984年。
④ 《三朝北盟会编》卷二三〇，绍兴三十一年七月二十一日壬辰。
⑤ 《金史》卷八《世宗纪下》。
⑥ 《金史》卷四七《食货志二》。
⑦ 《金史》卷四七《食货志二》。

顷亩，必使自耕耘之，其力果不及者方许租赁。如惰农饮酒，劝农谋克及本管猛安、谋克并都管，各以等第料罪，收获数多者则亦以等第迁赏。"在对猛安、谋克等主管官员劝农行为作出赏罚规定后，又规定普通部民"不种者杖六十，谋克四十，受租百姓无罪"①。这样的措施对猛安、谋克户的惰农行为起到一定的抑制作用。

农桑二业是农业生产中的重要部门，从文献记载来看，猛安、谋克户在惰农的同时，还有残毁桑柘的行为。世宗大定五年（1165年），因"京畿两猛安民户不自耕垦，及伐桑枣为薪鬻之，命大兴少尹完颜让巡察"②，并同时作出毁树伐桑有罚的规定。泰和六年（1206年）对于这一屡禁屡犯的现象，再次"申明旧制，猛安、谋克户每田四十亩，树桑一亩，毁树木者有禁，鬻地土者有刑"③。

（四）金代军队的兵源是征兵、募兵兼行，征兵即谓之"签军"④。猛安、谋克部民是签军的主要对象。金代的签军制度与女真人早期习俗有很大关系，"金之初年，诸部之民无它徭役，壮者皆兵，平居则听以佃渔、射猎习为劳事，有警则下令部内，及遣使诣诸孛堇征兵，凡步骑之仗粮皆取备焉。其部长曰孛堇，行兵则称曰猛安、谋克"⑤。兵民合一，寓兵于民是女真民族特征之一，金建国后这一制度继续沿用不替。南迁进入中原的猛安、谋克"若遇出军之际。始月给钱米不过数千，老幼在家依旧耕耨"⑥。签军制度的实质就是应战时之需，从农业生产中抽取青壮劳动力，作为兵源充入军队。青壮劳动力是签军的主要对象，也是农业生产中的主要劳动者，这一部分劳动者流失后，支撑农业生产的就只剩老者幼者，这必然影响农业生产效益与连续性，甚至还会造成时间或空间的中断。

签军数额在金中期最多，海陵王南征伐宋，"调诸路猛安、谋克军年

---

① 《金史》卷四七《食货志二》。
② 《金史》卷四七《食货志二》。
③ 《金史》卷一一《章宗纪三》。
④ 王曾瑜：《金朝军制》，河北大学出版社，1996年。
⑤ 《金史》卷四四《兵志》。
⑥ 《三朝北盟会编》卷二四四，绍兴三十一年十一月引《金虏图经》。

二十以上，五十以下者，皆籍之，虽亲老丁多亦不许留侍"①。"计女真、契丹、奚三部之众，不限丁数，悉签起之，凡二十四万……又签中原、渤海、汉儿十五道，每道各万人，合蕃汉兵为二十七万。"②世宗大定三年（1163年），针对签军妨农之事，曾有过一些变通，"诏河北、山东等路所签军，有父兄俱已充甲军，子弟又为阿里喜，恐其家更无丁男，有误农种，与免一丁"③。但为时不久，为保证兵源，世宗又重新诏令："凡成丁者签入军籍。"④由于签军数额大，故"每有征伐或边衅，动下令签军，州县骚动……阖家以为苦"⑤。

金代的签军制度虽然也通行于汉人之中，即"凡汉军，有事则签取于民，事已则或亦放免"⑥。与猛安、谋克相比，汉军数额有限。前如正隆五年（1160年）海陵王在全国十五路共签军二十七万，其中二十四万为猛安、谋克户，约占88.8%，余者才是汉军等。签军之制，对猛安、谋克户正常农业生产扰动最大。针对世宗"凡成丁者签入军籍"之令，金臣唐括安礼认为："猛安人与汉户，今皆一家，彼耕此种，皆是国人，即日签军，恐妨农作。"⑦但世宗却并不赞同一家之说，因此将猛安、谋克部民作为主要兵源这一制度，有金一代未有大的变动。

（五）"齐民与屯田户往往不睦"⑧，是金代始终存在的一个问题。造成这种现象的原因与猛安、谋克户以及金室贵族、将领占地扰民，有很大关系。对此世宗时期朝中重臣曹望之曾上书论道："山东、河北猛安、谋克与百姓杂处，民多失业。"⑨所谓"民多失业"，指的是土地被侵夺，农民丧失耕作之本。农民土地被侵夺，主要来自几种原因：

---

① 《金史》卷五《海陵纪》。
② 《建炎以来朝野杂记》甲集卷二〇《虏亮叛盟》。
③ 《金史》卷四四《兵志》。
④ 《金史》卷八八《唐括安礼传》。
⑤ [金]刘祁：《归潜志》。
⑥ 《金史》卷四四《兵志》。
⑦ 《金史》卷八八《唐括安礼传》。
⑧ 《金史》卷九《章宗纪一》。
⑨ 《金史》卷九二《曹望之传》。

1.以清刷官地为由，侵夺民业。对此《金史·食货志》有这样一段记载，大定年间猛安、谋克各部的居住地多有移动，迁入地当局则需括籍官地重新安置新迁部民。在括籍官地的过程中，就出现了许多扰民之举。用世宗皇帝的话："本为新徙四猛安贫穷，须刷官田与之。若张仲愈等所拟条约太刻，但以民初无得地之由，自抚定后未尝输税，妄通为己业者刷之。"①官员刷地所拟条例之苛，连皇帝本人都"恐民苦之"，其实际所行恐怕扰民更甚。

大定二十一年（1181年）七月，尚书省就山东刷田之事上奏世宗皇帝，世宗对梁肃说："朕尝以此问卿，卿不以言，此虽称民地，然皆无明据，括为官地有何不可？"②言语之间带有非括不可的意思。以至朝臣以"山东军括地，以为得军心，而失民心"，而再三谏诤③。在地的问题上世宗皇帝是十分矛盾的，一面"恐民苦之"，另一面又强调"无明据，括为官地有何不可"。

2.贵族、显官冒占官田、民产，这样的事例《金史》多有记载，如完颜匡"事显宗，深被恩遇……承安中，拨赐家口地土，匡乃自占济南、真定、代州上腴田，百姓旧业辄夺之"④。纳合椿年"冒占西南路官田八百余顷。大定中括检田土，百姓陈言官豪占据官地，贫民不得耕种"⑤。"山后之地皆为亲王、公主、权势之家所占，转租于民"⑥。

从以上分析可知，南迁至华北地区的猛安、谋克户，从数额上无疑可称为农业生产中的一支重要劳动力，但实际上由于前述各种原因，影响了他们在农业生产中的作用。

据《金史·食货志》所载，当时规定"民口二十五受田四顷四亩有奇"。大定二十三年（1183年）全国共有猛安、谋克部民6 158 636口，依

---

① 《金史》卷四七《食货志二》。
② 《金史》卷四七《食货志二》。
③ 《金文最》卷四九，元好问《张仲可东阿乡贤论跋》。
④ 《金史》卷九八《完颜匡传》。
⑤ 《金史》卷八三《纳合椿年传》。
⑥ 《金史》卷七《世宗纪中》。

民口25授田4顷4亩计,应授田9 952.3万亩。前章已推算中原地区猛安、谋克户约占全国总数的55.6%,土地开垦量若与这一比例一致,那么中原地区猛安、谋克户垦地约5 533.5万亩。与猛安、谋克户的集中程度一致,河北二路、山东二路、大名府路垦地约3 164.8万亩。

金代文献中没有留下各路垦地总额的记载,这里只能用北宋时期的数据作为参照。宋代京东、河北两路的辖境与金代河北、山东诸路比较接近。《文献通考》载北宋元丰六年(1083年)京东路有地2 671.9万亩,河北路有地2 790.7万亩,合计5 462.6万亩。漆侠先生根据熙丰年间政府在开封、河北等五路,实行方田均税法清丈出的隐田,对登记在册的垦田数进行了订正[①]。依漆侠先生的订正,这两路的垦田应为9 495万亩。假定宋金两代,这一地区土地开垦数额基本相近,那么金代猛安、谋克的垦田可算一个不小的数额,在全部开垦的土地中占近1/3。由于猛安、谋克垦地在这一地区所占比例甚重,因此他们的生产水平直接影响农业发展进程。从前文所述可知,猛安、谋克户所受田土内,或"有一家百口,垄无一苗者",或有"种而不耘,听其荒芜者"[②]。因此可以肯定,金代猛安、谋克户所垦土地内,具有低水平维持生产的特点。

证明猛安、谋克户以低水平维持生产,还有另外一条证据。金初,国家对猛安、谋克所种土地似乎没有实行明确的税收制度,《三朝北盟会编》有这样的记载:"其金人北军,一家苪地不下数顷,既无税赋……"[③]大定二十三年(1183年)才正式将"猛安、谋克部女直户所输之税",称为牛具税,或牛头税,规定"每耒牛三头为一具,限民口二十五受田四顷四亩有奇,岁输粟大约不过一石……内地诸路每牛一具赋粟五斗,为定制"[④]。文中所言内地,应指金本土。内地牛一具纳税五斗,中原地区为一石。与猛安、谋克户承担的牛具税相对的是一般民户的科税,"金制,官地输租,

---

① 漆侠:《宋代经济史》,上海人民出版社,1987年。
② 《金史》卷四七《食货志二》。
③ 《三朝北盟会编》卷二三〇,绍兴三十一年七月二十一日壬辰。
④ 《金史》卷四七《食货志二》。

私田输税。租之制不传，大率分田之等为九而差次之。夏税亩取三合，秋税亩取五升，又纳秸一束，束十有五斤"①。按此税制，一亩地共收夏秋二税五升三合，与猛安、谋克户四项四亩纳赋一石对应，四项四亩约纳二十一石四斗。与普通民户相比，猛安、谋克户的赋税负担轻多了。但是即使这样轻的赋税，后来也没有完全实行下去，章宗泰和年间诏令"减牛头税三之一"②。

中原地区猛安、谋克户与普通民户所种土地，虽有腴瘠之别，但大致处于水热条件相近的地区之内，应有近似的生产能力。况且章宗泰和年间，已在猛安、谋克户与中原人迁移易地之后，他们所种之地大多应不属贫瘠土壤。在这一前提下，对猛安、谋克户进一步轻赋税的结果，就意味着，赋税之外大量土地生产物保留在猛安、谋克户手中，这是一笔数量不小的物质积累。但事实却不是这样，除了少数显贵，大多数猛安、谋克户都很贫困，如世宗皇帝所言，"南路女直户颇有贫者"，故文献中关于朝廷赈济猛安、谋克贫户的记载屡见不鲜。世宗大定九年（1169年）四月"以大名路诸猛安民户艰食，遣使发仓廪减价出之"。十二月"诏赈临潢、泰州、山东东路、河北东路诸猛安民"。十一年正月"命赈南京屯田猛安被水灾者"③。十二年五月"命赈山东东路胡刺温猛安民饥"④。十七年四月，尚书省奏："东京三路十二猛安尤阙食者，已赈之矣。"⑤赋税额低，农户手中又没有多余的农产品，甚至正常生活亦很难保障，这一切说明猛安、谋克户所从事的农业垦殖是在技术、劳动力投入、产值等方面均处于低水平状态下的生产活动。由于猛安、谋克户所授土地总额很大，因此他们的所作所为不但影响到中原农户的生产行为，同时对这一地区的农业生产进程也起到重要影响。

在以上论述中，猛安、谋克户迁入中原地区后，所面临的土地贫瘠、

---

① 《金史》卷四七《食货志二》。
② 《金史》卷一一《章宗纪三》。
③ 《金史》卷六《世宗纪上》。
④ 《金史》卷七《世宗纪中》。
⑤ 《金史》卷五〇《食货志五》。

签军以及惰农行为，在一定程度上限制了自身耕种土地上的农业生产水平，而猛安、谋克户的择地以及与当地编户不睦等现象，则直接干扰了中原农户的正常生产，这一切都直接或间接地滞缓了农业生产发展进程。金代河北诸路及山东西部既是猛安、谋克户集中分布地，也是全国经济重点依赖地区，朝廷为了发展这里的生产，虽然作出种种努力，但由于上述原因，农业生产进程在总体上仍有退化的表现。

第二节　河北、山东的农业生产地域特征

河北、山东在全国有重要的经济地位，即金人所言："中都、河北、河东、山东久被抚宁，人稠地窄，寸土悉垦，则物力多，赋税重，此古所谓狭乡也。"①人稠地狭、赋税繁重本来就是狭乡的一个重要特点，自海陵王完颜亮将国都迁至燕京以后，国家财赋的消费地与生产地都集中在这里。

中都燕京是全国最大的消费中心，通过漕渠，来自河北、山东的粮食，是当时诸多转运物资中流量最大的一项。"金都于燕，东去潞水五十里。故为闸以节高良河、白莲潭诸水，以通山东、河北之粟。"通往中都的水路主要由这样几部分构成，主要部分循旧黄河所行，经"滑州、大名、恩州、景州、沧州、会州之境"至御河，这一线漕运的物资主要来自"苏门、获嘉、新乡、卫州、浚州、黎阳、卫县、彰德、磁州、洺州"等地；另一部分"衡水则经深州会于滹沱"，这一线主要漕运"献州、清州之饷"。这两路物资"皆合于信安海壖，溯流而至通州，由通州入闸，十余日而后至于京师"。除这两路外，"霸州之巨马河，雄州之沙河，山东之北清河，皆其灌输之路也"。

与陆运相比，水运的费用廉价得多。金代河北、山东一带一般有这样的规定：水运每石米百里五十余文，粟四十余文；陆运则每石米百里一百一十二文有余，粟五十七文。水路廉价便利，因此维护漕运的畅通，对朝

---

① 《金文最》卷八八，赵秉文《保大军节度使梁公墓铭》。

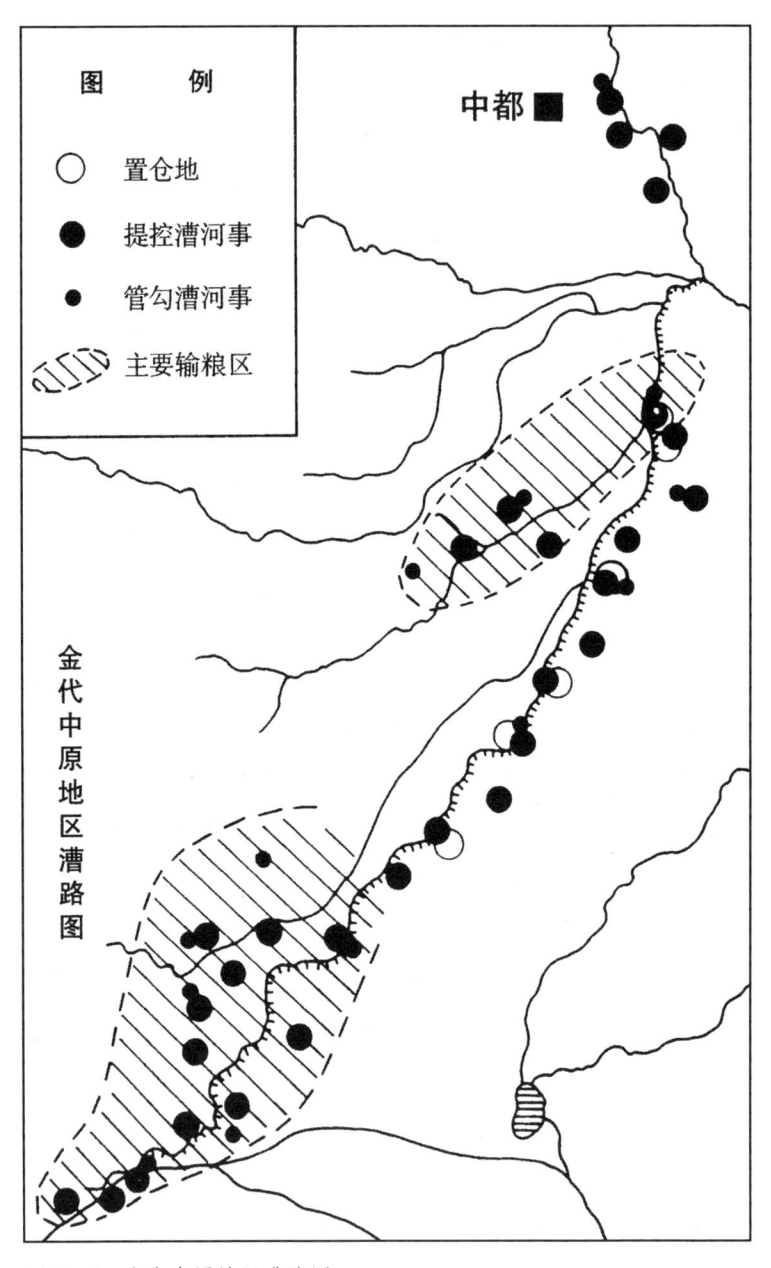

图 11-1 金代中原地区漕路图

廷有十分重要的意义。泰和五年霸州一带"漕河浅涩"，朝廷发"山东、河北、河东、中都、北京军夫六千，改凿之"。次年因"漕河所经之地，州县官以为无与于己，多致浅滞"，"于是遂定制，凡漕河所经之地，州府官衔内皆带'提控漕河事'，县官则带'管勾漕河事'，俾催检纲运，营护堤岸。为府三：大兴、大名、彰德。州十二：恩、景、沧、清、献、深、卫、浚、滑、磁、洺、通。县三十三：大名、元城、馆陶、夏津、武城、历亭、临清、吴桥、将陵、东光、南皮、清池、靖海、兴济、会川、交河、乐寿、武强、安阳、汤阴、临彰、成安、滏阳、内黄、黎阳、卫、苏门、获嘉、新乡、汲、潞、武清、香河、漷阴"①（见图11-1）。漕渠沿线"提控漕河事"与"管勾漕河事"的设置，是朝廷维护漕运水路的重要措施，从河北一带的自然条件分析，掌有漕河事的州县，基本都分布在主要产粮区之内，这些州县官既有"催检纲运"的任务，又有督运粮食的责任。

河北四路及山东西部基本处于平原地区，区内自然条件虽然没有很大差异，但因河流、水塘以及地下水水位状况而形成的局部地貌变化，也影响了各地农业生产的发展进程。

属于漕河沿线的主要产粮区，主要分布在这样几个地带：

1.太行山山前冲积扇地带。漳河、滹沱河等河流从太行山冲泻而下，在山前形成一系列冲积扇，冲积扇上淤淀的土壤十分肥沃，而且面积也很广，加之冲积扇地带地表水和地下水都较丰富，且水质好，很少积涝成灾，故金人称"太行之麓，土温且沃，而无南州卑漊之患"②。"怀卫之间，清漳绕其北，太行阻其西……东西延袤几二百里，其川衍，其野沃，其气候平，其风物阜。"③南宋乾道五年（1169年）楼钥北行出使金国，在其所作《北行日录》中用"土地平旷膏沃，桑枣相望"，这样赞赏的口吻肯定了太行山麓地带的农业及人文景观。

---

① 《金史》卷二七《河渠志》。
② 《金文最》卷三七，蔡松年《水龙吟词序》。
③ 《金文最》卷八三，《商王河亶甲庙碑》。

2.华北平原上由河流形成的冲积淤土地带。也是发展农业生产的有利场所,文献中这样的记载很多,如"清丰县乃旧之德清军,魏地之大邑也,桑麻四野"①。"安之为郡……群山连属,西峙而北折,九水合流,南灌而东驰,陂池薮泽,映带左右。夏潦暴集,塘水盈溢,则有菰蒲、菱芡、莲藕、鱼虾之饶;秋水引退,土壤衍沃,则得禾麻秫麦,亩收数种之利。"②正由于沿河冲积淤土地带发展农业生产有诸多便利条件,因此这里的人口也相对集中。章宗时期,陈规任恩州历亭县知县时,县有户四万③。这一数字在县属户额中是很高的。从前章人口密度的分析中,可以看出在沿河冲积淤土地带建置的州县,人口密度大多超过100人/平方公里,形成一条清晰的人口密集带。

3.宋辽沿边塘泊区。辽宋对峙时期,北宋朝廷为了限制契丹铁骑的南下,利用天然湖泊河流,在沿边地带修凿了一系列塘泊,后来由于泥沙淤浅,这片塘泊多被人们用来种稻。这种情况正如李纲所言:"河北塘泺东抵海,西抵广信、安肃,深不可涉,浅不可行舟,所以限隔胡骑,恃为险固。而比年以来,淤淀干涸,不复开浚,官司利于稻田。"④在宋人利用塘泊种稻的基础上,金代也进行了一定程度的利用。

金代塘泊两侧归为一国,水塘失去了军事防御意义,民用开发逐渐实行。金初由于国家初定,水塘基本未加利用。"河北缘边州郡多是塘泺,地无出。"⑤金中期朝廷积极鼓励开发水利,以安肃、定兴、清苑等县的水利田为代表,宋辽沿边塘泊才得到利用。据载:"言事者谓郡县有河者可开渠,引以溉田。诏下州郡,既而八路提刑司虽有河者皆言不可溉。惟中都路言安肃、定兴二县可引河溉田四千余亩,诏命行之。"⑥安肃、定兴二县均位于宋辽沿边塘泊水泺区,境内有易水、南易水等数条河流流经,引

---

① 《金文最》卷八〇,《清丰县重修宣圣庙碑》。
② 《金文最》卷二五,王仮《云锦亭记》。
③ 《金文最》卷一〇九,段成己《中议大夫中京副留守陈规墓表》。
④ [宋]李纲:《梁溪集》卷四六,《备边御敌八事》。
⑤ 《三朝北盟会编》卷二九,靖康元年正月八日甲戌。
⑥ 《金史》卷五〇《食货志五》。

河溉田四千余亩，对当地的农业生产起了很大的推动作用。清苑县即金保州治所，亦位于宋辽边泊之地。县西"满城之东，有南北泉，南曰鸡距，以形似言。北曰一亩，以轮广言。宋十八塘泺发源于此"。金时为了开发利用这一水源，"乃度地之势作为新渠，凿西城以入水，水循市东行，由古清苑几百举武而北，别为东流，垂及东城，又折而西，双流交贯，由北水门而出，水之占城中者什之四"。水渠修成之后，为了控制水量，"为之十里起一闸，以便往来，每闸所在，亦皆有灌溉之利焉"。在渠水的灌溉下，这里不但"植桑枣"，而且也种植了水稻①。上述三县可谓是金代开发边泊水利的代表，但这样的事例并不很多，塘泊附近土地，农业利用很不充分。章宗承安年间完颜匡夺百姓旧业，"自占济南、真定、代州上腴田"，"上闻其事，不以为罪，惟用安州边吴泊旧放围场地、奉圣州在官闲田易之"②。边吴泊是安州境内一处重要塘泊，宋代这里曾进行过农业开发，金代已废为围场放牧之地。

河北各路虽是金国境内发展农业生产的重要地区，但这里的自然条件也并非处处适宜农业生产，其中也有发展农业生产的不利因素，主要可以归为这样几方面：

1.北宋时期黄河一度北流，自濮阳、大名一线以西，在华北平原上留下了数条黄河河道，河道附近地下水位上升，往往出现土壤盐碱化现象，局部地区还伴有小范围的沙化，这一切对农业开发利用十分不利。

2.华北平原上河流较多，河流泛溢也容易造成沼泽沮洳及盐碱化现象。

金代华北地区土地开发中存在的这些问题，北宋时期即已形成。《宋史·王沿传》中有这样一段记载："河北……地方数千里，古号丰实。今其地十三为契丹所有，余出征赋者，七分而已……而相、魏、磁、洺之地并漳水者，累遭决溢，今皆斥卤不可耕。故沿边郡县，数蠲租税。而又牧监刍地，占民田数百千顷。是河北之地虽十有其七，而得赋之实者四分而已。"北宋时期这一地区，由水患造成的沼泽沮洳占相当大一部分，主要

---

① 《金文最》卷三一，元好问《顺天府营建记》。
② 《金史》卷九八《完颜匡传》。

分布在沿河及滨海地带。在沿河及冲积扇下部,还有大量盐碱地,在未经改良之前,大部分仍无法利用①。如大名、澶渊、安阳、临洺、汲郡等地即"颇杂斥卤"②,"百种不生而亘野皆盐卤,或生盐草"③。金代华北平原地区,土壤盐碱化问题仍然是发展农业生产的一大障碍。从文献记载来看,除北宋时期提及的漳河沿岸及大名等地外,北部循故黄河沿线及太行山山麓边缘,土壤盐碱化现象也很严重。如"献州古河间郡,其地咸卤,不宜花木"④。而祁州深泽县一带"水占沙咸者三之二"⑤。

由于土地盐碱化问题,沿河沿海大片土地无法利用,除北宋文献中所及各处外,由沧州至沿海一带盐碱地范围最大。金代在河北、山东境内共设山东、宝坻、沧州三个盐司。大定二十八年(1188年)朝廷创设巡捕使,这三个盐司均设二员,其中沧州盐司置于深州及景州宁津县,宝坻置于易州及永济县,这些地区都是产盐区。各盐司所辖盐场中,宝坻盐场设置较早,后唐"同光中,以赵德钧镇其地,十余年间,兴利除害,人共赖之,遂因芦台卤地置盐场"。继赵德钧之后,朝廷在这里"置榷盐院,谓之新仓"。后改置为新仓镇,金世宗大定十一年又升置为县,取名宝坻⑥。宝坻县及宝坻盐场的发展,与县城附近,即新仓镇一带的"卤地"有密切关系。由宝坻循潞河、御河向南,即清州北靖海县,"新置沧盐场",此处盐场"本故猎地,沮洳多芦"⑦。由此看来,从宝坻向南至清州、沧州一带盐碱地、芦滩很多,均不适宜发展农业生产。

金王朝的重点经济依赖区中,山东西部是一个重要部分。从全国人口密度图可以看出,这一地区人口主要集中在益都府、兖州、东平府一线以西,在地理区域上与河北四路连为一体。宋代这一地区就因地沃土肥、粮

---

① 韩茂莉:《宋代农业地理》,山西古籍出版社,1993年。
② 《宋史》卷八六《地理志二》。
③ [宋]晁说之:《景迂生集》卷二《朔问》。
④ 《金文最》卷四二,初昌绍《成趣园诗文序》。
⑤ 《金史》卷一〇六《张行简传》。
⑥ 《金文最》卷六九,刘晞颜《创建宝坻县碑》。
⑦ 《金史》卷四九《食货志四》。

食有余而见称于史①。入金以来，这里仍显示出应有的实力。"地枕牙冈，川连汶渚，土肥而沃，民朴而淳。"②"引匡山，脱泗水，地肥沃，人淳直。"③这些都是金人对这里农业生产环境的赞誉之言。金初对南宋作战时，主要的粮饷就取之于此。宋臣吕颐浩曾这样说过：金人"粮运所出，自来止借东平、济南府及淄、青、德、博等数州而已。"④

由于地域相连，河北一带出现灾荒、战乱，山东产粮区就成为人们投奔的去处。大定二十一年中都及平、滦、蓟、通、顺等州水灾，而滨、棣等州却大熟，于是山东来粟成为灾区重要的粮源⑤。金末大安年间蒙古大军南下，河北首当其冲，"时耕稼既废，道殣相望"，于是"涿州定兴、新城户数千，就食东平"⑥。

河北四路及山东西部既是中原各地中金人最早经营的地区之一，也是金末蒙古大军最先占领的地区。在蒙古大军的打击之下，"大河之北，民失稼穑，官无俸给，上下不安，皆欲逃窜"⑦。在这样的政治与社会背景下，农业生产已经进入了非正常阶段，这一地区原来所具有的生产基础与环境优势都失去了意义。苟且求生与外出逃亡几乎是社会各阶层人的两种必然选择。军事上的失败与经济倚重区的失陷，朝廷同样不安。为了尽可能稳定河北等地的经济，获取赋税，朝廷在尚能号令的地区内，实行"岁括实种之田，计数征敛"的"常时通检"政策。从朝廷本意，是试图通过这一手段获取更多的赋税，但对于农户来讲，更加重了一层骚扰。针对这件事朝臣高汝砺谏道："如每岁检括，则夏田春量，秋田夏量，中间杂种，亦且随时量之，一岁中略无休息，民将厌避，耕种失时，或止耕膏腴而弃其余，则所收仍旧，而所输益少。"⑧

---

① 韩茂莉：《宋代农业地理》，山西古籍出版社，1993年。
② 《金文最》卷六六，许申《重修释迦院碑》。
③ 《金文最》卷七六，唐处仁《重修炳灵王庙碑》。
④ [宋]吕颐浩：《忠穆集》卷五《论边防机事状》。
⑤ 《金史》卷四七《食货志二》。
⑥ 《金文最》卷一〇四，元好问《归德府总管范阳张公先德碑》。
⑦ 《金史》卷一〇八《侯挚传》。
⑧ 《金文最》卷一六，高汝砺《谏岁检民田疏》。

金末河北农业生产不但失去了正常秩序，而且朝廷的管理也打破了常规。从文献记载来看，在蒙古人全部占领河北之前，这里的农业生产已经处于半停滞状态，朝廷的检括，并未阻止百姓的流移。除大量军户南下之外，仅"彰德、大名、磁、洺、恩、济、滑、浚等州"，一次就有三十万户迁离本土[①]，占当地人口的一半左右。河北等地本为国家的经济倚重区，这里失陷，迫使国家政治、经济重心南移至河南一带，原来以河南及陕西、山西等地构成的周围地区，地位变得十分重要，成为朝廷新一处经济依赖地。

第三节　山、陕、河南等地的农业生产与地域开发

金疆域形势基本确定后，从国家利益考虑，对各个地区的政治、经济依赖程度是不同的。这种情况正如金人自己所言："以龙朔上国为根本，以辽阳、长春、会宁等路为北畿，以河北为东畿。故于大兴称中京，以会同为北京，以黄龙为上京。以中山府为南路，接引根本，东西南北道路适均。虑南宋有取河南、山东之心，每视之为度外去来之物，凡河南财物贡赋悉储于大名，山东之贡赋悉运之于镇州。"[②]此处镇州应指真定府，为宋代所置之州。从这段文献的记载可以明显看出，同为北宋故土，在金人心目中，河北等地与河南、山东的地位是不同的。河北为"畿"，而河南、山东却被视为度外。在这种观念的支配下，政治上将"旧河之南"的土地让予刘豫，成立傀儡国家；经济上则将"河南财物贡赋悉储于大名，山东之贡赋悉运之于镇州"。各方面都显示出金人对这一地区的不放心。由于这样的原因，金人对这里的经营方式亦与诸"畿"地区有所不同，农业生产进程，开发利用方式，技术与人力投入都逊于河北、山东一带。与河北等"狭乡"相比，"时河南、陕西、徐海以南，屡经兵革，人稀地广，蒿

[①]　《金文最》卷一〇二，元好问《东平行台严公祠堂碑铭》。
[②]　[宋]张师颜《南迁录》引完颜宇语。

莱满野……此古所谓宽乡也"①。

同样属于"度外""宽乡",本节拟对河东、陕西、河南等地分别进行论述。

一、陕西农业生产区域特征

属于陕西范围论述的有京兆府路、凤翔路、鄜延路、庆原路、临洮路。这一地区在自然地理上分属于关中平原及黄土高原两大地貌单元,政治地理上则位于金之西北边境,西面、南面分别与西夏、南宋王朝相邻。这样的区位特征使金代陕西腹里与边境地区,形成不同层次的农业生产面貌(图11-2)。

(一)沿边地带

宋金两朝都以陕西为西北边疆与西夏对峙,但宋夏之间与金夏之间的关系却有很大的不同。北宋时期,宋夏之间的军事冲突非常频繁,特别是"澶渊之盟"后,来自辽人的军事进攻基本停止,西夏则成为最主要的军事威胁。金夏之间就完全不同了,除个别时期外,基本保持着和平共处的关系。

由于这样的原因,金朝西部边境防边备战的任务就比北宋轻松多了。这一特点突出表现为边境的驻军与堡寨数目比北宋有所减少。见于记载的北宋元丰年间宋夏边境堡寨可达274座,各堡寨皆须列兵而守之②。金夏边境地带,地位与功能相当于宋代堡寨的建置有这样几种名目,即镇、城、关、堡寨,依《金史·地理志》记载统计,除京兆府路不属金夏边境地带外,其他四路有镇49座,城10座,关4座,堡24座,寨49座,总共136座,将这一数字与北宋相比,大约减少了1/2。

金夏之间以和平为主的相互关系的确立,不但缓解了边境紧张的军备形势,也影响到编户人口的地理分布。从前章所举各地人口密度来看,与北宋时期边地民户稀少的情况相比,金代这里人口密度普遍提高。沿边地

---

① 《金文最》卷八八,赵秉文《保大军节度使梁公墓铭》。
② 韩茂莉:《宋代农业地理》,山西古籍出版社,1993年。

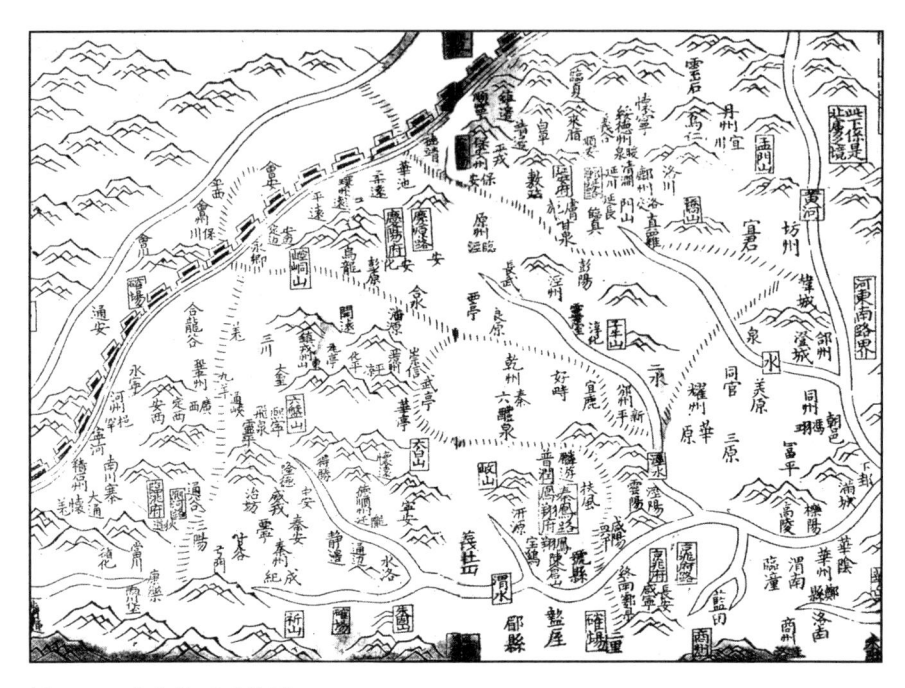

图 11-2　金代陕西五路图

带人口密度＞30人/平方公里的州府有德顺州、平凉府、延安府、鄜州、坊州、宁州、邠州、泾州，其中鄜州、邠州人口密度高达60人/平方公里以上。在古代的生产方式下，编户人口的变化与农业劳动力的变化是吻合的，沿边地带人口密度的上升，说明这一地区农业生产状况逐渐扭转。

沿边地带特殊的社会与军事背景，决定了屯田驻守是最有效的防御措施。因此在编户农业垦殖之外，如北宋之例，招募弓箭手就地屯戍，也是金代中后期的一项重要举措。至贞祐初年，西夏人"掠镇戎，陷泾、邠"，围平凉，西北边境连连告急。针对这一情况，当时任陕西按察转运使的卢庸指出："自鄜延至积石，虽多沟坂，无长河大川为之屏蔽，恃弓箭手以御侮，其人皆刚猛善斗，熟于地利，夏人畏之。"弓箭手对边疆防御起着重大作用，一旦被"徙屯他所，夏人即时犯边"。显然镇戎一带告急，与弓箭手移屯他处有关，故卢庸向朝廷上书，将"且耕且战"，重置弓箭手列为重要策略①。

金后期，在蒙古大军南下的同时，西夏军队也乘机对金西北边境施加军事压力。其中"镇戎赤沟川，东西四十里，地无险阻，当夏人往来之冲，比屡侵突，金兵常不得利"。为了有效地抗御夏人的进攻，当时任河南路统军使、行平凉元帅府事的石盏女鲁欢亦以屯田驻戍为对策上书朝廷，他说：镇戎一带"所在官军多河北、山西失业之人，其家属仰给县官，每患不足，镇戎土壤肥沃，又且平衍，臣辄将所统几八千人，每以迁徙不常为病，若授以荒田，使耕且战，则可以御备一方"②。与流动性迁徙相比，屯田驻守，显然是御敌备边行之有效的良策。在这样的背景下，金后期西北沿边地带弓箭手屯垦土地，或恢复，或新辟，在沿边地带发挥着一定的作用。

沿边地带农业生产的兴衰，受战争起落影响很大。总的来看，依战事的变化，金代陕西沿边地带的农业生产可以分为前后两个阶段。前期边境太平，农业生产处于上升状态，人口与生产环境都比较稳定。后期蒙古与西夏军队都对金西北边境构成威胁，面对边疆乃至整个国家的危局，朝廷不断向沿边地带集结兵力。战争本身对农业生产就有巨大的摧残作用，再加上大量军队的粮草辎重，民工役夫，对当地农业生产造成更大的压力。农业生产受战事的节制，除在个别地带，由于弓箭手的垦成，而形成小片新辟土地外，大多数地方农业生产受到很大打击。兴定五年（1221年），朝廷议及复取已失陷的会州之策时，尚书右丞把胡鲁就提出，如果动用军队收复会州，那么此举"月当费米三万石，草九万称，转运丁夫不下十余万人"。更何况"临洮路新遭劫掠，疮痍未复，所须刍粮决不可办，虽复取之庆阳、平凉、凤翔及邠、泾、宁、原、恒、陇等州，亦恐未能无阙"。这时沿边近十个州府都遭兵劫，再兴兵作收复之举，只能在原来的基础上，加大对农业生产的破坏，故朝廷最终从把胡鲁之议，"止宜令承裔军

---

① 《金史》卷九二《卢庸传》。
② 《金史》卷一一六《石盏女鲁欢传》。

于定西、巩州之地，护民耕稼"①。像这样罢兵"护民耕稼"的事例并不多，因此金后期西北边地的农业又一次进入衰落期。

（二）关中地区

关中地区是历代重要的农业生产区域，在金代同样表现出较强的优势。仅从人口状况看，京兆府人口密度为34.3人／平方公里，乾州64.4人／平方公里，耀州80.3人／平方公里，华州86人／平方公里，同州29.7人／平方公里。这样的人口密度在陕西各路中明显偏高，成为发展农业生产的有利因素。

金代由官方出面经营关中农业生产，主要集中于招抚流亡、兴修水利这样一些举措。天眷初年庞迪任京兆府知府一职，正逢"陕右大饥，流亡四集"。为了安抚流民、恢复生产，庞迪组织人力"开渠溉田，流民利其食，居民藉其力"②。同样是金前期，傅慎微为同知京兆府尹、权陕西诸路转运使时，率领人们"复修三白、龙首等渠以溉田，募民屯种"，并"贷牛及种子以济之，民赖其利"③。官方之外民间营建的水利工程，同样为地方农业生产起了一定作用。属于这一类的以郿坞最典型。"郿坞旧引斜谷水通流县城"，经金初的战乱，引水工程早已堙废，这里虽"山明水秀，土地肥腴"，但"虽园中溪毛，皆仰足于旁境"。水的问题，成为生产、生活中的一大障碍。郿坞一带并非没有水源，"县衢旧实有水通流"，后堙塞。金代在当地各界的共同努力下，"凿南山之水，延袤五十余里，通于邑衢"，渠成后，"公室赖之，刍粟无忧"。"至于汲引灌溉，涂塈洗濯，无复曩时之艰虞"，不久县境之内，"绿槐夹路，细柳交岸"。桑麻大增，成为"陕右之上腴"，"园田畦计，不啻几万"④。引南山之水，以利民生，在郿县不仅县衢一带如此，"郿之东南，有村曰宁曲，右高阜，左平野，清渭经其北，太白当其南，厥田沃壤，物产蕃茂，则富庶甲于境内

---

① 《金史》卷一〇八《把胡鲁传》。
② 《金史》卷九一《傅慎微传》。
③ 《金史》卷一二八《循吏传》。
④ 《金文最》卷二五《孔公渠水利记》。

者也",灌溉用水不是问题,但饮用水却靠井汲,这里"土厚而泉深,人赢于井汲",为了解决饮水问题,后来人们也引南山水,村民得其利①。

文献中称颂关中沃野乐土的记载很多,其中"辋川之乡社,而桃源氏之别业也"②,澄城"井邑万户兮,劝于务民"③,都属于这类记载。由于自然条件优越,当时"四方之志者多乐居焉……常约近南山寻一牛田,营五亩之宅"④成为风气。

金后期关中农业生产在整个国家中,显得越来越重要。当时西北边境告急,大量军队屯集在这里,粮草主要来自关中地区。金末随着蒙古大军南下,军民纷纷逃向河南,往日一向冷落的河南,变成了国家的政治中心,与此同时,粮食问题也成为河南的一大负担。为了解决这一问题,关中的粮食就成为重要的来源。兴定四年(1220年)"时陕西岁运粮以助关东"⑤。元光元年(1222年)"造舟运陕西粮,由大庆关渡抵湖城"⑥。金代关中粮食生产虽不能与宋代相比,但亦显示出应有的地位。

二、山西农业生产与水利兴修

金代山西分为河东北路、河东南路两部分,由于自然条件的限制,河东北路农业经济相对落后,河东南路则在人口与土地开发利用上,均显示出优势。尽管河东南北两路有这样的差异,但汾河谷地是南北两路共同开发的重点,与汾河谷地相比,四周的山区则表现出明显的荒凉与落后。这一点正如金人所述:"河东地狭,稍凶荒则流亡相继。"⑦"河东多山险,平时地利不遗,夏秋荐熟,犹常藉陕西、河南通贩物斛。"⑧河东南北"两

---

① 《金文最》卷八二《宁曲社重修食水碑》。
② 《金文最》卷四四,元好问《寒食灵泉宴集序》。
③ 《金文最》卷七三《澄城县主簿李公去思碑》。
④ 《金文最》卷四四《送秦中诸人序》。
⑤ 《金史》卷一〇八《把胡鲁传》。
⑥ 《金史》卷一六《宣宗纪下》。
⑦ 《金史》卷四七《食货志二》。
⑧ 《金史》卷一〇八《胥鼎传》。

路田多峻阪，硗瘠者往往再岁一易"①。

河东北路下辖一府十二州，平均人口密度为37.4人／平方公里。人口密度较高的州府有太原府，为61.7人／平方公里，忻州70.6人／平方公里，汾州为128.8人／平方公里，都位于汾河谷地。其余各州的人口密度都较低，一般维持在30～40人／平方公里，有的甚至不足10人／平方公里。

金初之人聂希古曾有这样的议论："今河东有太原，河北有成德、中山、大名……此八处皆古帝都，太原地瘠民贫，迫近西夏。"②就自然条件而论，太原一带是河东诸州府中最优越的地方之一。远的不说，北宋时期这里就成功地利用平原沃壤、汾河灌溉之利，将农业生产大大地推进了一步。进入金代，战乱、灾荒使各地的农业生产都有所衰退，故金初的太原给人留下"地瘠民贫"的印象。河东北路本来就"田多山坂硗瘠"③，位于河谷平原的太原尚且如此，其他州府更相形见绌。如保德州"地险而瘠"④。孟县"环处皆山也，土地硗瘠"⑤。平定"居寿阳、井陉半山之间，岁苦繁霜降早，害及秋成"⑥。

与河东北路不同，河东南路的农业生产条件优越得多。仅以人口而论，河东南路为二府十州，平均人口密度为85.5人／平方公里，劳动力集中程度远远超过河东北路。这些州府中，人口密度较高的有平阳府，为101.1人／平方公里，河中府170人／平方公里，绛州157.8人／平方公里，解州75.1人／平方公里，均位于汾、涑河平原谷地。位于太行山东麓南端的怀州、孟州，人口密度分别为166.6人／平方公里、124.9人／平方公里。金人称"平阳府者水土演以且肥"⑦，"平阳一路地狭人稠"⑧。平阳府是汾河流域重要的州府，其他位于汾、涑河河谷平原的州府亦表现出相

---

① 《金史》卷四七《食货志二》。
② 《大金国志》卷二四《宣宗皇帝上》。
③ 《金史》卷一二一《石抹元毅传》。
④ 《金文最》卷七八《保德州重建庙学碑》。
⑤ 《山右石刻丛编》卷二〇《金神泉里藏山神庙记》。
⑥ 《山右石刻丛编》卷二二《大金故中奉大夫武威郡开国侯段公墓表》。
⑦ 《山右石刻丛编》卷一九《赵城洪洞水利碑》。
⑧ 《金史》卷四七《食货志二》。

似的社会经济特征与人文风貌。如"洪洞隶平阳，壮哉县也"①。闻喜县"处华域之中，当要冲之地"，"闻喜大县，连甍比屋，几至万家"②。绛州则"以户口繁阜，城邑雄富，升诸道节镇之冠"③。这些州府均是河东重要的农业生产区域。

由于经济实力雄厚，这一地区平时是山西重要的经济区，战时是北方人民的避难所。贞祐年间"应州已破，朔为孤城，其势不可守，乃迁朔之军民九万余口分屯于岚、石、隰、吉、绛、解之间"④，这些州之中，又以解州人口集中量最大，除贫民百姓之外，还有军队屯驻于此。而此时陕西大阳渡、河中大庆渡皆闭关，不令粟麦过河，赖以支撑的唯有当地的粮储，为此，当地官员虽然也连连告急，但从中仍不难看出当地的经济实力。

金人言："河东形胜之地，风劲气寒，比太行之东，不知高几千尺也，故自古无水患。"⑤高原旱地，农业生产虽然无须多虑水患，但靠天浇灌也不能完全保证收成，故在条件允许的地方，凿渠引水，成为农业投入的重要方面。金代是山西水利取得突出成绩的一个朝代，《赵城洪洞水利碑》所记述的内容就是一个典型的事例，由于碑文所记甚详，故将有关内容录述如下：

> 平阳府……东北九十余里有山名霍山，山阳有泉，曰霍泉，涌地以出□而成河。居民因而导之，分为两渠，一名南霍，一名北霍。两渠游赵城、洪洞县界，而行其两县，民皆赖灌溉之利以治生也。自宋时庆历五年（1045年），分有两县人户争霍泉河灌溉水田，分数不均，是时责有司推勘。据两县分析到霍泉河水共浇溉一百三十村庄，计一千七百四十七户，计水田九百六十四顷一十七亩八分，动水□磨四十五轮。赵城县人户合得水七分，洪洞县人户合得水三分……本朝天会

---

① 《金文最》卷二二《惠远桥记》。
② 《山右石刻丛编》卷二三《解州闻喜县重修宣圣庙碑》。
③ 《山右石刻丛编》卷二一《复建州衙南门记》。
④ 《金史》卷一二二《忠义传》。
⑤ 《山右石刻丛编》卷二二《汾州西河县毕宿庙记》。

十三年（1135年）赵城县申据，使水人户虞潮等状告有洪洞县人户盗使水，府衙数差官规画不定。至天会十五年十月内再牒，委府判高金部规画定于母渠上置木隔子，更隔上岸水势匀流，取到两县官吏，委是均平，别无偏曲不均。①

《赵城洪洞水利碑》不但记述了霍泉河灌溉工程兴建的本末，而且着重记述了两县的分水制度，这一点对于了解早期农田水利灌溉系统的管理，是非常有意义的。

关于金代山西水利的记载中，广济民渠的开凿，也是一件令人瞩目的大事。广济民渠是利用孝子河水源开凿而成的，孝子河位于汾州孝义县界内，属于河东北路。下面将金人有关记载录述如下：

孝子河者，发源孝义之西山百余里，一水自高唐之西北会于白壁之左，次南二水合流。四派萦纤，绕郭东注入于汾。其于常也，救旱之功为最。郊之西南层巅崇丘，属溪骈壑，经积雨支流吞并，汹涌之势，洪波怒涛，不下三二丈，邑东阜下之田，洿卤之地，变为膏腴，民实赖之。自正隆二载，雨不时降，邑民苏公仲礼者，世习儒业，宋公淇者，精通算术，以积水窥管，知地形高下。二公慨然相谓曰："……孝子河岸高百丈，开崖穿洞，流渠行水，纠多工成之，可以救旱……"闻者忻从，集工七十五，公以己钱代买渠地十余里……上下二十里中间，地之突者削而平，坎者积而坦，堆阜者凿而深之，缺洼者补而完之，断岸则刳木为槽以通焉……次年四月二十五日落成……名渠以广济……且田之瘠者，一溉之效，稼穑如云，变硗确为膏腴。②

与广济渠相类，位于忻州境内的滹水渠亦属民渠性质，这条民渠的兴

---

① 《山右石刻丛编》卷一九《赵城洪洞水利碑》。
② 《金文最》卷二二《开广济民渠记》。

凿也为民力所成,下面将有关记载录述如下:

> 滹水之源,出于雁门东山之三泉,过繁畤,遂为大川,放而出忻口,并北山而东……尔朱,丘村人,家有赐田百顷,因以雄吾乡。役家之僮奴,欲从忻口分支流为渠……承安中……赖县豪杰、乡父兄子弟佽助之,历二年之久,仅有所立……方新渠之成也,余往观焉,流波沄沄……农事奋兴,坐享丰润,禾、麻、菽、麦,郁郁弥望。①

金代文献中有关山西水利建设的记载虽然只存数条,但从中仍能看出这一时期水利建设的特点,总结起来有如下方面:

1.汾、涑河以外的小型河流以及泉水利用程度逐渐提高。上述几条文献所记述的水利建设,均为利用汾、涑河以外小型河流而兴建的灌溉系统。北宋时期山西境内发展的水利事业,大多集中在对汾水的利用上,其中以淤灌为内容的水利工程成效最为显著。金代文献中的同类记载则主要集中在小型河流上。这些兴建在小型河流上的水利工程,虽然有的发轫于宋,兴盛于金,但多数兴建于金。水利工程重点兴建地点的变化,反映了农业开发区域从汾河谷地逐渐向中小型河流谷地推进的过程。

2.金代山西兴建的民渠越来越多。与官修水利相比,民渠的规模一般较小,且多限于小型河流,浇灌地区多在同一县境内,无须官方协调,这类民渠的出现与地区开发进程的深化是密切相关的。

平原之外,山区的开发也是地区开发的一个重要内容。金代山西一带的山田多集中在北部,即"河东北路田多山坂硗瘠"。谈到山区开发,金人诗文中留下许多有关描述。如"秋日山田熟,山家趣转奇"[2],"呼儿问牛饱,又向山田耕"[3],"远劚山田多种黍,稀经城市少言钱"[4],除百姓

---

① [金]元好问:《遗山集》卷三三《创开滹水渠堰记》。
② [金]元好问编:《中州集》卷四,周昂《山家》。
③ [金]赵秉文:《滏水集》卷五《和山耕叟》。
④ [金]元好问编:《中州集》卷二,边元鼎《新居》。

所垦山田外，兴建在山区的寺庙，往往形成颇具规模的庙田。如泽州几处禅院，都有数额不小的山田，硖石山福严禅院"有山田二千亩"[1]，松岭禅院"有山田足以饘粥"[2]。这些庙产都成为山区开发的一个组成部分。

三、河南农业生产的时空变化

金代河南的农业生产经历了大起大落的变化过程，形成与河北完全不同的阶段特征。

金代河南基本属于南京路管辖，北宋曾为国都所在地，由于这一原因，金初的战火，使这里备受摧残。宋臣吕颐浩曾这样说过："淮南、京东路平土旷野皆天下之沃壤，自建炎三年（1129年），因金人残破之后，居民稀少，旷土弥望。"[3]战火之后，河南各地农业生产普遍受到很大摧残。"京东州县累经大兵，残破之后，民失耕业，不曾种植。"[4]"京西及徐、亳诸郡全未有耕凿。"[5]河南各地之中，又以宋都开封以及西京、南京两个陪都一带所受摧残最重，以至十余年后宋人出使金国，仍见"西京……宫墙之内草深不见遗基，旧分水南水北，居水南者什七八，今止水北有三千户，水南墟矣"[6]。"三京久为刘豫凶焰所焚，焦痛未苏，凋残尤甚，今合三京户口才四十万，比平时不能十之一。"[7]"旧京自城破后，疮痍不复……新城内，大抵皆墟，至有犁为田处。"[8]故都残破如此，给人留下无限的伤叹，宋人曹勋过汴京赋诗曰："与客西游历汴都，荒寒不复见吾庐。只今黯黯尘埃起，当日葱葱气象无。"[9]

金朝将河南交给伪齐政权管理。伪齐时，河南仍然一片萧条，"创痍

---

[1] 《山右石刻丛编》卷二三《大金泽州硖石山福严禅院记》。
[2] 《山右石刻丛编》卷二三《大金泽州松岭禅院记》。
[3] 《三朝北盟会编》卷一七六，绍兴七年正月十五日丁丑。
[4] [宋]吕颐浩：《忠穆集》卷一《收民心》。
[5] [宋]吕颐浩：《忠穆集》卷五《论边防机事状》。
[6] [宋]郑刚中：《北山集》卷一三《西征道里记》。
[7] 《建炎以来系年要录》卷一三三，绍兴九年十一月戊寅。
[8] [宋]范大成：《揽辔录》。
[9] [宋]曹勋：《松隐集》卷一二《持节过京》。

未瘳，用兵不休，赋役烦重，故伊、洛、淮甸之间，户口萧条为甚"[1]。齐境内的凋残之状，连远在淮河以南的南宋王朝也有所闻，故宋臣论及出兵伐金，是否在金国就地筹粮时，都颇有顾虑，用其所言："今若进兵伪境，虽稔闻山东、河洛之间，民言王师若来，愿资粮饷，然伪境兵火之余，户口凋耗，垦田数寡，出谷不多，比更金寇往来无不蚕食，岂敢保其尚有余粮。"[2]

伪齐在河南统治八年，以后金将其归为一统。废齐之初，金人虽然也认为"河北素号富庶，然名藩巨镇膏腴之地，盐、铁、桑麻之利，复盛在旧河之南"[3]。但这一地区毕竟地连宋境，战事不断，缓急无从依靠，因此金人同样没有将其视为经营的重点。由于这样的原因，至金世宗大定年间，河南一带的农业生产仍呈衰落状态。无论社会经济面貌，还是人文风貌都与前朝无法相比。"大定三年，是岁小稔"，然河南"田之荒者，动至百余里，草莽迷望，狐兔出没"[4]，可见平日面貌更加凋残。宋乾道五年，即金大定九年，宋臣楼钥出使金国，仍见"河南之地，极目荒芜"[5]。

人少地荒是金前期河南农业的基本状况，大定年间，人们才着手实施改变河南农业生产面貌的措施，其中移民就是朝臣们议论最多的方案之一。大定初，曹望之奏文中这样说道："山东、河北猛安、谋克与百姓杂处，民多失业，陈、蔡、汝、颍之间土广人稀，宜徙百姓以实其处，复数年之赋以安辑之。"[6]大定二十九年（1189年）尚书省奏："河东地狭，稍凶荒则流亡相继，窃谓河南地广人稀，若令招集他路流民，量给闲田，则河东饥民减少，河南且无旷地矣。"次年尚书省又奏："河南荒闲官地，许人计丁请佃，愿仍为官者免租八年，愿为己业者，免税三年。"[7]朝臣的这些奏议大部分得到实施，故从大定末年开始河南农业生产逐渐有所改变。

---

[1] 《金文最》卷七二《重修中岳庙碑》。
[2] 《三朝北盟会编》卷一七五，绍兴七年正月十五日丁丑。
[3] 《大金国志》卷一〇《熙宗》。
[4] [宋]张师颜：《南迁录》。
[5] [宋]楼钥：《攻媿集》卷一一一《北行日录》。
[6] 《金史》卷九二《曹望之传》。
[7] 《金史》卷四七《食货志二》。

金前期整个河南的社会经济面貌与农业生产状况虽然都呈衰落之态，但各地仍有一定差别。宋臣吕颐浩在议论宋军进兵中原兵备粮饷供给时，指出若三路进军，各路入金境后，当地粮食保证程度是不一样的。一路若从明州由海道趋沂、密州，只需给兵士带足一月粮食，"令海船带附前去密州板桥头镇，左右岸则有粮可因矣。密州界乡民不曾废耕种，米粮易得"。另一路"自驻军濠州策应入界，大兵所有军粮由淮河水运可到濠州，岸下则此项人马不患乏粮也。惟是自泗州趋汴京之兵五万人，缘泗水以北汴水不通，诸军合赍十日之粮，至有粮地分委江淮漕臣，拣选精米五万石前期运至泗州……南京以北乡民皆有耕种"①。吕颐浩的奏对中明确指出，淮北、河南一带粮食不易得到，南京以北乡民才有耕种这一事实。与沿淮一带不同，在金人的记述中，沿黄河故道一线的北部州府，虽不能和前朝故宋相论，但仍能显示出人勤地沃的特点。文献中不时也能看到这样的记载，如"当南京、西华之要途……数里中带清流，濯溉田壤，民得其所"②。

金代人口分布与各地农业生产发展状况基本吻合，南京路各州府中，除开封府人口密度偏高，其他如睢州、归德府、单州、陕州、郑州、许州等地人口密度为60～70人／平方公里，相当于河北等地中等州府，沿淮各州人口密度普遍偏低，一般为10～20人／平方公里，或更低。人口分布状况清楚地显示了河南各地的农业生产状况：即如吕颐浩奏对中所言，沿淮一线地广人稀，南京附近等北部州府才有乡村从事正常农业生产。

金宋双方长期鏖战在淮河一线，致使这里土地荒置，人口流移，农业生产长期处于衰败状态。宋臣曹勋在题为《过楚有作》的诗中，描述了战争前后淮河沿线的境况："昔见山阳盛，气豪吞淮壖。士子世忠孝，民物安园田。再到已屯兵，鼙鼓喧中天。户口莽凋弊……"③金宋时期淮河一线始终在战争阴云的笼罩之下，大片土地荒芜成为不可避免的事实。而离淮稍远的陈蔡一带，固然不是战场，但战争的威胁也时时干扰人们的正常

---

① 《三朝北盟会编》卷一七六，绍兴七年正月引《吕颐浩奏对十论札子》。
② 《金文最》卷六八《敕赐兴国寺碑》。
③ ［宋］曹勋：《松隐集》卷七《过楚有作》。

生产。金人刘祁曾有这样的记述:"旧有田淮水之阳,春夏在陈视耕获,秋冬必入汴避乱。"①特殊的社会背景已使这里的人们习惯于候鸟一样的生活节律,春夏在陈蔡一带土地上耕种,秋冬收获后立即北归避乱。

战乱之外,黄河的频繁泛滥,是影响河南农业生产的又一个重要因素。南宋建炎二年(1128年)冬,宋王朝为了阻止南下的金兵,人为决河,使大河由泗入淮。决口地点大致在滑县以上的李固渡以西,新道东流经李固渡,又经滑县南、濮阳、东明之间,再经鄄城、菏泽之间,至郓城分为两支,一支向东北入巨野泽,然后北出入北清河;另一支东南流,复东北入巨野泽,而后东南出,沿今洙水河方向至鱼台县清河涯与泗水合,下沿泗水河道,过沛县东,经徐州市东南,汇淮入海。从此大河不再东北流入海,而以东南流入泗、淮为常,这是黄河历史上第四次大改道。黄河此次改道后,并没有稳定在已形成的河道中,"或决或塞,迁徙无定"②。

大河除干流外,还有几股岔流同时存在,这几股河道迭为主次,汇淮入海。如大定八年(1168年)大河在李固渡决口,"水溃曹州城,分流于单州之境",经砀山、萧县,绕经徐州,与旧河合,东南经邳州入淮。"新河水六分,旧河水四分"。大定十一年(1171年)原武县王村河决,又分出一股入原武、阳武、东明等县境,东明以下,东合曹、单河道。大定二十年(1180年)河决卫州及延津京东埽,河水浸漫归德府,自王村分出的一股中断,曹、单大河以南又新出现一条分支,由延津县西北塔铺以北,东南经延津北、封丘南、兰考北,向南经睢县南、宁陵北、商丘南、虞城南,至砀山北与曹、单大河合。此时卫州以下至曹州、单州境,黄河河道并存三支,以曹、单中间的一支最大。至金章宗泰和八年(1208年),黄河下游已合为一股,自新河折向东流,经胙城南、封丘北、长垣南、封丘东北、东明南、定陶南、单州南、虞城、砀山北,经徐州、邳州,由泗入淮③。

---

① 《金文最》卷三五,刘祁《归潜堂记》。
② 《金史》卷二七《河渠志》。
③ 主要参见《中国自然地理·历史地理》,科学出版社,1982年。《历史时期黄河下游河道变迁图》,测绘出版社,1994年。

金代黄河改道泛滥影响了河南大部分地区的农业生产，大定二十七年（1187年），朝廷令沿河四府十六州长官皆提举河防事，四十四县令佐皆管勾河防事。此中"南京府及所属延津、封丘、祥符、开封、陈留、胙城、杞县、长垣，归德府及所属宋城、宁陵、虞城，卫州新乡、汲、获嘉，徐州彭城、萧、丰，郑州河阴、荥泽、原武、汜水，曹州济阴，滑州白马，睢州襄邑，滕州沛，单州单父，开州濮阳，济州嘉祥、金乡、郓城"①，都位于黄河下游黄泛区之内。由于黄河频频泛滥，淹没耕地，冲毁房屋，沿河农民的生产和生活受到严重影响。

许多事情都有正反两方面的结果，对于整个地区，黄河水患无疑构成深重的灾难，但在黄河退滩地上，却留下了肥沃的淤土。历代朝廷对于沿河被淹土地都有具体规定，金前期的有关规定已无从知晓，明昌元年（1190年）二月，章宗给有关部门的谕旨中有这样的内容，"濒水民地，已种莳而为水浸者，可令以所近官田对给"②。章宗谕旨中所及"官田"，日本学者外山军治认为即退水后的河滩地③。我在《宋代农业地理》中论及京东路沿河农业时，就曾指出过，黄河泛滥后土壤表层淀积了大量肥沃的淤土，具有"水去而土肥"这样的特点，金代黄河退滩地同样具有这样的特点。退滩地虽然有再次被水之患的危险，但在肥沃的淤土上进行耕种，可获取数倍的收成。针对这样的现象，金初即规定："请射荒地者，以最下第五等减半定租，八年始征之。作己业者以第七等减半为税，七年始征之。自首冒佃比邻地者，输官租三分之二。佃黄河退滩者，次年纳租。"与其他土地类型相比，佃耕黄河退滩地者纳租期大大提前。泰和八年，金廷又重新规定请射荒地纳租之制，即："今请佃者可免三年，作己业者免一年，自首冒佃并请退滩地，并令当年输租。"④无论金中期较宽松的规定，还是金后期近于苛刻的条文，对于黄河退滩地的征租期都比其他土地

---

① 《金史》卷二七《河渠志》。
② 《金史》卷四七《食货志二》。
③ 〔日〕外山军治：《金朝史研究》，黑龙江朝鲜民族出版社，1988年。
④ 《金史》卷四七《食货志二》。

类型提前。其原因在于"河徙之后,淤为沃壤,正宜耕垦,收倍于常,利孰大焉"①。由于黄河退滩地有如此优越之处,沿河被水百姓是不能轻易得到的。"随路不附籍官田及河滩地,皆为豪强所占,而贫民土瘠税重"②。

金代着意经营河南农业生产,是从章宗明昌年间开始的,当时大力提倡的区种法及水田的开发,都对河南的农业生产起到一定的推动作用。金后期蒙古大军压境,在国家政治重心移向河南的同时,"河北失业之民侨居河南、陕西,盖不可以数计"③,又"徙河北军户百万余口于河南"。在这样的情况下,"天下官吏军民之费,转输营造之劳,皆仰给河南、陕西"④。陕西先于河南沦陷,陕西沦陷前朝中就有"方今军国所需,一切责之河南"⑤之说,沦陷后朝廷"弃京兆,迁居民于河南"⑥。金廷全部军国开支都仰仗于河南,"百司用度,三军调发,一人耕之,百人食之"⑦。面对这样的变化,如何发展当地的农业生产,成为朝政中的头等大事。

金后期国家面临的政治、军事形势,成为朝廷转变对河南经营方针的重要原因,但这时试图全面振兴河南农业,还存在许多难以解决的实际困难,主要来自这样几个方面:

1.金北方面临蒙古大军压境的同时,南方金宋交界地带,亦有来自南宋军队的威胁,由于这样的原因,河南南部的人口大量流失,土地成片荒芜。兴定元年(1217年)集贤院咨议官吕鉴奏文中说:"南边屯兵数十万,自唐、邓至寿、泗,沿边居民逃亡殆尽,兵士亦多亡者,亦以人烟绝少故也。"⑧元光元年(1222年)六月,大司农把胡鲁奏文中说:"迩来群盗扰攘,侵及内地,陈、颍去京不及四百里,民居稀阔,农事半废,蔡、息之

---

① 《金史》卷二七《河渠志》。
② 《金史》卷四七《食货志二》。
③ 《金史》卷一〇二《田琢传》。
④ 《金文最》卷一七,陈规《条陈八事书》。
⑤ 《金史》卷四七《食货志二》。
⑥ 《金史》卷一七《哀宗纪上》。
⑦ 《金史》卷一〇二《田琢传》。
⑧ 《金史》卷一〇六《术虎高琪传》。

间十去八九……田谷虽熟莫敢获者。"①唐、邓、陈、蔡一带的人口流失，不但使河南本来就有限的耕地又减少了许多，而且使金廷面临腹背受敌的不利形势。

2. "宣宗立而南迁，死徙之余，所在为虚矣，户口日耗，军费日急，赋敛繁重，皆仰给于河南，民不堪命，率弃庐田，相继亡去。乃屡降诏招复业者，免其岁之租。然以国用乏竭，逃者之租皆令居者代出，以故多不敢还……亳州户旧六万，自南迁以来不胜调发，相继逃去，所存者曾无十一，砀山下邑，野无居民矣。"②繁重的赋税造成百姓一次又一次逃移。

3. 自贞祐年间，河北军户大量南迁之际，朝中对此事就不断进行过讨论，其中以"军户自徙于河南，数岁尚未给田，兼以移徙不常，莫得安居，故贫者甚众。请括诸屯处官田，人给三十亩，仍不移屯它所"③。这是为大多数朝官所认可的一个建议。但此项议论真正实施起来，却有来自各方面的困难。其原因主要是"河南自车驾巡幸以来，百姓凑集，凡有闲田及逃户所弃，耕垦殆遍"④。余者系官荒田及牧马草地，顷亩数额本来就有限，"复瘠恶不可耕"，而可耕者数额更少，"人得无几，又僻远之处，必徙居以就之，彼皆不能自耕，必以与人，又当取租于数百里之外"。这些实际困难，阻碍了检括官田的实施，最后宣宗干脆"诏有司罢之"。对于南迁军户仍实行"给军粮之半"的做法⑤，这样的结果不但加重了当地百姓的负担，同时也加速了金王朝的覆灭（见图11-3）。

从总体情况来看，金后期河南的农业生产虽然面临许多具体困难，但朝廷也在尽可能的情况下，努力实施一些振兴举措。如元光元年（1222年）"遣官垦种京东、西、南三路水田"⑥。元光二年"以上党公完颜开之请，谕开及郭文振（屯卫州）、史咏、王遇、张道、卢芝等各与所邻帅府

---

① 《金史》卷一〇八《把胡鲁传》。
② 《金史》卷四六《食货志一》。
③ 《金史》卷四七《食货志二》。
④ 《金史》卷一〇七《高汝砺传》。
⑤ 《金史》卷四七《食货志二》；卷一〇七《高汝砺传》。
⑥ 《金史》卷一六《宣宗纪下》。

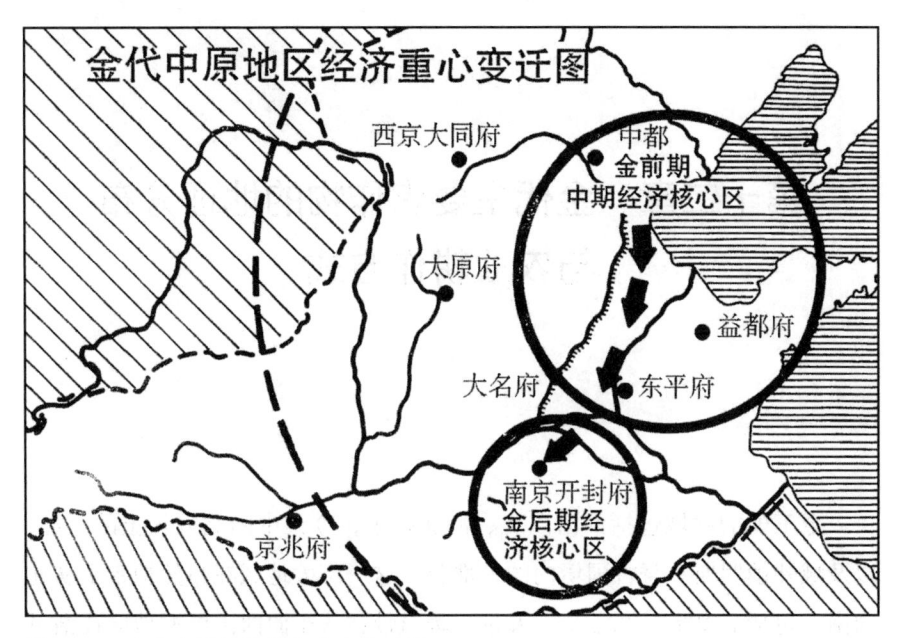

图11-3 金代中原地区经济重心变迁图

相视可耕土田,及濒河北岸之地,分界而种之,以给军饷"①。这些措施对于河南小范围地区的农业生产起到一定的推动作用,但都具有应急措施的特点,没有从根本上改变这里的农业生产面貌。

  金代中原地区地域广大,从金初的战后恢复,到农业发展,都面临着复杂的社会因素。金前期中原地区经济与农业生产倚重于河北与山东西部,河东、陕西以及河南处于次要地位;金后期随着蒙古人南下,燕山以南能够仰仗的地区转向河南。但无论前后哪个阶段,各地农业发展都不均衡,金前期河北、山东一带为农业生产核心区,但大量猛安、谋克户迁入,不仅没有起到增加劳动力的作用,反而引发许多矛盾;金后期朝廷将农业生产的重点区域转向陕西、河南,人口与战事压力同样成为农业生产的桎梏。因此,就整体而言,金代中原地区农业生产始终在矛盾中徘徊。

---

  ① 《金史》卷一六《宣宗纪下》。

第十二章　金代主要农作物的地理分布与农业耕作方式

金王朝的疆域包括淮河以北、河陇以东，今天中国北方领土的全部，以及域外俄罗斯、蒙古国境内的一部分。这一广大地域在自然地带上从北向南，包括亚寒带、寒温带、温带、暖温带，从东向西由湿润地区逐渐过渡到半湿润、半干旱地区。广大的空间以及多样自然条件的相互组合，构成了金疆域内农业生产环境的复杂性。农业是与自然条件密切相关的生产部门，自然条件的差异首先决定了农业生产类型的不同，在同样的自然条件下社会发展进程又导致区域性的差异。

由于自然条件与社会发展进程的差异，金王朝疆域内，燕山至雁门关一线，是一条重要的农业生产界线，此条界线的南北两侧，农业生产进程完全不同。简单地概括，燕山一线以南，是中国历代传统的农耕区，精耕细作是这里代表性的生产方式，燕山以北则为半农半牧区或半农半猎区（见图12-1）。

本章拟将金王朝疆域分为金本土与中原地区两部分，对金代主要农作物地理分布与种植制度进行论述。一个地区或生产单位作物种植结构、熟制与种植方式的总体，称为种植制度。金代塞外本土与中原地区农作物种植制度的差异除表现在种植方式上，更重要的是体现在熟制上。

图 12-1　金代农业生产类型区

第一节　金本土主要农作物的地理分布与农业生产形式

　　金王朝的创立者女真民族，在初兴阶段是一个以渔猎为主，兼营农业及畜牧业的民族。金王朝建立后，在同汉人、渤海人以及其他农业民族的经济交流与文化融合中，农耕文化对女真人生产和生活的影响越来越大，促使金本土内的农业生产面貌产生较大的变化。

　　谈到金本土的农作物分布，仍然要从女真人的初兴地长白山以及松花江流域开始。长白山地区气候湿润，林木茂盛，林中物产很多，除以皮毛著称的各类森林动物外，林产品也很丰富。在这样的环境条件下，长期以来女真人形成以渔猎为主的经济生活特征，同时也出现了简单的农耕活动。对此文献中是这样记载的：女真人在"契丹东北隅，土多林木，田宜麻谷，以耕凿为业，不事蚕桑。"① "其人勇悍……善骑射，喜耕种，好渔猎。"② 与经济生活特征吻合，女真人初兴时期的"饮食则以糜酿酒，以豆为酱，以半生米为饭，渍以生狗血及葱、韭之属，和而食之……肉味无多品，止以鱼、生獐"③。肉食在女真人的食物构成中占很大的比重，种类很多，鱼、生獐之外，可具名称的就有"猪、羊、鸡、鹿、兔、狼、獐、麂、狐狸、牛、驴、犬、马、鹅、雁、鱼、鸭、虾蟆等肉，或燔或烹，或生脔，多以芥蒜汁渍沃"④。粮食以糜、豆为主，宋人马扩在《茆斋自叙》中有这样的记载："自过咸州至混同江以北，不种谷麦，所种止稗子，春粮旋炊粳饭。"⑤

女真人初兴阶段，所种植的农作物种类很少，见于记载的主要是糜、豆等作物。随着金王朝的建立，农业活动范围逐渐扩大，各类旱地作物相继在各地种植起来，其中粟、菽占有重要地位。粟是广泛分布在中国各地的旱地粮食作物，适应性强、耐贫瘠是这种作物的重要特征。菽为豆科作物，栽培历史很久，南北方都有大量分布。早在辽、金以前，这种作物即传入东北，被当地民族种植食用。辽、金以来随着农耕区面积的拓展，粟、菽类作物的种植范围也逐渐扩大。

粟、菽两种作物，又以粟最为重要，故金朝明文规定，猛安、谋克部"每耒牛三头为一具，限民口二十五受田四顷四亩有奇。岁输粟大约不过一石，官民占田无过四十具……天会四年诏内地诸路，每牛一具赋粟五斗，为定制"⑥。明昌三年（1192年），上京、蒲与、速频、曷懒、胡里改

---

① 《三朝北盟会编》卷三，重和二年正月十日丁巳。
② 《大金国志》卷三九《初兴风土》。
③ 《三朝北盟会编》卷三，重和二年正月十日丁巳。
④ 《三朝北盟会编》卷四，宣和二年十一月引马扩《茆斋自叙》。
⑤ 《三朝北盟会编》卷四，宣和二年十一月引马扩《茆斋自叙》。
⑥ 《金史》卷四七《食货志二》。

等路，猛安、谋克户一十七万六千有余，每岁收税粟二十万五千石①。以粟作为纳赋输税之物，说明这是一种金本土内各地都可种植的作物。文献中关于各地粮食生产及转输物品的记载，也证实了这一点。太宗初年曾诏令由咸州输粟于宗望军②，后又"诏以咸州以南，苏、复州以北，年谷不登，其应输南京军粮免之"③。这些文献反映的虽是军粮的输出地，但从中仍然可以看出咸州以南，苏、复以北地区是粟类作物产区这一信息。天会元年（1123年）九月"发春州粟，赈降人之徙于上京者"④。大定年间世宗也曾问过："奚人六猛安，已徙居咸平、临潢、泰州，其地肥沃，且精勤农务，各安其居，女直人徙居奚地者菽、粟得收获否？"⑤宋臣许亢宗使金途中，在清州一带，"进饭用粟，钞以匕，别置粥一盂，钞一小杓，与饭同下"⑥。金人王寂在《鸭江行部志》中录有张仲文的诗句"粗饭满匙才脱粟，藜羹供箸欲吹虀"。王寂行经宜民县时，感今怀旧，在《辽东行部志》中留有这样的诗句："瓶无储粟犹归去，待有良田已是贪。"行经松瓦千户寨时，"是日山行，始见水碓"，叹其机巧，作诗以记其事。"木牛转刍粟，摽弓殪貔虎。碾碓出一律，桔槔何足数。"⑦

粮食作物中黍也是一种广泛种植在各地的作物，黍与稷同属于禾本科，为同种作物的不同变种，区别在于成熟后籽实性质的不同，生育期也不一样。黏性或糯性的为黍，不黏或硬性的为稷。晚种晚收的为黍，早种早收的为稷。与粟类作物相比，黍的产量和对环境的适应性都较差，但食性却不错。早在辽金之前东北地区已出现黍类作物，入金以来，有关金本土内黍类作物的种植，大致可看到这样一些记载，金初宋臣许亢宗出使金国，"离咸州即北行，州平地壤，居民所在成聚落，新稼殆遍，地宜穄

---

① 《金史》卷五〇《食货志五》。
② 《金史》卷七四《完颜宗望传》。
③ 《金史》卷三《太宗纪》。
④ 《金史》卷三《太宗纪》。
⑤ 《金史》卷四七《食货志二》。
⑥ 《宣和乙巳奉使金国行程录》。
⑦ ［金］王寂：《辽东行部志》。

黍"①。此类记载在王寂的著作中也可见到，王寂在辽东复州一带，听当地人讲："此地濒海，每春秋之交，时有恶风，或至连日，所以禾黍垂成，多有所损。"②

金代文献中，有关金本土内种麦的直接记载很少，仅见前引宋人马扩在《茆斋自叙》有这样的记述："自过咸州至混同江以北，不种谷、麦，所种止稗子。"马扩虽然没有明言什么地方种麦，但从其言语中仍然可以感觉到，咸州至混同江以南是种有麦类作物的。金初宋人许亢宗在咸州一带所用食物中，有"馒头、炊饼、白熟、胡饼之类"，以及一种"面食以蜜涂拌，名曰'茶食'"的食品③，这些都是由小麦加工而成的食品。麦类食品的存在，证明这一带可能种有小麦。此外辽代西拉木伦河流域是种有少量小麦的，金代也应继承这一种植传统，保持一定量麦类作物的种植。

宋人马扩在《茆斋自叙》中提到女真人初兴阶段食物中有稗子，据在东北地区从事农业技术工作的同志介绍，现在东北还可见到稗子。稗子虽属禾本科，但是一种生长在湿地上的草类，不是粮食作物，其形与稻相类，籽实可以食用，只是产量非常低。马扩文中记载的稗子应该就是这种能够食用的草类。

金本土内均为一年一熟旱地农业区，区内优势作物为粟，金初主要分布在临潢府至咸州以南，金中后期种植范围有所扩展。粟之外，其他如菽、黍等作物也占一定的比重。

女真人初兴阶段，食物构成中蔬菜很少，一般"以半生米为饭，渍以生狗血及葱、韭之属，和而食之"④。在女真人的农业生产活动中粮食作物的种植是其主要内容，而园圃菜蔬基本被忽略，故女真人食物中的葱、蒜、韭之属，野生品种应占多数。葱、蒜、韭均属石蒜科，虽然都是古老

---

① 《大金国志》卷四〇《许奉使行程录》。
② [金]王寂：《鸭江行部志》。
③ 《宣和乙巳奉使金国行程录》。
④ 《三朝北盟会编》卷三，重和二年正月十日丁巳。

的栽培作物，但野生品种在全国各地都有广泛的分布。宋人苏颂就这样说过："山葱生山中，细茎大叶，食之香美如常葱。"①此外《北征录》也记道："北边云台戍地，多野韭、沙葱，人皆采而食之。"由于葱、蒜、韭等石蒜科的植物，野生品种分布很广泛，长白山中采集很便利，于是就成为女真人佐食的重要调料。与石蒜科的野生品种一样，生红芍药花也被女真人"采其芽为菜"②。现存文献中此类记载很少，估计当时有更多的野生植物，被女真人采集食用。

辽代女真人生活的辽东及长白山地区以植麻、盛产麻布而著称，故至金初女真人虽"以耕凿为业"，但"不事蚕桑"③，纤维作物中仍以麻类作物为主。但金中后期，各类文献都透露出，金本土已经出现了蚕业。明昌五年章宗谕告尚书省："辽东等路女直、汉儿百姓，可并令量力为蚕桑。"④章宗此道谕旨是否得到实施，不可得知。但辽东一带显州等地辽代蚕桑业已有一定的基础，金代在政府的提倡下，将其种植范围扩大，应是顺理成章的事情。

金王朝虽然为非农业民族建立的政权，但本土内的农业生产仍较辽代有所进步，主要表现在这样几个方面：

1.牛耕应用更加普遍。

按金代税制，猛安、谋克户所纳税称为牛头税，或牛具税，其内容为"每耒牛三头为一具，限民口二十五受田四顷四亩有奇，岁输粟大约不过一石，官民占田无过四十具。天会……四年诏内地诸路，每牛一具，赋粟五斗，为定制"⑤。依常理而论，向国家交纳赋税是一个涉及每一个编户、臣民的大事，不以人口或土地数额为纳税的依据，而是以牛具作为标准，只有在耕牛数额与人口及土地开垦量基本吻合的情况下，才能作出这样的规定。可见，金本土内农业生产中使用牛耕是极普遍的事。正由于这样的

---

① 《重修政和经史证类备用本草》引苏颂《图经本草》。
② 《大金国志》卷一《太祖》。
③ 《三朝北盟会编》卷三，重和二年正月十日丁巳。
④ 《金史》卷四七《食货志二》。
⑤ 《金史》卷四七《食货志二》。

原因,金初迁移猛安、谋克户至泰州一带屯戍,朝廷首先考虑的是赐与耕牛①。

2.铁制农具的应用量大为增加,农业生产出现了精耕环节。

金代本土地区铁制农具的应用量大为增加,仅今黑龙江一省就有数十个地方出土有铁制农具,如嫩江、讷河、嘉荫、逊克、泰来、甘南、龙江、宾县、肇东、呼兰、依兰、东宁、穆棱、海林、林口、双城、五常、延寿、宁安、同江、抚远、绥滨、肇州、庆安、巴彦、木兰、通河、拜泉、绥化、兰西、海伦等地均有成批的铁器出土。据不完全统计,黑龙江省各地已出土的金代农具达上万件之多,这些铁制农具的种类,包括整地工具、中耕锄草工具、收获及脱粒工具、粮食加工和农业运输工具。其中整地工具有耙、耖、镢、锹、耥头、耥镐、犁铧等。中耕锄草工具有铲、锄、耘锄、锄钩、锹等。收获及脱粒工具有铲、垛叉、铡刀、风车等。农业运输工具中出土了马车、牛车使用的辖、车辖、车毂、圈等②。

除黑龙江省外,金本土所在的吉林、辽宁以及内蒙古的东部地区,也出土了各类铁制农具,如吉林省德惠县后城子金代古城即出土了犁铧、铲、锹、镐、镰、耙等农具③。梨树县偏脸古城则出土了镐头、犁錧、铁锹等农具④。吉林市郊则发现了铧、犁镜、耥头、铲、铡刀等⑤。辽宁新民县出土了铧、镰、锄刀、铁锹、镢等⑥。法库县刘家屯出土了铁铧、犁镜、耥头、铁铲、车辖⑦。绥中县出土了铧、耥头、犁盌、铁锄、镰、镐、铲等⑧。旅大出土了铁铧、耥头、铁镰、铁锹、犁镜、铜铧范、铜耥头范⑨。以上所列只是这一地区考古工作的部分成果,未引资料中还有很多属于上

---

① 《金史》卷二《太祖纪》。
② 王禹浪:《金代黑龙江述略》,哈尔滨出版社,1993年。
③ 《吉林省德惠县后城子金代古城发掘》,《考古》,1993年第8期。
④ 《吉林梨树县偏脸古城复查记》,《考古》,1963年第12期。
⑤ 《吉林市郊发现的金代窖藏文物》,《文物》,1982年第1期。
⑥ 《辽宁新民县前当铺金代遗址》,《考古》,1960年第2期。
⑦ 《法库刘家屯出土金代窖藏文物》,《辽海文物学刊》,1994年第1期。
⑧ 《辽宁绥中县城后村金代遗址》,《考古》,1960年第2期。
⑨ 《旅大市发现金元时期文物》,《考古》,1965年第2期。

述内容。

生产工具是生产力发展水平的一个重要标志，金建国前东北的农业生产技术都远远落后于中原地区，表现在农业生产工具上，不但种类少数量少，而且结构、样式都较落后。金本土所出土的铁制农具，种类多，数量全，这些工具中特别应该重视的，仍然是铁锄的应用。

金代铁锄锄板甚薄，上边装有弯型锄钩，锄草时不容易碰坏庄稼。锄作为中耕锄草工具在中原地区普遍应用，但在塞外的农业生产中却不常见。锄的使用是农业生产中精耕环节出现的重要标志，从文物考古成果看，东北各地出土的金代锄类农具数量与地点都比辽代多而广。辽代具有精耕特点的农业，仅局限在辽中京大定府一带，至金已经大幅度扩展，金上京路、东京路、临潢府路、咸平路等都有这样的器物出现。当然器物的出土地点仍限于这些地区经济发展程度较高的地方，但从整体看，精耕农业的技术环节，已不仅仅是个别地区具有的特征，对整个地区同样有意义。

第二节　中原地区主要农作物的地理分布

金代中原地区种植的主要粮食作物有小麦、水稻、粟、菽、黍、稷、荞麦等，并在耕作方式上形成旱地农业与水田农业两大系统。

一、小麦主要分布区

小麦是中原地区主要粮食作物之一，与粟类作物相比，小麦对自然条件的要求较高，故各地都将其种植在土壤膏腴、灌溉便利的地方。为了分析方便，下面依路分区，将有关小麦分布的记载，录述如下：

（一）河北、山东

金代河北、山东两地是黄河以北地区小麦的主要种植区，这一地区平原广袤，灌溉便利，有良好的种植基础，特别是太行山山前冲积扇地带，土质、水质都较其他地方更具优势，小麦种植较为集中。金末兴定年间，朝廷将诸军武健者，"养之彰德、邢、洺、卫、浚、怀、孟等城"，为了保证军粮，即时敕令朝廷重臣侯挚"谕三司行部官劝民种麦"[①]。彰德、邢、卫、浚、洺、怀、孟等城都位于太行山山前冲积扇地带，这里历来就是河北主要产麦区，金代同样显示出重要地位，即使在金末大兵压境的国家危急时刻，朝廷也仍注重这里的小麦种植问题。同样是金末，当大量河北百姓及军户迁到河南后，河北故土所种小麦，已近成熟期，而蒙古大军又对这里构成威胁，于是"朝廷议发兵河北，护民艾麦"[②]。这时朝廷所议收麦之地，仍是太行山前各州。

其他灌溉便利、土壤膏腴地带也成为小麦种植区，位于原宋辽交界塘泊水淀附近的安州，就是这样一例。从自然条件来看，这里"群山连属，西峙而北折，九水合流，南灌而东驰，陂池数泽，映带左右"。河湖附近"夏潦暴集，塘水盈溢，则有菰蒲、菱芡、莲藕、鱼虾之饶。秋水引退，土壤衍沃，则得禾、麻、荞麦，亩收数种之利"[③]。兴修水利，为小麦种植创造了便利条件，对此元好问在《续夷坚志》中讲述了这样一个故事："燕南安州白羊淀……近甲午岁忽干涸，淀中所有蛙龟，悉化黑鼠，啮菱草根尽，土脉虚松，不待耕垦，投麦种即成就。"[④]故事虽神奇，但由此可见这一地区的农作物中，小麦占据着重要的地位。与安州邻近的完州旧永平县也有类似的故事。据说"完州旧永平县磨户，其人家畜一驴，忽受病"。死后剖之，"大腹内得物……色深褐，其坚若铁石，磨家不以为异，掷之麦囤中，日课麦皆取于此，而都不减耗"[⑤]。河北各地都有利于小麦生长的条件，故植麦区随处可见，金人蔡松年以《初至遵化》为题的诗中，就有这样的诗句："重游化国惊岁月，有象丰年占麦禾。"[⑥]诗中描述的是河北北部种麦的景象。

山东是与河北相接的"畿内"地区，小麦普遍种植于各地，如"徐、

---

① 《金史》卷一五《宣宗纪中》。
② 《金史》卷一〇七《高汝砺传》。
③ 《金文最》卷二五《云锦亭记》。
④ [金]元好问：《续夷坚志》卷三《蛙化鼠》。
⑤ [金]元好问：《续夷坚志》卷三《驴腹异物》。
⑥ [金]元好问编：《中州集》卷一，蔡松年《初至遵化》。

邳地下宜麦",故当地种麦颇盛,为了方便百姓输税,官府特许"税粟许纳麦以便民"①。可见在粟、麦两种作物中,这一带麦类作物的种植是超过粟的,因此官府才会将传统的以粟为输税物变通为输麦。金末朝中重臣侯挚"身居相职,而往来山坞水寨之间,保庇农民收获二麦",颇受朝廷赞许。此时侯挚保民获麦之地,位在长清县,此地"连接泰安之天胜寨,介于东平、益都之间"②。此外《金史》中还记载了兴定年间"宋高太尉兵三万驻朐山",金将完颜霆"军乏食,采野菜麦苗杂食之"③。朐山位于海州附近,位于这里的小麦种植区与淮河流域的麦区连为一片。

小麦的生长对雨量是有一定要求的,若达不到要求,就会影响产量。春夏之际,北方多旱,为了弥补雨量的不足,金代山东邳、沂等地,不但在"近河布种豆麦",离河稍远处,"无水则凿井灌之,计六百余顷,比之陆田所收数倍"。利用井灌,引水种麦,是古代北方农业生产中的一大特色,同时也是传统农业中的一个创举,它有别于南方的水田农业,完全是在北方旱地环境中萌生的一种生产措施。成功的井灌弥补了中国北方农作物生长期雨量不足的缺憾,成为丰产保收的重要前提。山东邳、沂等地所倡行的井灌就是这样一例,井灌之处所获利润高于旱地,朝廷认为是可以推行之举,"遂令转运司因出计点,就令审查,若诸路按察司因劝农,可按问开河或掘井,如何为便,规划具申,以俟兴作"④。在朝廷的鼓励下,实行井灌的地区逐渐多起来。

(二)河东

河东两路的自然条件,对于小麦的生长有很大局限性。河东地区三面环山、中间平原的马蹄形地形,使山区与平原的农作物生长条件有很大差异。山区气寒地瘠,一般不适于小麦的生长,小麦分布多限于平原地带。

汾河、涑水以及发源于河东境内的河流流域,都有肥沃的冲积沃土与

---

① 《金史》卷一〇七《张行信传》。
② 《金史》卷一〇八《侯挚传》。
③ 《金史》卷一〇三《完颜霆传》。
④ 《金史》卷五〇《食货志五》。

较宽阔的平原谷地，这些地区都具有种植小麦的良好条件。金代有关文献的记载，也基本反映了这一分布特征。为了分析清晰，可将这类记载自北向南依次排列。见于金人元好问文中所记，忻口一带本为滹沱河上源，当地百姓在这里引滹水支流为渠，灌溉农田，渠成之时"农事奋兴，坐享丰润，禾、麻、菽、麦，郁郁弥望"①。从忻口向南，即太原府，《金史·五行志》中载："皇统三年七月太原进瑞麦。"太原府之南，今汾阳县一带有地名香积谷，金代亦有"麦丰腆盈仓箱"之称②。平阳府一带是河东两路中，农业生产条件最好的地方，平原沃壤，河渠纵横，在各类农作物中小麦占重要的地位。金初女真人南下，平阳府一带屡遭劫难。"初纵掠金帛，次驱庐子女，次驱奔牛、马，次取驴、猪、羊，尽杀为脯腊，科磨户破麦为干粮。"③以麦为干粮与这里广泛种植小麦有直接关系。河东县位于河中府，相传县内舜寨出麦，颗粒如常麦，而无缝，又色稍白，每斗得面十三斤④。舜麦只是传说故事中的一种小麦，普通麦种才是这里通行的粮食作物。以小麦为原料，可以制作多种食物，汤饼就是其中一种。《续夷坚志》中也提及河中李钦叔之父作汤饼局之事⑤，汤饼是与今日面条相近的一种食品，小麦粉是加工这种食品的原料。

有关金代河东种植小麦的记载虽然有限，但从中仍然可以清楚地反映出小麦在这一地区的分布特征。雁门关一线以南的平原谷地是小麦的主要分布区，雁门关以北地区气温较低，除大同盆地、桑干河沿岸地带为小麦正常生长提供了一定条件，其他地方小麦种植就很有限了。有关雁北地区种植小麦，金人诗句中有这样的描述："垒原清照白登山，弥陇连天麦浪寒。"⑥张守节《史记正义》认为白登山的位置在"朔州定襄县东三十里。

---

① 《金文最》卷三一，元好问《创开滹水渠堰记》。
② 《山右石刻丛编》卷一九《香积院重结涅盘会碑铭》。
③ 《三朝北盟会编》卷三〇，靖康元年正月十九日乙酉。
④ [金]元好问：《续夷坚志》卷四《舜麦》。
⑤ [金]元好问：《续夷坚志》卷四《史学优登科岁月》。
⑥ [金]元好问编：《中州集》卷一，字文虚中《灯碑五首》。

定襄县，汉平城县也"①。汉平城县隶属雁门郡之下②，其位置约在今大同市北部。这里地势平坦，灌溉便利，为小麦生长提供了条件。

（三）陕西

以自然地理单元而论，金代陕西分属于关中平原与黄土丘陵两大部分。

关中地区是小麦的理想种植区域，特别是在边境不太平的年代，人工兴修水利在黄土丘陵地区十分困难，关中平原更显示出应有的自然优势。由于这样的原因，金代文献中有关小麦分布的记载，几乎都集中在关中地区。《金史·五行志》中以象征灾异、祥瑞的形式，记载了各地的物产，其中"京兆府贡瑞麦"，"河南、陕西大蝗，凤翔、扶风、岐山、郿县蟊虫伤麦"。无论灾异还是祥瑞都反映了小麦的种植地点，其范围从关中西部直至东部。金末完颜阿邻率兵与宋在秦州一带作战，此时正值三月，"宿麦方滋"③。秦州在今甘肃天水市，由此向东进入关中平原，宋人行经凤翔府时留下这样的记载："〔凤翔〕府古扶风郡，壤地饶沃，四川如掌，长安犹所不逮。"禾麦均为这里重要的粮食作物，由于生长习性不同，收割次序也有异。"边郡刈禾，则自外而内，刈麦则自内而外"，原因在于"禾以寒熟，麦以暖熟故也"④。位居关中的郿县一带，金代利用南山谷水，兴修水利，颇有建树，"公室赖之，私门仰之"。水利兴修后，安装水碾，加工粮食十分便利，"有粟者易为之粒；有麦者易为之屑"⑤。澄城县位于关中的东部，与河东相邻，大定十年冬旱，以致"宿麦冻死"⑥。

（四）河南

河南是金王朝所辖境内重要的产麦区，这里气候温暖，土壤平沃，是小麦理想的生长地。北宋时期小麦就是这里主要的粮食作物，入金以来仍

---

① 《史记》卷一一〇《匈奴列传》正义。
② 《汉书》卷二八下《地理志下》。
③ 《金史》卷一〇三《完颜阿邻传》。
④ [宋]郑刚中：《北山集》卷一三《西征道里记》。
⑤ 《金文最》卷二五《孔公渠水利记》。
⑥ 《金文最》卷六九《澄城县主簿赵公德政碑》。

然显示出优势，正如金臣高汝砺所言："河南之田最宜麦。"[1]北宋末开封城被毁，战火延及河南，粮食供给成为人们最关注的问题。围绕这一问题，留下许多有关河南粮食作物地理分布的信息。如建炎三年（1129年）"张用等屯于确山一带，度夏刈民麦而食皆尽，虏掠无所得"[2]。"京东两路旱蝗相继，斗米万钱，粟、麦虽成，反资敌廪。"[3]"缘京城围闭日久，下项事可以先次施行……三月出粜米、麦、杂豆，以济贫民。"[4]

宋末女真人攻打开封，金末蒙古大军南下，同样的历史又在开封重演，大量百姓与军户迁至河南，粮食问题成为朝政中的一件大事，朝野议论之中，也同样留下许多关于小麦地理分布的记载。金末兴定四年"河南罹水灾，流亡者众，所种麦不及五万顷，殆减往年太半，岁所入殆不能足"。针对这种情况，朝廷命唐、邓、裕、蔡、息、寿、颍、亳及归德府被水田，"已燥者布种，未渗者种稻"[5]。从这条文献所述可知，正常年份河南小麦种植面积更大，应在十万顷上下，而唐、邓、颍、亳诸州都是小麦的重要产区。此外"砀山诸县陂湖，水至则畦为稻田，水退种麦"[6]。金末河南各地粮食奇缺，特别是南京城内更是无粮可觅，百姓"得出近郊，采蓬子窠、甜苣菜，杂米粒以食"。此时传闻"京西陈冈上有野麦甚丰"，官府立即组织百姓前往收获[7]。金初与金末是两个非常时期，人们对于种麦与获麦的关注，多集中在开封一带。而在平日各地都留下了种植小麦的记载。宋人王之道在文中记述了这样的事情，淮北百姓"朝夕延颈跂踵，以望王师之来，至有一户磨麦七十石，养猪数十口，造酒三十瓮，以备壶浆之迎"[8]。正隆六年（1161年）海陵王自中都至河南，幸汝州温汤，

---

[1] 《金史》卷一〇七《高汝砺传》。
[2] 《三朝北盟会编》卷一三〇，建炎三年七月九日乙酉。
[3] 《三朝北盟会编》卷一三〇，建炎三年六月十六日癸丑。
[4] 《金文最》卷八《张邦昌赦京城伪手书》。
[5] 《金史》卷四七《食货志二》。
[6] 《金史》卷五〇《食货志五》。
[7] 《金文最》卷一一九《录大梁事》。
[8] [宋]王之道：《相山集》卷二〇《申三省枢密利害札子》。

一路"所过麦皆空"①。从北到南,自中都至河南都为植麦区。济源一带"今春未雨,二麦颇旱"②。兴定初年秋大旱,冬十月乃雨,"归德行枢密院发民牛运粮徐、邳",当地官员程震对使者说:"吾麦乘雨将入种,牛役兴,则无来岁计矣。"③金人诗文中留下不少河南各地种麦的诗句,如河阴一带,"林深不见人家住,道上惟闻打麦声"④,"借地乞麦种,侥幸今年秋"⑤,"忍死待一麦,秋种且未投"⑥,宛丘一带"早晚林间见鸡犬,一犁春雨麦青青"⑦,"谷雨连朝没麦场"⑧。总之河南是中原地区最重要的产麦区,各州县都分布有一定面积的麦田,成为这一地区典型的人文景观。

二、粟及其他旱地杂粮主要分布区

(一)粟

粟是一种适应性极强的粮食作物,耐瘠、耐旱是其重要的生长特性,平原、山区都可以种植,是分布范围最广的粮食作物。粟的生长习性,决定了其在山区以及灌溉条件不便利的地方,往往形成优势,而在平原灌溉便利的地方,则与小麦等作物互相轮作,在淮河以北地区共同构成二年三熟的种植制度。

粟产量高,适应性强,历代在各地都有广泛的种植,因此不但在国家的税收中成为普遍征纳的对象,而且也成为军粮、民储的主要组成部分。

金廷规定,猛安、谋克有向国家交纳牛具税的义务。所谓牛具税为每耒牛三头为一具,限民口二十五受田四顷四亩多,岁输粟约一石,这一规定只限于中原地区,仍定居在本土内的猛安、谋克户,则牛一具赋粟五

---

① 《金史》卷五《海陵纪》。
② 《金文最》卷八三《重修济渎庙碑》。
③ 《金文最》卷九七《御使程君墓表》。
④ [金]元好问编:《中州集》卷三,王庭筠《河阴道中》。
⑤ [金]元好问:《遗山集》卷一《麦叹》。
⑥ [金]元好问:《遗山集》卷二《戊戌十月山阳雨夜二首》。
⑦ [金]元好问:《遗山集》卷三《宛丘叹》。
⑧ [金]元好问编:《中州集》卷六,王渥《蒙城县斋》。

斗①。以粟为征纳对象说明这是各地必种的作物之一，即只要有农田的开垦，就有粟的分布。正由于这样的原因，军旅之征，转输之役以及赈灾救济都以粟为支纳之物。如文献中所载，金初开封城被围，"饿死者相属于道，监国皇太子令旨增置粜粟米场、买柴炭场，每人粟不过五升，薪不过五十"②。贞祐三年（1215年）正月朝臣高汝砺针对河北军户渡河南下，造成粮食困缺之事说："河北军户徙居河南者几百万口，人日给米一升，岁费三百六十万石，半以给直，犹支粟三百万石。"③对此事陈规也提出同样的看法，"岁支粟三百八十余万斛，致竭一路终岁之敛，不能赡此不耕不战之人"④。"当是时也，军旅之用，飞刍挽粟之役，一出于民，河南最为近边。"⑤金末"河北艰食，贩粟北渡者众"⑥。

在金人对各地农业生产的一般描述中，粟也是最重要的农作物。山西侯马镇附近出土的随葬器物中，有一个碗里放有一些谷子⑦，谷子就是没有去壳的粟。凤翔府虢县"岁储粟数万斛"⑧。"贞祐二年春，中都乏粮，诏同知都转运使事边源，以兵万人护运通州积粟。"⑨陈留郡自抚定之后，"村落萧然，粟食至四万钱"⑩。泽州"秋税纳粟，仓吏二三千斛易米于民"⑪。凤翔府"俗令书縻为床，秦州有床穰堡。床米类稷，可面可饼，可为棋子，西人饱食，面非床犹饥"⑫。床，应该就是粟。各地都留下了关于粟的记载，这与粟本身的分布广泛有直接关系。

---

① 《金史》卷四七《食货志二》。
② 《三朝北盟会编》卷七七，靖康二年正月二十三日癸丑。
③ 《金史》卷四七《食货志二》。
④ 《金文最》卷一七，陈规《条陈八事书》。
⑤ 《金文最》卷八〇《单州乌延太守去思碑》。
⑥ 《金史》五〇《食货志五》。
⑦ 《侯马金代董氏墓介绍》，《文物》，1959年第6期。
⑧ 《金文最》卷九五《通奉大夫礼部尚书赵公神道碑》。
⑨ 《金史》卷一〇〇《张炜传》。
⑩ 《金文最》卷六九《齐东镇行香院碑》。
⑪ 《山右石刻丛编》卷一九《沁德政碑》。
⑫ [宋]郑刚中：《北山集》卷一三《西征道里记》。

（二）旱地杂粮

在北方旱地作物中，粟是最重要的作物，此外菽、黍、荞麦等也均在各地广有种植。中国古代称豆为菽，并把菽列为五谷之一，它在粮食作物中占有较重要的地位。荞麦属蓼科植物，适应各种土壤和粗放栽培，既可春播，又可夏播，适应性强，发育快，在生长期短的地区或短时期内都有收成，是一种很好的救荒作物。稷与黍同为禾本科，稷，即粟。元人周伯琦《说文字源》称："黍，禾属而粘者也。"粟、黍这两种作物在中国均有久远的栽培历史和广泛的种植区域。

金代在继承前代的基础上，麦、黍、菽、稷、荞麦等作物与粟共同构成北方旱地作物体系。金代有关黍、菽、稷、荞麦等作物的记载很多。如："比年邳、沂近河布种豆、麦。"[1]山阳"一蝗食禾尽，半菽不易得"[2]。开封"离离禾黍满东郊，秋入鸦声处处娇"[3]。河东忻口一带"禾麻菽麦，郁郁弥望"[4]。河北宝坻县"其稻、梁、黍、稷……不可胜食也"[5]。建炎元年（1127年）秋庄绰"由许昌以趋宋城，几千里无复鸡犬……菽、粟、梨、枣，亦无人采刈"[6]。"陕右边荒，种艺不过麻、粟、荞麦"[7]。河北真定"梨、枣荫翳忽如雪，漠漠一川荞麦花"[8]。"海壖石城等县，地瘠民困，所种惟黍、稗而已"[9]。大定年间，南京一带饥荒，"县官作糜粥以食饿者，日费菽米数十斛"[10]。万泉县"秋八月，禾黍与与然，翼翼然"[11]。清河一带"十里烟霞随野步，两崖禾黍撼秋声"[12]。

---

[1] 《金史》卷五〇《食货志五》。
[2] ［金］元好问：《遗山集》卷二《戊戌十月山阳夜雨二首》。
[3] ［宋］曹勋：《松隐集》卷一七《道过京师》。
[4] 《金文最》卷三一《创开滹水渠堰记》。
[5] 《金文最》卷六九《创建宝坻县碑》。
[6] ［宋］庄绰：《鸡肋编》卷上。
[7] 《金史》卷九二《毛硕传》。
[8] ［宋］曹勋：《松隐集》卷一七《过真定》。
[9] 《金史》卷四七《食货志二》。
[10] 《金文最》卷九八,元好问《中顺大夫镇南军节度副使张君墓碑》。
[11] 《金文最》卷八一《河中府万泉县稷王庙祈雨感应碑》。
[12] ［金］元好问编：《中州集》卷二, 米自牧《清河道中暮归》。

从这些文献的记载，可以看出各地都种有黍、菽、稷、荞麦等旱地粮食作物，只是由于这些作物的产量不高，人们的需求量也不大，各地的种植比例无法和粟等作物相比。

三、水稻主要分布区

水稻在北方虽有悠久的种植历史，但水稻以及水田耕作系统，在北方始终不具备气候与技术上的优势，因此无论黄河以南，还是黄河以北，水稻种植区只呈点状、片状，出现在灌溉条件良好的地方。

从金以前各代，特别是北宋时期，北方种植水稻的情况看，水稻主要分布在这样几个地带：河北境内太行山山前冲积扇地带，白沟一线塘泊水淀分布区，河东主要集中在汾、涑河河谷平原地带，陕西以关中平原为主，河南主要在汴河等河流沿线。这样的分布形式与灌溉条件及土质都有很大关系。由于北方气候条件的局限，适宜种植水稻的地方并不多，因此水稻在北方各地种植十分有限，无论产量，还是分布地区都不能与旱地作物相比。

文献中关于金代中原各地种植水稻的记载，仍然主要限于上述各地。如金人诗句中"青山影里衔青稻，知自济源枋口来"[1]。修武县附近有大泉，"溉千亩，稻塍莲荡"[2]。河内沁水一带"上下数十里，灌溉田园，植竹种稻，获利益多"[3]。这些记载都集中在太行山东麓的怀、孟等地，这里北宋时期就是重要的水稻种植区，金人沿袭前代，也在这里发展了水田农业。

原宋辽边界塘泊地带，也是一处重要的水稻种植区。北宋末年宋臣李纲曾这样说过："河北塘泺东抵海，西抵广信、安肃，深不可涉，浅不可行舟，所以限隔胡骑，恃以险固。而比年以来，淤淀干涸，不复开浚，官

---

[1] [金]赵秉文：《滏水集》卷九《山行四首》。
[2] [金]元好问：《遗山集》卷三五《清真观记》。
[3] 《金文最》卷六八《创修泉池碑》。

司利于稻田，往往泄去积水，堤防弛坏。"①北宋时期，虽然也在利用塘泊种植水稻，但塘泊自身的御敌功能没有消失。宋末由于淀塘的自然淤积，以及种稻范围的扩大，淀塘的御边作用逐渐消失。入金以来，淀塘南北自成一统，塘泊的功能逐渐由军事意义向农业利用转变。沿承前代，这里仍然成为水稻的种植区域。

上引李纲文中所言由广信至安肃一线以南，就是金中都所在地，这里被地理学家称为北京小平原。平原上土壤肥沃、河渠纵横。纵横交错的河渠既满足了装运漕粮、物资的需要，又为农业灌溉提供了便利。宝坻县新仓镇就处于漕盐运渠之畔，河渠运漕，不但可"鼓楫扬帆，懋迁有无，泛历海、岱、青、兖之间，虽数百千里之远，徼之便风，亦不浃旬日而可至"。而且引水灌溉，"稻、梁、黍、稷……不可胜食"②。《金史·河渠志》述及金中都附近卢沟河漕运堤防之事时，有这样一段记载："宰臣以孟家山金口牐下视都城，高一百四十余尺，止以射粮军守之，恐不足恃。傥遇暴涨，人或为奸，其害非细。若固塞之，则所灌稻田俱为陆地，种植禾麦亦非旷土。不然则更立重牐，仍于岸上置埽官廨署，及埽兵之室，庶几可以无虞也。"上准其言，遣使塞之。金口牐位于卢沟河上，西距中都数十里，此闸以东沿河地带，最初都有稻田分布，只因守闸军人数额有限，于是将闸堵塞，使这里稻田面积大为减少。卢沟河一带水稻种植虽受到影响，而其他地段的堤防却有所发展。承安二年（1197年），朝廷曾"敕放白莲潭东牐水与百姓溉田。三年，又命勿毁高梁河闸，从民灌溉"③，这样的措施对于周围稻田的发展起了一定作用。此外金人元好问在《顺天府营建记》中也述及深州清苑县、鸡距泉一带引水灌溉稻田之事④。

由于灌溉条件的关系，河南是水稻种植面积最广的地区。金末宣宗朝

---

① 《三朝北盟会编》卷四五，靖康元年三月引李纲《备边御敌八事》。
② 《金文最》卷六九《创建宝坻县碑》。
③ 《金史》卷五〇《食货志五》。
④ 《金文最》卷三一，元好问《顺天府营建记》。

留下"遣官耕种京东、西、南三路水田"的记载①。京东、西、南三路这一范围基本包括了河南的大部,在这一范围内,水稻主要分布地区仍与前朝相近。北宋时期,引汴水淤灌,汴河两岸形成重要的水稻种植区,金初虽无意经营河南,前朝推行的各类举措,相应减弱,但在自然条件允许的情况下,也利用水源种植水稻。如《金史·食货志》中有这样的记载:"今河南郡县多古所开水田之地。"洛阳一带北宋时期设置过稻田务。金代虽然没有前代的规模,却也有一定量的分布。金人蔡松年题为《西京道中》的诗中有"来时绿水稻如针,归日青梢没鹤深"之句②,讲的就是洛阳一带种稻的景象。元好问所编《续夷坚志》中有这样的故事:"西京田叟,自号瓦盆子,年七十余,所作《尧民图》,青缣为地,稻桦皮为之。"③这一故事也从侧面反映了洛阳一带种植水稻的事实。

河南各地,还有一处是应该提及的,这就是砀山。"砀山诸县陂湖,水至则畦为稻田,水退种麦。"④金代黄河改道东南流,砀山位于黄河之畔,这里虽然有水患成灾的时候,但也有水利可资的优势,故水至畦为稻田,水退则种麦,成为这里土地利用的特色。傍河之地的土壤条件更有利于种植水稻。金末兴定二年大水,"砀山、下邑野无居民,转运司方忧兵食",忽传闻"二县无主稻田,且万顷,收可数万斛"⑤。此事虽为传闻,但传闻的基础正是因为这里是植稻区。

河南境内适宜种植水稻的地方还很多,兴定年间"河南水灾,逋户太半,田野荒芜,恐赋入少而国用乏,遂命唐、邓、裕、蔡、息、寿、颍、亳及归德府被水田,已燥者布种,未渗者种稻"⑥,朝廷颁布这一命令并不是偶然的,这些地方都有种稻的背景,北宋时期这一植稻区从唐、邓至许、汝连为一片,金代虽然达不到宋时的盛况,却也在个别地方保留了种

---

① 《金史》卷一六《宣宗纪》。
② [金]元好问编:《中州集》卷一,蔡松年《西京道中》。
③ [金]元好问:《续夷坚志》卷一《稻画》。
④ 《金史》卷五〇《食货志五》。
⑤ 《金史》卷一〇四《温迪罕达传》。
⑥ 《金史》卷四七《食货志二》。

稻的传统。金人元好问在文中有这样一段记载："曩余官西南，邓之属邑多水田，业户余三万家，长沟大堰率因故迹而增筑之。"①对于元好问此段记载的真实性，需要斟酌。见于《金史·元好问传》所载，元好问于"正大中为南阳令"，这与元好问自述"余官西南"颇合。查《金史·地理志》邓州条下，全州共有户24 989户，学术界一般认为这一户额为金泰和年间统计数字②，此时正值金王朝盛期，邓州全部户额尚不足三万，正大年间已为哀宗时期，金廷面临全面崩溃，此前宣宗时期，唐、邓两处居民已逃亡殆尽，这时更不应有元好问言中所及，持水田业户三万家这样的事。分析元好问这条记载，虽然对于金末唐、邓一带仍有令人羡慕的水利工程及大面积水田这样的事，大可怀疑，但其中也透露出这一地区始终种植水稻这样的信息。南阳与唐、邓相邻，这里更适宜种稻，用金人之语，"南阳禾麦虽伤，土性宜稻"③，金代这里也是一处种稻区。

上述各条文献所述地点，多在北方传统植稻区内，除这些地区外，各地都有因地方性水利设施的兴修，而导致局部灌溉条件好转，进而种植水稻的现象。河东解州闻喜县境内董泽村的情况就是一例。

总结上述，金代中原地区种植的粮食作物仍以粟为主，小麦作为两年三熟制的核心作物，与其他作物配合，主要分布在自然条件较好的山麓地带及平原地区，水稻的种植量仍然有限，前代种植量较大的河南一带，受金宋战事的影响种植量有所减少。

第三节　中原地区的农作物种植制度

农作物熟制与气候条件、农业生产技术、劳动力状况等多种因素有关。自然条件为农业生产的发展提供了可能，而人类活动的具体方式和技

---

① [金]元好问:《遗山集》卷三一《创开滹水渠堰记》。
② 韩光辉:《〈金史·地理志〉户口系年正误》，《中国史研究》，1988年第2期。刘浦江:《金代户口研究》，《中国史研究》，1994年第2期。
③ 《金史》卷一〇〇《李复亨传》。

术水平,才是将自然环境提供的潜在基础转化为现实的关键。

金王朝统辖范围虽然很广,但最重要的农业生产界线是农作物两年三熟与一年一熟的分界线,这一界线既是不同熟制的分界线,也是冬小麦与春小麦的分界线。在农作物两年三熟制度中,核心作物是冬小麦,从生长期来看,北方冬小麦的播种期一般在农历八、九月,成熟期在次年五、六月,偏南的地方成熟期还可以提早到农历四月下旬,整个生长期历冬至夏初。小麦收获后,地里仍然可以种植一些成熟期较短的作物,如粮食作物中的晚熟粟、黍类及荞麦等。除粮食作物,还可以种植各类蔬菜。因此气候条件能够满足冬小麦生长要求的地区,就具备农作物实行两年三熟制的基本前提。

春小麦的生长期与冬小麦不同,一般农历三、四月播种,九月成熟,生长期经春历夏,作物成熟后,北方已近中秋,无法再种植下一茬作物。因此在一般情况下,春小麦产区与农作物一年一熟制度区基本吻合。

前文有关小麦分布区的论述,并没有区分冬、春小麦的分布界限,这里结合农作物熟制重点对这一问题进行探讨。金统辖区内南京路、京兆府路、河东南路、大名府路等地是历史上传统的冬小麦种植区,金代同样沿承了这一传统。《金史·五行志》以各类祥瑞的形式记述了各地进嘉禾、产瑞麦的情况,其中皇统三年(1143年)五月京兆府贡瑞麦,兴定元年(1217年)四月陈州商水县进瑞麦、开封进瑞麦。《五行志》中所献瑞麦,无论在古人看来有何种祥瑞之兆,也应是当年成熟后的小麦,而成熟期在四、五月,只能是冬小麦了。在金代的其他文献中,也留下了上述诸路种植冬小麦的记载,如金人黄庭筠有《河阴道中》诗,谓:"梨叶成荫杏子青,榴花相映可怜生。林深不见人家住,道上唯闻打麦声。"[1]河阴在今郑州以北黄河南岸边上,"梨叶成荫杏子青"是夏初时节的物候,此时上场的只能是冬小麦。京兆府路澄城县一带也有因冬旱而导致"宿麦半死"的记载。[2]从中可以看出这里显然是冬小麦种植区。其他如"张用等屯于确

---

[1] [金]元好问编:《中州集》卷一,黄庭筠《河阴道中》。
[2] 《金文最》卷六九《澄城县主簿赵公德政碑》。

山一带，度夏刈民麦"①，也是有关冬小麦的记载。又如贞祐三年"平阳岁再被兵，人户散亡……夏田已为兵蹂，复不雨，秋种未下"②。夏田种植冬麦，秋种以杂粮为主。再如兴定初，"时秋大旱，冬十月乃雨，归德行枢密院发民牛运粮徐、邳，君（即御史程震）为使者言，吾麦乘雨将入种，牛役兴，则无来岁计矣"③。冬十月下种，种植的自然也是冬麦。正大五年（1228年）上石的《重修济渎庙碑》中有"自前冬不雪，迄今春未雨，二麦颇旱"这样的记载④，说明冬小麦是当地的主要作物。

以上诸路金代均为冬小麦种植区，河东北路、中都路的小麦类型却需要推敲。以上文献中无论是述及播种、收获的，还是灾异、丰收的记载，其地区基本都位于太原以南，太原以北地区种植冬小麦的记载很少，且语焉不详。《金史·五行志》中有"太原七月进瑞麦"的记载，向朝廷进献瑞麦，必是当年刚成熟的粮食才有意义，一般北方冬小麦的成熟期在农历五至六月间，太原所献瑞麦却在七月，比正常冬小麦成熟期晚得多，所以这里所献瑞麦应为早熟春麦。蒙古灭金后不久，元好问在忻州为当地长官所撰《郡守天池祈雨状》中曾描述说："自开岁以来，虽尝被一溉之赐，既雨而旱，今已十旬，夏苗欲枯，秋稼无望。"⑤这里既有夏苗，又有秋稼，可以理解为实行以冬麦为核心的两年三熟制。忻州位于盆地之中，山地屏于北部，盆地内田地平坦、土壤肥沃，气温较周围山区为高，种植冬小麦是有可能的。太原以北春小麦种植范围较广，但也并不排除气候条件较好的河谷盆地种植冬小麦的可能，忻州就属于这样的一例。

中都路所辖地区位于华北平原的北部，地势低平，年积温与农作物生长适宜期都较山陕为长，在理论上应是冬小麦的分布区域。《归潜志》中有这样一段记载："王武叔出馆补外，未赴。甚贫，会五月麦熟，将出京求济于交友辈，持素纨扇数十，诣公（赵秉文）求书。"赵秉文应其所求，

---

① 《三朝北盟会编》卷一三〇，建炎三年七月十八日甲午。
② 《金史》卷一〇八《胥鼎传》。
③ 《金文最》卷九七《御使程君墓表》。
④ 《金石萃编》卷一五八，种竹老人撰《重修济渎庙碑》。
⑤ 《金文最》卷一一九，元好问《郡守天池祈雨状》。

于"每一扇头但书古诗一联,有曰'黄花入麦稀'者,有曰'麦天晨气润'者,有曰'麦陇风来饼饵香'者,盖嘲王求麦也"①。此段记载充分反映出五月麦熟的情况,这一点显而易见,而所谓"出京求济"之京城,应指中都(即今北京)。这一记载说明,当时在燕山以南的今北京周围地区都应有冬小麦的分布。对此刘一清有更明确的记载,刘一清生活在南宋末至元朝初年。南宋德祐二年(1276年)刘一清随同大宗丞赵若秀等作为纳土官北上至元上都,写有行程记一篇,论述沿途见闻。文中记载是年闰三月初,东行过武清县,初七过王台镇,"四望桑麦青青","土人云此地甚冷,五月方可养蚕,麦苗长不满三寸,六月方食麦"②。德祐二年距金亡之日,仅四十余年,文中所述农作物种植情形,应与金代无甚差异。

通过以上文献分析,可以看出中都路范围内是冬小麦的种植区,中都路与金塞外本土以燕山为界,此处以北,如前文所述不但没冬小麦,而且连小麦也很少种植,燕山一线构成冬小麦分布北界的东段。河东北路太原以北至忻州一带,是冬、春小麦种植的过渡地带,也是农作物两年三熟制与一年一熟制的过渡地带。农作物熟制是同时受自然与人文条件双重因素制约的,因此熟制界线也不是一条绝对的线状界线,而是跨越一定范围的地带,由这一地带逐渐体现一种熟制向另一种熟制过渡的特征。忻州以北基本不种植冬小麦,故太原至忻州这一地带可视为冬小麦分布北界的中段。

金代京兆府路为冬小麦种植区,由此向北,逐渐进入黄土高原地区,气温渐低,无法满足冬小麦的生长,一般种植春小麦。宋人庄绰的一段记载,记述了北宋时期陕西沿边地带种植春小麦的情景,他说:"陕西沿边地苦寒,种麦周岁始熟,以故黏齿不可食。"③周岁始熟,是指春小麦。春种秋熟,生长期占据一年所有的生长季节,是春小麦与冬小麦最大的区

---

① [金]刘祁:《归潜志》卷九。
② [元]刘一清:《钱塘遗事》卷九《丙子北狩》。
③ [宋]庄绰:《鸡肋编》卷上。

别。此外"黏齿不可食"也是春小麦独有的食性，而冬小麦无此特征。一个地区的自然条件为种植某种农作物提供了环境基础，但实际中的农业生产，除受自然条件制约，社会人文因素也是一个重要方面。北宋时期，陕西沿边尚可见到春小麦的种植，入金以来，"陕右边荒，种艺不过麻、粟、荞麦"①，并无小麦种植。我在《宋代农业地理》中根据庄绰的记载，将冬小麦北界的西段定在陕西北部无定河流域一线②。从金代的文献记载来看，这一界线仍具有意义。从无定河向西延伸，至甘肃临洮一带，可视为冬小麦分布北界西段。《续资治通鉴长编》有中一段关于甘肃临洮一带"夏田种麦，秋田种粟"的记载③，说明这里也是冬小麦种植区。

总结宋、金两代文献中有关记载，初步可以看出冬小麦分布北界的基本走向，即从燕山一线向西至今山西忻州，经无定河流域至今甘肃临洮一带，此界线以北为春小麦种植区，以南则以冬小麦为主。

冬小麦的分布北界不仅仅是农业地理的基本问题，同时也是气候变迁研究中的重大问题。对此学术界已有过一些探讨。其中一些学者认为，宋、金时期冬小麦分布北界，可延伸到金上京以及临潢府管辖的地区之内④。这一观点持有者的证据为《金史·食货志》中，一段关于金代两税法的记载，即："夏税六月止八月，秋税十月止十二月。……泰和五年……改秋税，限十一月为初。中都、西京、北京、上京、辽东、临潢、陕西地寒，稼穑迟熟，夏税限以七月为初。"如何看待金代实行的两税法，是讨论冬小麦分布北界的关键问题。

两税法始于唐德宗时期，见于《新唐书·食货志》及《杨炎传》所载，其初行之时规定："遂作两税法，夏输无过六月，秋输无过十一月，置两税使以总之。""凡百役之费，一钱之敛，先度其数，而赋于人，量出制入。"后唐时期有关各地两税的具体规定才见于记载，为了征纳之便，

---

① 《金史》卷九二《毛硕传》。
② 韩茂莉:《宋代农业地理》，山西古籍出版社，1993年。
③ 《续资治通鉴长编》卷二七〇，熙宁八年十一月庚辰。
④ 邹逸麟主编:《黄淮海平原历史地理》，关于气候部分为满志敏执笔，安徽教育出版社，1993年。

依各地农作物成熟期不同,而制定不同的夏税起纳期,其中三京、邺都以及河南府、华、耀、陕、绛、郑、孟、怀、陈、齐、棣、延、兖、沂、徐、宿、汝、申、安、滑、濮、澶、襄、均、房、雍、许、邢、洺、磁、唐、随、郢、蔡、同、郓、魏、汴、颍、复、郾、宋、亳、蒲等州节气常早,大小麦、豌豆五月十五日起征,八月一日纳足。幽、定、镇、沧、晋、隰、慈、密、青、邓、淄、莱、邠、宁、庆、衍等州节气稍晚,大小麦、豌豆六月一日起征,至八月十五纳足。并、潞、泽、应、威塞军、大同军、镇武军等处节候尤晚,大小麦、豌豆六月十日起征,至九月纳足①。

  对于这些规定的讨论,有两点需要强调。这就是无论是唐中期,还是后期,中央政府实际控制地区基本位于燕山以南,在这一地区实行夏秋两税,是有自然环境允许值作为保障基础的。金王朝建立后,各项政治制度基本模仿中原王朝,两税法的推行就是其中之一。与唐朝相比,金疆域形势发生了变化,原被前朝认为是化外之地的塞外草原,成为朝廷之本——金源地。由于塞外森林、草原地区气候条件的限制,金代在这些地区实行两税法一定有过变通。此外,唐代两税中的夏税,虽然以麦熟期为起纳日,此中规定的六月和十一月正是冬小麦与粟等作物的成熟期,故《旧唐书》对此有这样的记载:"关内、河中、河南等道秋夏两税、青苗等钱,悉折纳粟、麦,兼加估收籴以便民。"②尽管麦、粟(今小米)为夏、秋两税的主纳物,但并非必须只缴纳两者才能完税,正如宋人程大昌评述两税法时指出:"自杨炎立两税法,农田一年岁输官两色,夏蚕熟则输䌷绵绢丝,亦有输麦者;秋稻熟则专输米,皆及时而取所有也。"③即麦熟为夏税起收的时间标志,粟、稻等成熟为秋税起收的时间标志,夏、秋两税与麦、粟相关主要在于征收时间,而全国各地缴纳的物品并非只有麦、粟二物,而是因地设项。正由于因地设项,夏税交纳时间与冬小麦成熟期吻合,但并非夏税征纳地就应是冬小麦种植区,银、钞、钱、绢都是非冬小

---

① 《文献通考》卷三《田赋考》。
② 《旧唐书》卷一二《德宗纪上》。
③ [宋]程大昌:《演繁露续集》卷二《徽州苗绢》。

麦种植区小麦的替代物，因此实行两税法征纳夏税的地区大于冬小麦分布区。此项变通方式，在金人实行的两税法中也应如此。

赋税中所纳物品应是百姓生产中的常年性大宗产品，若仅是个别地区的特产，就没有任何纳税意义了。辽金时期的文献中，不但只字未透露出塞外种植冬小麦的信息，而且有关小麦的记载也有限。这一时期小麦在塞外种植量很少，分布地区也有限，完全不具备纳税的意义，大多数农业垦殖区内的农作物是粟、菽、稷、荞麦等杂粮。

《金史》谓中都等路"地寒，稼穑迟熟，夏税限以七月为初"。塞外种植的农作物中，农历七月初即公历八月成熟的，有荞麦、春小麦、早熟粟等。其中荞麦是一种生长期很短的作物，一般两个月就可成熟，按塞外的气候条件，四月播种，七月就可以成熟。春小麦的全生育期为70~150天，早熟品种能保证在七月前后成熟，塞外应该在八月中旬收获。粟类作物的成熟期在60~150天，早熟品种也能在七月成熟。从自然条件与辽金时期塞外契丹、女真等民族的生产技术分析，作为纳税的粮食种类，最大可能是早熟粟类。

辽金时期塞外很少种植小麦，冬小麦分布区更不会向北延伸到临潢、上京一带。在探讨冬小麦分布北界这一问题之前，首先必须明确一个重要前提，这就是宋金时期冬小麦的分布北界，绝不可能越过今日冬小麦分布北界。决定某种作物分布界线推移的因素，主要来自两方面。其中之一是自然因素，即全球性或地区性气候发生了明显变化，进而造成自然带大幅度扩张或收缩。冬小麦是暖温带地区的代表性粮食作物，在生长过程中对热量有特定的要求。冬小麦的全生育期在中国北方为240~260天，在这一时期内需要≥0℃积温2 000℃左右，同时冬季平均最低温度一般不得低于-22℃~-20℃。这一热量需求只有暖温带的气候条件可以满足。由于热量条件的限制，今天冬小麦分布北界只能至辽宁南部。而东北、内蒙古大部分地区≥0℃积温虽然超过2 000℃，但由于冬季严寒使冬小麦不能安全越冬，也同样不能种植冬小麦。辽宁省1975、1976两年曾将冬小麦向北扩种至冬季极端低温在-26℃以下的沈阳、抚顺等地。1976年遇严重冻害，小麦面积大幅度减少。现在辽宁省农业区划中，确定以极端最低气温-25℃（相当于平均低温-22℃）以上地区，为冬小麦安全越冬区。这一区域包括辽东半岛、丹东市及锦西、兴城、绥中等地。而极端最低气温在-26℃以下的地区，需采取一定的越冬措施，才能保证连年安全[①]。

暖温带位置决定了冬小麦的分布北界，那么宋金时期气候带是否发生过大范围北移呢，对于这一问题许多学者都已做过研究。竺可桢在《中国近五千年来气候变迁的初步研究》中认为北宋以后气候渐寒，南宋末期有短暂暖期，以后又进入冷期。满志敏通过研究又进一步修正了竺可桢先生的气候曲线，并在《黄淮海平原北宋至元中叶的气候冷暖状况》一文中指出，中原地区北宋150年间冬季总体是暖温的，表现出的温暖特征与现代相似。12世纪进入气候寒冷时期，13世纪重新回复到气候温暖状况[②]。根据这一研究可以肯定宋金时期我国北方气候虽有一定程度的冷暖变化，但其变化幅度尚不足以将暖温带北界从今辽宁南部，向北推移数百公里，因此将宋金时期冬小麦分布北界确定在上京、临潢一带，在气候条件上显然缺乏依据。

金代文献中关于今山西、河北北部地区农作物种植状况的描述，可以具体说明气温对于种植制度的限制。如金人段铎墓表中有这样一段话："及移镇平定，是邦居寿阳、井陉半山间，岁苦繁霜降早，害及秋成。"[③]又如金人刘迎《出八达岭》诗中有"山险略已出，弥望尽荒坡……时节春已夏，土寒地无禾"[④]的诗句。这样的描述虽然有限，但仍然可以看出，今山西、河北北部地区气候寒冷，至春末夏初，尚无法播种，而秋季霜降期又相对太早，使农作物秋成深受影响。这样的气温与今日相比或略低，或相近，而绝不比现在更高。既然宋金时期没有比现在更好的气候条件，那么冬小麦种植北界自然也绝不可能较现代向北大幅度推移。

---

① 参李世奎等：《中国农业气候资源和农业气候区划》，科学出版社，1988年。
② 满志敏：《黄淮海平原北宋至元中叶的气候冷暖状况》，《历史地理》第11辑。
③ 《山右石刻丛编》卷二二《武威郡开国侯段公墓表》。
④ ［金］元好问编：《中州集》卷三，刘迎《出八达岭》。

气候因素之外，决定作物种植区域推移的另外一个因素，就是农业科学技术。从农业生产的发展阶段来看，原始农业、传统农业、近代农业、现代农业是农业生产中的几个重要发展阶段。宋金时期的农业尚处于传统农业阶段，与现代农业相比，在生产技术、耕作水平、科技投入上都有本质的不同。仅以抗寒耐旱品种的更新换代来看，近几十年内各类优良品种相继出现，品种中具有的抗寒特性，大大抵御了北方冬季的严寒，将冬小麦种植区不断向北推移。尽管这样，其分布界线仍距金上京、临潢一带尚远。由此可以肯定，作为人文因素的一方面，传统农业阶段有着与当代无法相比的差距，更不会创造出高出今日的农业科技奇迹。

总结起来，金代无论塞外本土还是中原地区，农作物中均以旱地粮食作物为主，旱地粮食作物中又以粟类作物最为重要，小麦主要种植在中原地区，由燕山一线经山西忻州、陕西无定河流域，至甘肃临洮构成了冬小麦种植北界，这一界线以南，以冬小麦为主，在这一区域内，其他农作物与冬小麦轮作，实行两年三熟制种植制度；这一界线以北为春小麦种植区，农作物一年一熟。

第四节　中原地区的精耕农业与区种法的推广

由于民族构成复杂，金代中原地区农业耕作方式表现出以地区为单元的精耕细作与粗放经营呈插花式交织分布的特点。

金代中原地区持粗放经营的农业区，主要为猛安、谋克户的聚居地。中原地区的猛安、谋克户主要集中在中都、河北、山东一带，其他如西京、南京等路也有少量分布。河北、山东是金王朝的经济倚重区，猛安、谋克户长期生活在塞外森林草原中，入关前虽然也从事农业生产，但与中原传统农业经营方式有很大的差距，因此在猛安、谋克户耕种的土地上，颇有种亦卤莽、收亦卤莽的特点，与这一地区传统的精耕细作生产形式大相径庭，进而在金王朝的"畿内"之地造成局部地区生产停滞，甚至衰退的现象。

与猛安、谋克户实行粗放经营的同时，中原土著百姓大多仍持精耕细作的传统生产技术从事农耕。对于金代中原地区精耕细作生产技术的探讨中，应该着重强调的是区种法的提倡。

区种法是传统精耕农业中的一种代表性耕作法，这一耕作法的提倡是在金章宗时期。据《金史·食货志》所载，金代首先进言实行区种法的是武陟人高竦，此项建议上奏朝廷后，立即得到官方的支持。明昌五年（1194年），"敕谕农民使区种"，并且规定"农田百亩以上，如濒河易得水之地，须区种三十余亩，多种者听。无水之地，则从民便"。承安元年四月，"初行区种法，男年十五以上、六十以下，有土田者丁种一亩，丁多者五亩止"。

区种法自西汉开始在关中推行，取得了比较高的产量，继西汉之后，历代王朝中只有东汉、金、元三代再次推行这一耕作方法。区种法与垄田制完全不同，虽产量颇高，但费工费时，故不是常行的耕作方式。

区种法一般按田间耕作方式不同，将土地分为带状区或方形区两类。

带状区田，将长十八丈、宽四丈八尺的一亩地，横为十五町，町间留十四条人行道，道宽一尺。每町长四丈八尺，宽一丈五寸。每隔一尺掘一尺宽、一尺深的沟。把掘松的土壤放在沟内或沟间，然后在沟内种庄稼。

方形区田又分三种：上农夫区，每区六寸见方，区间距离九寸，一亩地作三千七百区。中农夫区，每区九寸见方，区间距离二尺，一亩地作一千零二十七区。下农夫区，每区九寸见方，区间距离三尺，一亩地作五百六十七区。

区种法在耕作栽培方面，主要有以下几个环节：1.深耕细作。区田的耕深一般要达到现在市制四寸至七寸。2.增施粪肥，及时浇灌。3.等距全苗，合理密植。4.处理种子，消灭杂草。与垄作法相比，区种法在土地利用与作物产量上，有其特有的优势。故后人述及区种时，认为只有这种耕作方式能使地无余利，人无余力。并且"无论平地山岗，高危倾阪，教民粪种，负水灌稼，不过五六次，即可收成。区种不必良田，耕亦不必牛犁，惟用锹镢垦劚，尤便贫家"①。

区种法创生于陕西关中地区，这一耕作方法尤其适用于北方干旱区的农业生产之中。金代区种法倡行后，河东代州"比常岁颇登"②。由于区种可以不用牛犁，故耕牛缺乏时，可以显出其优势。金末河北失业农民侨居河南、陕西，不可数计，面对粮食供给短缺，朝廷提倡"富者备牛出种，贫者佣力服勤，若又不足，则教之区种"③。

由于区种法充分体现了中国传统农业精耕细作的各个环节，因此产量远远高于垄作制。但在区种法高产的同时，必须考虑到投入的劳动量也是十分巨大的，因此这种耕作方式，在实际耕作中，普遍推广并不现实。金末河南一带粮食亩产上田可收一石二斗，中田一石，下田八斗④。这一产量与北宋时期相比，基本相同。很显然这不是实行区种法的产量。由此可见，这一耕作方式的推广并不普遍，对改变整个地区产量的影响不是很大。

精耕细作的耕作方式与水利工程的兴建有密切关系。从文献记载来看，金代虽然没有兴修像秦汉时期郑国渠、白渠这样的大型水利工程，但在小流域内，兴凿小型灌渠，改变农业生产面貌，却颇有成效。山西境内的霍渠，赵城、洪洞水利，忻口水利等都属此类工程。在这些水利工程的使用中，除发展了水田农业外，更重要的是逐步建立、完善基层水利组织，为后来北方各地渠灌农业地区出现的水利社会，奠定了基础。

北方半干旱地区并不是所有地方都有发展渠灌的条件，在没有渠灌的地方，井灌就起着很大作用。北方干旱、半干旱地区发展农业，水是非常重要的，有了水就有了农业生产的保障。在河流引水所不及的地方，发展井灌就可以解决单纯靠天吃饭的问题。这样的事例金代各地都有。如河东"平阳掘井种田俱可灌溉"，而山东"邳、沂近河布种豆、麦，无水则凿井

---

① 郭文韬：《中国古代的农作制和耕作法》，农业出版社，1981年。王毓瑚辑：《区种十种》，财政经济出版社，1955年。
② 《金史》卷五〇《食货志五》。
③ 《金史》卷一〇二《田琢传》。
④ 《金史》卷四七《食货志二》。

灌之"①。由于井灌可以解决许多地区的灌溉问题，因此金廷十分提倡此举。泰和年间，曾令"诸路按察司因劝农，可按问开河或掘井如何为便，规画具申，以俟兴作"②。

第五节　中原地区经济作物的地理分布

经济作物中以桑麻等纤维类作物最重要。作为衣食之源，历代王朝都将桑麻业视为与粮食生产具有同等地位。

一、桑蚕业地理分布

金代桑树主要分布在燕山以南，燕山以北植桑区很有限，如前所述，金初女真人活动地区是不存在植桑业的，金中期以后，辽东南部才可见到桑树的种植。

金王朝虽是女真人建立的国家，但并没有影响国家的统治者在"以农桑为本"的经济思想指导下，制定各类政策。见于《金史·食货志》所载，"凡桑枣，民户以多植为勤，少者必植其地十之三，猛安、谋克户少者必课种其地十之一，除枯补新，使之不阙"。在政府的鼓励下，金境内的桑蚕业颇有起色，甚至连素无桑蚕业的辽东，此时也由官方下令"女直、汉儿百姓，可并令量力为蚕桑"③。

宋金两代相继，北宋时期蚕桑业在北方主要分布在太行山以东地区，太行山以西的山、陕两地，虽也有种植，但种植量与分布范围都比太行山以东地区少得多，金代蚕桑业的分布仍表现出这一特征。文献中有关山、陕两地植桑的记载很少，兴定三年（1219年）八月，有"晋安帅府，令百里内止留桑、枣果木，余皆伐之"的记载④。这段文献虽没有专门对蚕桑

---

① 《金史》卷五〇《食货志五》。
② 《金史》卷五〇《食货志五》。
③ 《金史》卷四七《食货志二》。
④ 《金史》卷一〇八《胥鼎传》。

业分布进行记载，但从中可以看出，河东是有一定量蚕桑业分布的。除此之外其他有关记载均为太行山以东地区。如保州"柔桑新进叶，高柳细吹花"①。"南北东西本一家，从来河朔富桑麻"②，这是宋人曹勋途经真定时留下的诗句。"土地平旷膏沃，桑、枣相望"是彰德府一带的景观③。献州"桑荫障日"④，清丰县"桑麻四野"⑤。河北蚕桑业素来十分有名，宋代就有"衣被天下"之称。靖康元年，金人在军事进攻得胜之际，提出以金一百万锭、银五百万锭、帛一千万匹犒军。北宋朝廷为了如数应付这一千万匹绢帛，内藏"河北积岁贡赋为之扫地"，而"浙绢悉以轻疏退回"⑥。入金以来，作为国家畿内之地的河北、山东等地，蚕桑业也仍保持一定的优势。

有一事实也必须指出，虽然在地理分布上，金代蚕桑业的北界开始向辽东扩展，但在燕山以南、太行山以东传统植桑区内，蚕桑业有萎缩现象。造成这种现象的原因，除与金初"金人残毁桑柘"有很大关系⑦，更主要的原因来自于女真人固有的生产与生活方式。燕山以南是素有传统的蚕桑分布区，而一贯生活在森林草原中的女真人，没有植桑栽树的传统，多数迁入中原后，疏于蚕桑，对此朝廷反复采取强制性措施。大定五年（1165年）十二月，"上以京畿两猛安民户不自耕垦，及伐桑枣为薪鬻之，命大兴少尹完颜让巡察"⑧。明昌元年六月，尚书省奏："近制以猛安、谋克户不务栽植桑果，已令每十亩须栽一亩，今乞再下各路提刑及所属州县，劝谕民户，如有不栽及栽之不及十之三者，并以事怠慢轻重罪科之。"这一奏文后来得以实行。泰和元年（1201年）六月，再次申明旧制"猛

---

① [宋]洪迈：《盘洲文集》卷五《再至保州》。
② [宋]曹勋：《松隐集》卷一七《过真定》。
③ [宋]楼钥：《攻媿集》卷一一一《北行日录》。
④ 《金文最》卷四二《成趣园诗文序》。
⑤ 《金文最》卷八〇《清丰县重修宣圣庙碑》。
⑥ 《三朝北盟会编》卷七二，靖康元年十二月十五日丙子。
⑦ 《三朝北盟会编》卷三一，靖康元年正月引《北征纪》。
⑧ 《金史》卷四七《食货志二》。

安、谋克户每田四十亩树桑一亩，毁树木者有禁，鬻地土者有刑"①。猛安、谋克户所占土地是一个相当大的数字，这部分土地的桑柘得不到正常发展，无疑对整个植桑业都会造成一定的影响。朝廷反复申明制度既可以看作国家推行农桑政策的必要举措，也可以认为是植桑业萎缩的证据，因为朝廷屡次发布旨令的前提，就是不尽如人意现象仍然存在的标志。

二、麻类作物地理分布

同样作为纤维类经济作物，麻在人们生活中的地位，比桑重要得多。其原因是很显然的，麻为草本植物，易于种植，与数年育一树的桑树相比，自有其优势。同时对环境的适应性强，麻类作物中，特别是大麻，是中国重要的原产作物之一。不论在干燥、炎热或高寒地区都能生长，因此种植范围很广。麻的加工也较简易，主要用它的茎皮纤维作为织布原料，因此加工利用更直接、便易。麻的产量高，成本低，成为普通百姓衣着的必须之物，具有更重要的社会意义。

麻在各地均有分布，北宋时期麻的栽种遍布中国北方大部分地区。除中原地区，在辽金各类文献中，也反复提及辽东一带是重要的产麻区。这里种植的麻，不但作为贡品，而且也是与其他地方进行交换的重要商品。

宋代麻在太行山两侧均有大面积分布，金沿袭前代，基本保持相似的分布特征。太行山以西，山、陕一带，麻的经济地位比桑高得多。"陕右边荒，种艺不过麻、粟、荞麦。"②河东忻口一带"禾、麻、菽、麦，郁郁弥望"③。解州闻喜县"艺麻殖稻，接畛连沟"④。太行山以东各地种植量也很大，河北安州"土壤衍沃，则得禾、麻、莽麦"⑤。清丰县"桑麻四野"⑥。河北桑麻种植量较他处为多，故有"从来河朔富桑麻"的说法⑦。

---

① 《金史》卷一一《章宗纪三》。
② 《金史》卷九二《毛硕传》。
③ 《金文最》卷三一《创开溥水渠堰记》。
④ 《山右石刻丛编》卷一九《解州闻喜县改修董池神碑》。
⑤ 《金文最》卷二五《云锦亭记》。
⑥ 《金文最》卷八〇《清丰县重修宣圣庙碑》。
⑦ [宋]曹勋：《松隐集》卷一七《过真定》。

河南以及其他地区也是麻类作物的种植区，金末河南面临战事，钧州一带"战地多麻田"①，洛南县"宜菽、麦、禾、麻"②。

三、其他经济作物地理分布

经济作物的种类很多，但金代留下的记载，主要限于纤维类作物分布与茶的试种信息，两者之中，纤维类作物乃民生之基础，茶则本非北方所宜，却在金代尝试种植过。

（一）茶

金代的各类经济作物中，需要着重提出的是茶。茶本为中国南方的特产植物，所谓"茶者，南方之嘉木也"。金初茶叶主要供给地仍然是中国南方，即金与南宋之间，通过榷场贸易获取茶叶。在双方交易中，每年金从南宋购买茶叶的数量是很大的，大定年间有人就这样讲："以茶乃宋土草芽，而易中国丝、绵、锦、绢有益之物，不可也。"③这是说金人是用丝织品与南宋从事茶的交易，金人觉得很亏。于是承安三年（1198年）八月，章宗以"费国用而资敌"这一理由，而"设官制之"。宋代除关中有少量具有观赏意义的茶树外，基本都分布在淮河以南，金代在淮北植茶，应是一件稀罕之事。

茶树的试种及茶叶制作，首先在河南实行，从文献记载看，似乎并不成功。次年于山东淄、密、宁海以及河南蔡州各置一坊，造新茶。这时山东等地的茶树颇具规模，以至留下"茶树随山皆有"的记载④。新茶"依南方例每斤为袋，直六百文"。新茶的质量如何未见记载，但从"商旅卒未贩运，命山东、河北四路转运司以各路户口均其袋数，付各司县鬻之"来看，质量似乎无法和南方茶叶相比，故商旅不能将其作为买卖物品，官方只好依户口强行分配。

---

① 《金史》卷一一二《移剌蒲阿传》。
② 《金文最》卷三五《香野园记》。
③ 《金史》卷四九《食货志四》。
④ 《金史》卷九九《贾铉传》。

植茶之事虽是章宗自己提出的主张，但至泰和五年（1205年）他自己也不得不承认"朕尝新茶，味虽不嘉，亦岂不可食也"。虽然言语之中仍以茶虽不好，但还没有到不能喝的地步，来文饰此事，但在茶质不嘉的事实前，不得不在次年春，"罢造茶之坊"①。应该说金此次在淮北种茶的尝试是失败的，固然从茶树的生理适应性看，有其成功之处，但从经济作物本身的功用，到代替购茶的目的都没达到。

（二）枣及其他水果

枣树虽然是果木之一，但在古代有别于其他果木，具有特殊的意义。枣子不但可作水果，同时还可以充饥，此外枣木以其坚硬著称，是制造农具的上好木材。由于这样的原因，历代王朝均将桑枣并列，成为强行推广种植的树木。《金史·食货志》中有这样的规定："凡桑枣，民户以多植为勤，少者必植其地十之三，猛安、谋克户少者必课种其地十之一，除枯补新，使之不阙。"朝廷不但制定了植枣的规定，而且实行中也常派官督察，如王浩为泾阳令时，即因朝廷令州县种植枣果，"督责严急，民甚被扰"，而谎告上方"是县所植已满其数"②。此事被当地认为是爱民善政而载入史书。

北方百姓本来就十分重视枣树种植，加之朝廷推广，枣树几乎成为各地都可以见到的树木。宋人庄绰在《鸡肋编》中记述了建炎初年兵火之后，由许昌至宋城一带的残破景象，其中"菽、粟、梨、枣，亦无人采刈"，道出沿途尽是枣树的信息。范成大出使金国时，在内丘北，见梨、枣园，果实成熟，留下这样的诗句："梨枣从来数内丘，大宁河畔果园稠。荆箱扰扰拦街卖，红皱黄团满店头。"③枣可充饥，不但灾荒年份对于百姓如此，非常时期连天子扈从也受惠于此。金末天兴二年（1233年），哀宗皇帝逃离开封，"发归德，时久雨"，无处觅粮，"朝士扈从者徒行泥水中，

---

① 《金史》卷四九《食货志四》。
② 《金史》卷一二八《王浩传》。
③ [宋]范成大：《石湖诗集》卷一二《大宁河》。

掇青枣为粮"①。

在各类水果中，枣之外，金境内梨、栗最多，西瓜也颇受称著。山区种栗树较多，"秋日山田熟，山家趣转奇。垄苞银栗缀，墙蔓绿云垂"②。寺院多修于山间，僧人在寺周围种植各类粮食、蔬果，而栗树是必定要种的，如泰安县谷山寺僧人于"涧隈山胁，稍可种艺"之处，植栗数千株③。

木本果木之外，西瓜是最受南宋人称颂的水果。洪适在题名《西瓜》的诗文中写道："万里随边使，分留三十年。甘棠遗爱在，一见一潸然。"④范成大使金途中见"西瓜本燕北种，今河南皆种之"，颇有感慨，赋诗曰："碧蔓凌霜卧软沙，年来处处食西瓜。形模濩落淡如水，未可蒲萄苜蓿夸。"⑤金人元好问在《续夷坚志》中也记述了这样一个故事："临晋上排乔英家业农，种瓜三二顷。英种出西瓜一窠，广亩二分，结实一千二三百颗。"⑥西瓜原产非洲，秦汉时期已传入中国。由于西瓜生长过程中适于昼夜温差较大的北方气候，以沙土为宜，因此素来以北方所产西瓜颇负盛名，金代北方条件适宜的地方都有西瓜的种植。

金代中原地区农作物地理分布与两年三熟制北界，与北宋时期相比无大变化，前后两个时代存在的农业地理差异，主要在于发展程度，金代的农业技术以及农作物分布均没有突破前朝的范围，不仅没有突破，而且存在退缩。

---

① 《金史》卷一一九《乌克论镐传》。
② [金]元好问编：《中州集》卷四，周昂《山家》。
③ 《金文最》卷七〇《谷山寺碑》。
④ [宋]洪适：《盘洲文集》卷九《西瓜》。
⑤ [宋]范成大：《石湖诗集》卷一二《西瓜园》。
⑥ [金]元好问：《续夷坚志》卷四《临晋异瓜》。

第十三章　金代畜牧业及其他非农业生产部门的地域分布

金王朝的建立者女真人并非游牧民族,但是在大金版图之内,却存在大片宜于畜牧业的草原,利用草原资源发展畜牧业,成为塞外各族经济生活中的重要组成部分。

第一节　金本土的畜牧业及其他非农业生产部门

金代本土内的畜牧业基本秉承辽代,在临潢府路至西京路北部,形成一条以畜牧业为主的区域,这一区域的外侧与境外草原连为一体,内侧与半农半牧区及渔猎、农耕区相接。

金代草原畜牧业与辽代最大的不同,表现在宫帐形式的斡鲁朵已不存在,经营方式以官牧及部族为主。

一、官牧

见于《金史·兵志》所载:"金初因辽诸抹而置群牧,抹之为言无蚊蚋、美水草之地也。"群牧就是官牧场,金代群牧基本承袭辽代故地。金初天德间"置迪河斡朵、斡里保、蒲速斡、燕恩、兀者五群牧所,皆仍辽旧名"。金世宗时置所七,"曰特满、忒满、斡睹只、蒲速椀、欧里本、合鲁椀、耶卢椀"。《金史·地理志》中则载有群牧十二,分别是斡独椀、蒲速斡、耶鲁椀、讹里都、纥斡、欧里本、乌展、特满、驼驼都、讹鲁都、忒恩、蒲鲜。这些先后设置的群牧，有一部分名称相同。金代各群牧所在地大多无考，仅从"因辽诸抹而置"，"仍辽旧名"这些记载来看，与辽代的分布应大致吻合。辽代除浑河群牧司设在东京路，倒塌岭西路群牧司设在西京路，其余均在上京路，金代各群牧的分布也应如此。从《金史·兵志》的记载可知，特满、忒满群牧位于抚州，而斡睹只、蒲速椀、欧里本、合鲁椀、耶卢椀在武平县及临潢、泰州境内。抚州属西京路，武平县及临潢、泰州均属临潢路，即故辽上京路，这一分布特点与辽代完全吻合。

二、部族畜牧业

金中期开始将国家政治中心移向中原地区，留居在塞外草原的各部族，就很少见载于史，仅有数条资料可以窥见部族畜牧业之一斑。大定十七年（1177年）十月，世宗诏令"以羊十万付乌古里石垒部畜牧，其滋息以予贫民"[1]。明昌二年（1191年），章宗"诏赐陁括里部羊三万口……以振其乏"[2]。乌古里石垒部与陁括里部，均为以畜牧业生产方式为主的民族，因此朝廷以赐羊的方式赈济他们。

三、私人畜养业

与辽相同，金代也同样存在私人畜养业，但因缺乏文献记载，暂不妄议。

从整体看，金统辖范围内的非农业生产区域，都位于金本土内，农耕、畜牧、渔猎这几种生产方式以不同的组合，在地域上表现为农耕区，半农半牧区，畜牧区，渔猎、农业混交区，渔猎区，各区域的分界基本承袭辽代。其中农耕区与半农半牧区的分界线位于临洮—无定河流域—忻口—燕山一线，此线以北为半农半牧区。

---

[1] 《金史》卷七《世宗纪中》。
[2] 《金史》卷九《章宗纪一》。

金东京路、咸平路、上京路等地，为女真人聚居地，他们长期受汉、渤海人生产方式影响，渔猎生产中，农业成分越来越重，形成渔猎、农耕并存的形式。这两种生产方式在地域分布上，具有由西向东渔猎成分逐渐加大，农耕成分逐渐缩小的特征。金代农业开垦的最北界达到乌裕尔河流域，河北为渔猎区。

燕山以北至西拉木伦河流域畜牧业虽占很大比重，但畋猎也有相当的地位。金人畋猎，除以长白山为多，还在其他地方设置了围场。如金人诗句中，古北口一带"几家墟落兵戈外，数亩荒田谷涧中。日暮围场来野鹿"[①]。古北口处于中原出塞的交通冲要，将围场设在这里，与满足居住在中原地区猛安、谋克户及皇族的畋猎有很大关系。辽东是金本土重要的粮食生产地，尽管这样，以"地肥衍"著称的复州一带，仍然设有围场，"因围猎，禁民樵捕"[②]。至于金帝及皇族效仿前朝，有基本固定的四时行猎之地，也属于这一类型。围场、畋猎地呈插花形式分布在草原畜牧区及农田中。

第二节　中原地区非农业生产部门的地域分布

中原地区除了西京路属于半农半牧区，存有较大范围的放牧地，其余均为农耕区，非农业生产部门以畋猎地与家庭饲养业的形式分布在这里。下面针对这样的情况分别进行叙述。

一、半农半牧区

半农半牧区这一区域范围较大，可以从西京道南部向东北延伸至大定府故奚人活动区。在这一范围内，农业垦殖仅限于州县、聚落附近，呈点、片状分布，其他地区基本保持未经垦殖的原始面貌，许多地区往往被辟为牧场，或为女真人畋猎之地。大定二年（1162年）翰林待制移剌子敬

---

① [金]赵秉文：《滏水集》卷八《古北口》。
② 《金史》卷六六《完颜齐传》。

上言:"山后禁猎地太广,有妨百姓耕垦。"朝廷采纳其言,"遂以四外猎地与民"①。这一地区内种植条件较好的地带,也往往被人们开垦成田,如大定年间,有人说:"白石门至野狐岭,其间淀泺多为民耕殖者。"②野狐岭位于今河北万全县以北,金属宣德州,农业开垦地不远处就是牧场。金人以《抚州》为题的诗中有这样的诗句:"燕赐城边春草生,野狐岭外断人行。沙平草远望不尽,日暮惟有牛羊声。"③为了增加土地开垦量,朝廷也鼓励官员"西京并沿边,劝举军民耕种"④,但效果并不明显。大定年间,世宗针对豪强之家占夺田地之事,指出:"纳合椿年占地八百顷,又闻山西田亦多为权要所占","以致小民无田可耕,徙居阴山之恶地,何以自存。"⑤所谓"阴山恶地"即指山后至阴山一带,以恶地相称,可见这里并非发展农业生产的理想之地。

因气候寒冷,土质较差,许多地方农业开发较弱,而畜牧业却颇具优势。正隆六年(1161年)二月,海陵王"诏内地诸猛安赴山后牧马,俟秋并发"⑥。内地猛安至山后牧马,是因这里存在大片牧场。半农半牧区的特点,就是农牧呈交叉分布形式,小片宜农地带,存有种植业,其余地区则可以放牧。元好问在为马庆祥撰写的神道碑中,记述了马氏一家的家世,其中"迁静州之天山,占籍今四世矣。此地近接边堡,互市所在,于殖产为易,君家勤俭,自力耕垦,畜牧所入,遂为富人"⑦。这段文献清楚地记载了马家在静州一带,即耕、即牧致富的过程。《金史·地理志》中记载了西京路内设有群牧十二处,群牧就是官牧地。与大片牧场相吻合,西京路还分布有八个部族节度使,九个详稳,部族节度使与详稳都是游牧民族的主管官员。金人诗句中有这样的描述:"因寻射雕垒,偶到杀

---

① 《金史》卷八九《移剌子敬传》。
② 《金史》卷四七《食货志二》。
③ [金]赵秉文:《滏水集》卷八《抚州》。
④ 《金史》卷四七《食货志二》。
⑤ 《金史》卷四七《食货志二》。
⑥ 《金史》卷五《海陵纪》。
⑦ 《金文最》卷一〇三《恒州刺史马君神道碑》。

狐川。卤地牛羊瘦，边沙草木膻。"①

二、农耕区内的畋猎地

女真人长期生活在塞外森林草原中，迁入中原后，对于纯农业垦殖活动，并不完全适应。故无论皇家还是普通猛安、谋克户都有一定时间从事畋猎。"金国酷喜田猎，昔都会宁，四时皆猎，海陵迁燕，以都城外皆民田，三时无地可猎，候冬月则出，一出必逾月。"②畋猎对于普通猛安、谋克户也很重要，朝廷"敕猛安、谋克许于冬月率所属户畋猎二次，每出不得过十日"③。这样的畋猎活动虽然不可能就在州县附近，但从时限来看，也不会太远。

畋猎地与围场都属于非农业区域。据《金史·食货志》所载，大定十九年（1179年）二月，"上如春水，见民桑多为牧畜啮毁，诏亲王公主及势要家，牧畜有犯民桑者，许所属县官立加惩断"。金代皇帝依前朝旧制，亦有四时捺钵之地，行秋山、春水之名④。金代的春水不止一处，塞外畋猎地有春水，关内也有。"大定十五年，上幸安州春水"⑤。安州位于河北境内，与塞外春水相比，只有安州一带是植桑地区。因此前文所及"上如春水"，应为安州，安州一带是重要的农业生产区域，尽管这样，这里仍有皇家猎场及各类放牧地存在，成为农耕区内典型的非农业生产地。

金中期迁都中原后，在马政管理上，也实行了类似于北宋时期的"保马法"，即"散骣马，令中都、西京、河北东、西路，验民物力分畜之，又令它路民养马者，死则于前四路所养者给换，若欲用则悉以送官。此金之马政也"⑥。文中指出中都、西京、河北东、西路是属于"令民养马"的地方，四路之外，也有"它路民养马者"，可见民间饲养官马，并不仅

---

① [金]赵秉文：《滏水集》卷六《塞上四首》。
② 《大金国志》卷三六《田猎》。
③ 《金史》卷九《章宗纪一》。
④ 《大金国志》卷一一《熙宗》。
⑤ 《金史》卷九一《赵兴祥传》。
⑥ 《金史》卷四四《兵志》。

限于这四路。金末朝臣议及河北军户迁入河南后的粮食供给问题,都谈到河南牧马地之事,如高汝砺奏道:"在官荒田及牧马地,民多私耕者。"①石抹世勣则说:"荒闲之田及牧马地,其始耕垦,费力当倍。"②河南存在官牧场是无可置疑的事实,陕西是否也有官牧场,尚无明文所示,但孛术鲁阿鲁罕为陕西路统军兼京兆尹时,这里的"军人以春牧马,经夏不收饲,瘠弱多死"③。陕西路军人牧马,以放牧为主,很少实行厩舍收饲,形成这一饲养方式的前提,应是这里以牧场形式存在的天然草场占有一定面积,这样看来中原各地都存在官牧形式的牧场。

三、家庭饲养业

中国传统农业的基本特征之一,就是以家庭为生产单位,自给自足的经济形态。在农民的全部生产活动中,农桑之业占主导地位,而日常生活所需要的乳、肉往往通过家庭饲养业得到解决。因此家庭饲养业广泛存在于大多数农户中。元好问在《续夷坚志》中记述这样一件事,天庆观中高僧志常本出于济源一带农家,"年十六七,牧羊田间"④。济源位于太行山东麓怀、孟一带,是金境内农业发展程度最高的地方,在这里牧羊,一定是家庭饲养业中的一部分。

金代的畜牧业在塞外与中原呈现完全不同的发展路径,塞外衰落,中原却因猛安、谋克户迁入而不断出现新的放牧、畋猎之处,相应地也扩展了这两种用地的范围,并以插花式与农田交叉分布。

---

① 《金史》卷一〇七《高汝砺传》。
② 《金史》卷一一四《石抹世勣传》。
③ 《金史》卷九一《孛术鲁阿鲁罕传》。
④ [金]元好问:《续夷坚志》卷四。

主要参考书

历史研究编辑部编：《辽金史论文集》，辽宁人民出版社，1985年。
《辽金史论集》一、二、三、四、五，书目文献出版社、文津出版社。
傅乐焕：《辽史丛考》，中华书局，1984年。
林荣贵：《辽朝经营与开发北疆》，中国社会科学出版社，1995年。
陈述：《契丹社会经济史稿》，生活·读书·新知三联书店，1978年。
陈述：《契丹政治史稿》，人民出版社，1986年。
干志耿、孙秀仁：《黑龙江古代民族史纲》，黑龙江人民出版社，1987年。
赵文林、谢淑君：《中国人口史》，人民出版社，1988年。
孙进己：《东北民族源流》，黑龙江人民出版社，1987年。
葛剑雄：《中国人口发展史》，福建人民出版社，1991年。
王育民：《中国人口史》，江苏人民出版社，1995年。
〔法〕牟里：《东蒙古辽代旧城探考记》，商务印书馆，1930年。
《东北历史地理》，黑龙江人民出版社，1989年。
李锡厚：《耶律阿保机传》，吉林教育出版社，1991年。
张博泉：《金代经济史略》，辽宁人民出版社，1981年。
李璠：《中国栽培作物发展史》，科学出版社，1984年。
《中国自然地理·历史自然地理》，科学出版社，1982年。
《中国农业地理总论》，科学出版社，1981年。
肖荣寰：《松嫩沙地的土地沙漠化研究》，东北师范大学出版社，1995年。
《中国综合自然区划》，科学出版社，1959年。

《宋辽金史论丛》第一辑，中华书局，1985年。

漆侠、乔幼梅：《辽夏金经济史》，河北大学出版社，1994年。

张博泉：《金史论稿》，吉林文史出版社，1986年。

王承礼：《渤海国简史》，黑龙江人民出版社，1984年。

金毓黻：《东北通史》，五十年代出版社，1981年翻印。

佟柱臣：《中国边疆民族物质文化史》，巴蜀书社，1991年。

韩茂莉：《宋代农业地理》，山西古籍出版社，1993年。

金毓黻：《渤海国志长编》，辽阳金氏千华山馆。

杨若薇：《契丹王朝政治军事制度研究》，中国社会科学出版社，1991年。

贾敬颜：《东北古代民族古代地理丛考》，中国社会科学出版社，1994年。

〔日〕三上次男《金代女真研究》，黑龙江人民出版社，1984年。

〔日〕外山军治《金朝史研究》，黑龙江朝鲜民族出版社，1988年。

辛德勇：《古代交通与地理文献研究》，中华书局，1986年。

王曾瑜：《金朝军制》，河北大学出版社，1996年。

李世奎：《中国农业气候资源和农业气候区划》，科学出版社，1988年。

郭文韬：《中国古代的农作制和耕作法》，农业出版社，1981年。

谭英杰等：《黑龙江区域考古学》，中国社会科学出版社，1991年。

牛文元：《农业自然条件分析》，农业出版社，1981年。

龚绍先：《粮食作物与气象》，北京农业大学出版社，1988年。

《内蒙古自治区及其东西部毗邻地区气候与农牧业的关系》，科学出版社，1976年。

吴松弟：《中国移民史》第四册，福建人民出版社，1997年。

《〈中国历史地图集〉释文汇编·东北卷》，中央民族学院出版社，1988年。

邹逸麟等：《黄淮海平原历史地理》，安徽教育出版社，1993年。

后　记

《辽金农业地理》于1999年获得东方历史学术文库资金赞助，由社会科学文献出版社出版，如今已经23年了。

1999年《辽金农业地理》出版，得到许多学者的帮助，首先北京大学教授侯仁之师和复旦大学教授周振鹤先生为本书写了封面推荐，在本书完稿后，最早向出版单位作出推荐的有中国社会科学院历史研究所陈高华研究员、陈可畏研究员、李锡厚研究员、郭松义研究员，复旦大学中国历史地理研究所邹逸麟教授，近代史研究所阮芳纪研究员，在本书再版之际，我谨向这些前辈致以谢意。

1993年《宋代农业地理》在山西古籍出版社的支持下正式出版，这是我在学术之路上获得的一份鼓励，至今已经近30年了。30年内，我从事研究的历史地理问题已经不仅限于宋代，但最初的起步之处，深得山西古籍出版社的支持，多年来一直铭记在心。此次《辽金农业地理》与《宋代农业地理》，由山西人民出版社再版，我再次致以诚挚的感谢！

2022年5月于蓝旗营家中